Freundesland

ECON Sachbuch

Zum Buch:

»Wo liegt Schweden?« – Mit dieser bangen Frage irren 1942 zwei junge Frauen auf der Flucht aus der norwegischen Heimat in die Sicherheit. Eine der Frauen ist Rut Hansen, die später Journalistin wird und 1944 Willy Brandt kennen- und lieben lernt.

Rut Brandt zieht mit ihren Erinnerungen eine spannende Bilanz ihres Lebens: sozialistisch geprägte Jugend, Widerstand gegen die NS-Besatzung, Verhöre bei der Gestapo, Flucht und Exil, die ersten Jahre im Beruf. Nach dem Krieg und nach der Heirat mit Willy Brandt siedelt sie nach Deutschland, nach Berlin, wo sie die Nachkriegsjahre, die Teilung der Stadt, Blockade, Luftbrücke und Mauerbau hautnah miterlebt.

Sie schildert die schwierigen deutschen Jahrzehnte an der Seite Brandts, der sich lange Jahre den Weg an die Spitze der SPD erkämpft, der in West-Berlin Regierender Bürgermeister, dann in Bonn Außenminister und Bundeskanzler wird. Aber hinter den Kulissen der Macht ist Rut Brandt mehr als der Schatten ihres Mannes – eine politisch wache Frau, die die wagemutige Entwicklung zu mehr Verständnis mit den Nachbarn Deutschlands, zur Versöhnung mit den osteuropäischen Ländern mitträgt. Sie erzählt anschaulich und mitreißend von ihren Begegnungen im Rampenlicht der Öffentlichkeit, von ihrer Freundschaft zu Mstislaw Rostropowitsch, von Schwierigkeiten mit dem Protokoll, von Studentenrevolte und Machtwechsel, Rücktritt und auch vom Ende ihrer Ehe. Tapfer übersteht sie die unerträglichen Angriffe gegen ihren Mann und ihre Söhne, bietet sie ein lebendiges Beispiel für die Fähigkeit zur Freundschaft: »Norwegen ist das Land meiner Kindheit und meiner Schwestern. Deutschland ist das Land meiner Söhne und meiner Freunde.«

Die Autorin:

Rut Brandt, geboren in Norwegen, Journalistin, Widerstandskämpferin gegen die NS-Besatzung, lernt im Exil Willy Brandt kennen. Sie erlebt die Nachkriegsjahre in Berlin und geht mit ihrem Mann und den drei Söhnen 1966 nach Bonn. Seit der Scheidung 1974 lebt sie mit ihrem zweiten Mann teils in Deutschland, teils in Norwegen.

Rut Brandt

Freundesland

Erinnerungen

ECON Taschenbuch Verlag

Lizenzausgabe
3. Auflage 1996

Veröffentlicht im ECON Taschenbuch Verlag GmbH,
Düsseldorf und Wien, 1994

Umschlaggestaltung: Molesch/Niedertubbesing
Titelabbildung: Petra Kammann, Frankfurt
Druck und Bindearbeiten: Ebner Ulm
Printed in Germany
ISBN 3-612-26076-6

Inhalt

Vorwort

Dieses Buch erzählt die Geschichte eines Arbeitermädchens aus Hamar, das vor den Deutschen aus Norwegen flüchtete und später mit den Deutschen in Deutschland lebte.

Es ist mein Bericht über ein Leben, in dem ich viel herumkam und trotzdem der Heimat naheblieb. Es ist meine Schilderung eines wechselhaften Lebens, währenddessen ich mit Menschen in Berührung kam, die die Nachkriegszeit prägten.

Ich zog nach Berlin, als die Stadt eine Ruine war, und ich gebar meine Kinder während der Luftbrücke und im Schatten der Mauer. Ich habe das neue Deutschland zusammen mit Willy Brandt erlebt: durch seine Arbeit als Bürgermeister in Berlin, Außenminister und Bundeskanzler in Bonn. Jeder neuen Phase begegnete ich mit Unsicherheit und Unruhe, stellte aber fest, daß starke Männer und berühmte Frauen manchmal ebenso unsicher waren. Wie das kleine Mädchen vor dem Spiegel konnte ich mir sagen: »Ich bin ich, bin ich!« Es hat mir über vieles hinweggeholfen, daß ich immer dieselbe war: ich selbst.

Ich blieb Norwegerin, obgleich ich Deutsche wurde. Ich glaube, man begegnete mir früher manchmal mit besonderem Vertrauen als Deutsche, weil ich Norwegerin war. Möglicherweise war der Widerstand im Krieg eine Brücke zur Verständigung in späteren Jahren. Ich hoffe, daß das Buch einen Eindruck davon geben kann.

Wo liegt Schweden?

Mehr als ein Menschenalter war es her, daß ich hier auf dem Hof auf Sjøli gestanden hatte, hoch oben im Gebirge, wo die Natur ihre Grenze zwischen Norwegen und Schweden zieht. Hier erkannte ich es wieder: die grüne Wiese und die kleine Scheune, in der wir geschlafen hatten. Dort kamen wir hoch zum Hof. Ich konnte mich nach dieser langen Zeit an alles erinnern; ich konnte fast die nassen Kleider am Körper spüren und den Geschmack der zähflüssigen Dickmilch, die die Bäuerin auf Sjøli uns vorsetzte. Ich sah auf die runden Bergkuppen rundherum. Jetzt lagen sie freundlich und bläulich in der Abendsonne, und doch mächtig und unnahbar. Schön sind sie immer – im zeitlosen Schnee des Winters oder im Herbst mit dem prächtigen Teppich in rot, grün, gelb, braun und orange, der alles bedeckt, so daß nur die oberste Spitze nackt und grau hervorragt. Dort kann sich nicht einmal das Moos festhaken. Jetzt konnten wir die Großartigkeit des Gebirges wahrnehmen, aber damals, vor fast fünfzig Jahren, lag ich irgendwo da oben und bat Gott, uns zu helfen, heil vom Gebirge herunterzukommen. Wo lag Schweden?

Am Abend des 19. Juli hatten wir unter der großen Tanne auf dem Hof bei uns zuhause gesessen und Mutters Geburtstag mit Krisenkuchen und Erbsenkaffee gefeiert. Die deutsche Besatzung dauerte zwei Jahre, und jetzt, im Sommer 1942, waren die Lebensmittel spürbar knapp. Die kleinen Rationen, die zugeteilt wurden, reichten zum Leben, aber satt wurde man nicht. Der nagende Hunger lenkte die Unterhaltungen gern aufs Essen. Die Gedanken spielten mit all dem, was man nicht mehr bekommen konnte: Weißbrot mit Butter und Ziegenkäse, Schweinebraten und Schmorkohl, Rippchen und Würste, Hammel im Kohl. Und Torte. Torte mit Marmelade und Schlagsahne. Aber an diesem Nachmittag schwiegen wir, meine Schwester Tulla und ich – wir saßen dort und nahmen in aller Stille von Mutter Abschied, ohne daß sie das wußte.

Beim Morgengrauen wollten wir aufbrechen, uns in die Flucht von Hamar nach Schweden stürzen. Hamar ist eine selbstbewußte Stadt im ostnorwegischen Hedmark Fylke, einem Bezirk, der etwas nördlich von Oslo beginnt und sich entlang der Grenze weit nach Norden hinzieht. Die Stadt liegt mitten am schönen, langgestreckten See Mjøsa, der über hundert Kilometer das Ackerland vom Gebirge trennt. Dort waren wir geboren und aufgewachsen, in bescheidenen Verhältnissen bei einer liebevollen Mutter, die alles allein bewältigen mußte. Wir waren Arbeiterkinder, und wir waren »geborene« Sozialisten. Insofern war es zwangsläufig, daß wir früher oder später mit der deutschen Besatzungsmacht Schwierigkeiten bekommen mußten. Unsere Zeit war jetzt gekommen.

Wir hatten uns seit Tagen unsere Fluchtroute eingeschärft. Randi Granerud, die seitens der Heimatfront die Flucht aus Hamar organisierte, hatte für uns eine Karte gezeichnet, in der Wege, Erkennungszeichen und Kontaktstellen markiert waren. Wir mußten sie uns fest einprägen, denn wir durften sie nicht mitnehmen. Randi gab uns als eine Art Erste Hilfe 30 Schwedenkronen. Wir nähten sie ins Futter unserer Jacken. Würden uns die Deutschen erwischen, sollten sie besser nicht das Geld finden. Am Abend warfen wir einen letzten Blick auf die Karte. Dann rissen wir sie in winzige Schnipsel und verstreuten sie über die Wellen der Mjøsa.

Der Tag versprach schön zu werden, als wir Lillegård bei Sonnenaufgang mit Rucksack und Schlafsack verließen. Hier, außerhalb Hamars, hatten wir einige Jahre gewohnt – Mutter, meine jüngste Schwester Olaug und ich, nachdem Tulla und Hjørdis geheiratet hatten. Wir wohnten im ersten Stock bei Kjersti und Bjarne Eriksen in einem kleinen weißen Holzhaus, beinahe wie eine einzige Familie zusammen. Kjersti wußte, wohin wir wollten. Wir hatten Mutter nicht beunruhigen wollen. Sie glaubte, daß wir in den Bergen wandern wollten. Aber wir hatten mit Kjersti abgesprochen, daß sie Mutter erzählen sollte, wir seien in Schweden, wenn innerhalb von vierzehn Tagen kein Lebenszeichen von uns käme. Dann sollten sie uns als vermißt melden. Kjersti hatte Tränen in den Augen, als wir gingen.

Wir nahmen um vier Uhr morgens den Zug von Hamar ostwärts nach Elverum und von dort hundert Kilometer weiter nordwärts nach Koppang in Østerdalen auf der ersten Etappe unserer Fahrt. Fahrkarten hatten wir, aber natürlich keine Reiseerlaubnis für das Sperrgebiet im sogenannten Grenzzonendistrikt. Wir konnten nur hoffen, daß die deutsche Streife nicht so früh am Morgen unterwegs wäre.

Der Plan war, daß wir von Koppang den kürzestmöglichen Weg nach Osten nehmen sollten, südlich der Fæmundseen vorbei und nach Schweden hinein über eine Rinne im Höhenrücken zwischen Dalarne und Hærjedalen. In der Luftlinie ist die Strecke von Koppang zur Grenze gut fünfzig Kilometer. Die Route, die wir gehen sollten, um die deutschen Streifen zu vermeiden, machte sie vielleicht fünfundzwanzig Kilometer länger. Aber wenn wir Glück hatten und uns an die Beschreibung erinnerten, konnten wir in weniger als zwei Tagen über die Grenze in Schweden sein.

Für länger hatten wir uns auch nicht ausgerüstet. Im Rucksack befanden sich eine Dose Sardinen, ein Brot und ein Stück Margarine. Das war unser Proviant. Wir hatten Jacke und Rock angezogen, Pullover und dicke Wanderstiefel für das Gebirge. Im Rucksack waren Unterwäsche, lange Hose, Bluse und Sandalen verstaut. Wir waren ja auf Fahrt, nicht auf der Flucht.

Die Zugfahrt ging glatt. Von Hedmarks offenen und breiten Tälern – die wir so gut kannten – fuhren wir an dem zarten Julimorgen von Elverum durch lichte Kiefernwälder entlang der Glomma. Dieser lange Fluß zieht einen Streifen sommergelber Felder zwischen den niedrigen blauen Bergen Ostnorwegens. Heute leuchten die gepflegten Bauernhöfe – weiß- und gelbgestrichene Wohnhäuser, rote und braune Scheunen und Ställe. Damals war das ein armes Land. Nach Koppang hin entrollt der Tannenwald einen Teppich über die Gebirgskämme, und ab und zu reißt das Gebirge nackte Löcher hinein und zeigt die Stärke des Gesteins. Dort, wo es sich öffnet, sieht man fernere Gebirge und schneebedeckte Gipfel. Da wollten wir hin.

Vom Bahnhof in Koppang nahmen wir den Bus, der über Vestkjølen zum Storsee und ihm entlang gen Norden fuhr. Am Nordende des Storsees wollten wir aussteigen, bei einer Pension in Åsheim. Von da wollten wir zu Fuß gehen. Es stand dort aber ein Lastwagen. Wir fragten, den Fahrer, ob wir ein Stück mitfahren dürften, wir seien »auf Wanderschaft«. Waldarbeiter hievten uns hoch. Wir konnten ganze fünfundzwanzig Kilometer von Åsheim über Granåsen zurücklegen, bis wir uns dem Trysilfluß näherten. Zwei Drittel des Weges bis zur Grenze hatten wir schon hinter uns, ohne einen Deutschen gesehen zu haben, und wir begannen beinahe zu glauben, daß wir nie mehr einen zu Gesicht bekommen würden.

Wir schnallten wieder unsere Rucksäcke um und wanderten weiter, als ob uns nichts geschehen könnte. Wir wollten ein Gehöft finden, wo wir etwas zu trinken bekommen könnten und vielleicht in der Scheune übernachten dürften. Am frühen Abend kamen wir zu »Myrstad Hof und Pension« am Fæmundsee. Wir zögerten ein bißchen – man konnte ja nicht wissen –, gingen dann durch das Tor, das anheimelnd und vertrauenerweckend wirkte. Die große rote Scheune lag links, das Haus rechts vom Tor.

Ja doch, wir könnten gern eine Mahlzeit kaufen, sagten sie. Und ein Zimmer für die Nacht sei ebenfalls zu haben. Wir müßten nur einige Formulare ausfüllen. Wir wurden erst rot, dann bleich, denn gerade das hätte nicht geschehen dürfen. Trotzdem füllten wir die Papiere mit Hilfe unserer Personalausweise aus, so gut wir es vermochten. »Aber liebe Kinder«, sagte der Bauer, »habt ihr nichts anderes als das hier?« Aber wir waren doch auf Urlaub. So viel Unschuld auf einmal! Er riß die Papiere entzwei, setzte uns ein gutes Essen vor und sagte, daß wir die Nacht über in der Scheune schlafen könnten. »Aber ihr müßt weg sein, bevor sie auf dem Hof wach werden, und wenn nachts eine Kontrolle kommt, dann habt ihr euch hineingeschlichen. Versteht ihr?« Als wir in die Scheune kamen, war mit Schaffellen im Heu für zwei Personen ein Nachtlager gerichtet. »Ich begreife das nicht«, sagte der Bauer, »mehrmals täglich fahren deutsche Patrouillen hier herum. Haltet euch morgen im Wald.«

Wir standen am nächsten Morgen mit den Schwalben in der Scheune auf, hielten uns im Wald in gutem Abstand von der Straße, so wie wir sollten. Wir waren erschöpft und beunruhigt wegen des Verkehrs, der nachts auf der Straße gewesen war. Ab und zu mußten wir hinunter zum Weg, wenn das Terrain zu schwierig wurde.

Von der Wegkreuzung bei der Engerdalalm waren es nur zehn Kilometer bis zur Grenze. Wir sollten nur noch einige hundert Meter nach Norden gehen und dann scharf östlich auf einem Pfad zur Hovdroalm und von dort über die Grenze. Ja, so einfach war es.

Wesentlich höher als die 700 Meter bei der Hovdroalm hätten wir nicht kommen sollen, aber wir verliefen uns. Vor uns erhob sich der Svarthammer mit seinen 1100 Metern und schubste uns nach Süden. Wir merkten nach und nach, daß wir vom richtigen Weg abgekommen waren, und legten uns auf einer kleinen Anhöhe hin, um auszuruhen und das letzte Stück Brot aufzuessen, bevor wir wieder nach Norden gingen.

Plötzlich hörten wir Stimmen und sahen unten auf dem Weg einen deutschen Soldaten mit zwei Personen mit Fahrrädern und Rucksäcken vorbeigehen: Flüchtlinge, die festgenommen worden waren. Wir legten uns flach auf die Erde, bis sie weg waren. Das konnte bedeuten, daß eine deutsche Truppe in der Nähe war. Wir hatten unsere Landkennung verloren und wohl auch einen Teil der Vernunft. Jetzt bekamen wir richtig Angst. Wir wußten nicht recht, wo wir waren und wie wir am besten nach Schweden gelangen konnten. Gegen Mittag sahen wir einen Mann, der unten auf der Straße arbeitete, und fragten, ob er wüßte, wo die Engerdalalm läge. »Geht etwas zurück, etwas weiter nördlich«, sagte er. Das taten wir dann zum Schein, aber wir hätten es auch unseretwegen tun sollen. Als er uns nicht mehr sehen konnte, liefen wir von der Straße weg und wieder nach Osten, hinauf in die Berge. Es war ein mühsamer Weg, den wir gewählt hatten, über steile Abhänge und über schwappendes Moor. Wir glaubten, weiter ostwärts zu gehen, und kamen trotzdem nicht voran. An den Kompaß, den wir im Rucksack trugen, dachten wir nicht. Wir gingen nach Gefühl und nach den wenigen Sonnenstrahlen. Das half uns nicht. Als wir eigentlich längst in Schweden sein sollten, waren wir immer noch weit davon entfernt.

Es war uns klar, daß wir uns verlaufen hatten, aber wir *mußten* weitergehen. Wir *mußten* durch das Moor und über den nächsten Gipfel. Es wurde schummrig. Irgendwo im Osten mußte die schwedische Grenze liegen, aber wir wußten nicht, wo Osten war . . .

Es war alles unendlich trostlos, als wir ein paar Häuser unterhalb des Schneegebirges sahen. Wir wagten es und gingen zu dem nächstliegenden, müde und mutlos.

Gerade an diesem Tag waren Gjermund Gjermunds und sein kleiner Sohn auf der Alm, um alles für die Tiere klarzumachen, die eine Woche später hinauf sollten. Wir durften die Nacht auf der Alm schlafen. Gjermund begriff, warum wir unterwegs waren. Er wollte uns am nächsten Tag den richtigen Weg ostwärts nach Schweden zeigen, sagte er, wenn auch nicht den ganzen Weg, denn er und der kleine Junge sollten ja wieder hinunter zum Hof.

»Nehmt nicht diesen Pfad«, sagte Gjermund am nächsten Morgen, »sonst kommt ihr ins Lærdal i Trysil, und dort sind Nazis, Deutsche und scharfe Kontrollen.« Er zeigte uns einen anderen Pfad: »Geht hier lang, dann kommt ihr zu einigen kleineren Gewässern. Geht um diese herum auf die andere Seite und von dort hoch ins Gebirge. Bis zur Grenze sind es nur noch fünf Kilometer. Viel Glück!«

Jetzt begann eine Wanderung, die niemals ein Ende zu nehmen schien. Wir gingen um die kleinen Seen herum und weiter aufs Gebirge zu. Herjehogna heißt es und erstreckt sich bis über die Grenze. Wir kamen wieder ins Moor. Wir hüpften von Grasbüschel zu Grasbüschel. Das Wasser plätscherte unter den Stiefeln und sickerte durch die Schnürlöcher. Es wurde warm, und plötzlich hatten wir Schwärme von Fliegen und Mücken wie dichte Wolken um uns. Sie krochen uns in Augen, Nasen und Ohren. Wir banden uns Tücher vor das Gesicht und schlugen wie wild um uns.

Wald und Bäume lagen längst hinter uns, und es wurde steil und nackt. Wir schwiegen. Tulla ging voran. Plötzlich warf ich mich auf den Boden und wollte aufgeben. Ich nahm den Rucksack ab. »Ich kann nicht mehr. Wir kommen niemals hinüber. Verdammte Berge.«

Tulla ist zwei Jahre älter als ich und mehrere Jahre geduldiger. Sie schimpfte mich aus, schüttelte mich – und nahm meinen Rucksack mit.

Wir gingen weiter.

Da entdeckte ich einige Häuser, grau und verwittert lagen sie etwas weiter unten. Endlich, endlich kamen wir zu Menschen. Wir kehrten um und gingen zurück, aber die Häuser waren verschwunden. Ich kann mich immer noch erinnern, wie sie lagen und wie sie aussahen. War es eine Luftspiegelung?

Wieder auf die Berge. Ich rollte mich zusammen und wollte schlafen, während Tulla nach einem Pfad suchen ging. Waren denn niemals Tiere hier? Würden wir jemals wieder andere Menschen zu sehen bekommen? Gjermund war nicht nur einige Stunden weg – es waren Ewigkeiten, seit er uns den Weg gezeigt hatte.

»Nur fünf Kilometer bis zur Grenze. Viel Glück!«

Wenn wir Wald oder auch nur Bäume sahen, mußte Wasser in der Nähe sein, vielleicht ein Fluß, und wenn wir dem Flußlauf folgten, mußten wir schließlich zu einem Platz kommen, wo Menschen waren. Ich fiel auf die Knie und bat Gott, barmherzig mit uns zu sein. »Laß uns wieder zu Menschen finden. Laß uns vom Gebirge wegkommen, und ich werde nie mehr meinen Fuß auf einen Berg setzen.« Ich schlief ein und wachte auf, als es begann, dunkel zu werden. Wo war Tulla? Ich weinte, lief umher und rief »Tulla, Tulla . . .«.

»Hallo«, antwortete es unten vom Berghang. Da kam Tulla. Sie hatte keinen Pfad gefunden. Aber sie war wieder da.

Es fing an zu nieseln, und wir mußten uns bewegen, um nicht zu frieren. Wir gingen in die Richtung, die wir für Osten hielten, und endlich sahen wir einen Streifen am Horizont, einen dunklen Streifen. Das konnte nichts anderes sein als Bäume, und dann würden wir Wasser finden, und wir würden in Schweden ankommen. Dann würden wir Essen und etwas Warmes zu trinken bekommen. Wir würden unsere Kleider trocknen und unsere Füße pflegen können, die voller Blasen waren. Und dann würden wir schlafen . . .

Es war ziemlich dunkel geworden, als wir bei den Bäumen anlangten. Der Fluß lag tief unten und rauschte unfreundlich. Aber wir stolperten den Pfad entlang, hielten uns an Zweigen fest, um nicht auszurutschen und merkten endlich, daß man besser gehen konnte. Plötzlich standen wir vor einer kleinen Feldscheune. Es war dunkel, und es regnete. Wir waren durchnäßt und müde. Wir stießen die Tür auf, nahmen unsere

Schlafsäcke und krochen hinein, ohne uns auszuziehen.

»Nur fünf Kilometer bis zur Grenze.« Wir waren fünfzehn Stunden gelaufen.

Die Sonne schien warm und angenehm durch die Ritzen in den Wänden der Scheune. Es war Tullas Geburtstag; sie wurde 24. Wir waren von Axthieben wach geworden. Neugierig und vorsichtig öffneten wir langsam die Tür und sahen einen strahlenden Tag. Der Fluß hatte sich im Regen weit ausgedehnt und kleine Seen hinterlassen. Die Berge ringsum streckten sich träge längs eines blauen Himmels, und die Morgensonne zog den Dampf aus der feuchten Wiese.

Dann hörten wir wieder Geräusche. Es waren Menschen in der Nähe. Jetzt hatten wir es eilig. Mit Mühe bekamen wir die Füße in die nassen Schuhe. Wir rollten die Schlafsäcke zusammen und nahmen wieder die Rucksäcke auf.

Ein wenig entfernt sahen wir drei Männer Brennholz schlagen und Gras mit einer Sense mähen, es konnten ein Vater und zwei Söhne sein. Wir wateten durch die Pfützen zu ihnen und fragten aufgeregt: »Sind wir in Schweden?«

»Nee«, sagte der Jüngste. »Ihr seid in Norwegen. Und wir sind Nazis«, grinste er.

Sie sagten, daß sie uns am Abend gehört hätten, wie wir die Tür der Scheune aufgestoßen hatten. Sie hatten gedacht, es wären Holzdiebe, eine Zeitlang nach dem Geräusch gesucht und dann aufgegeben.

Es waren Helmer Bjørnbekk und seine Söhne Olav

und Sverre. Sie führten uns auf eine kleine Insel und zeigten uns einen Eimer mit frisch gefangenen Forellen. »Jetzt könnt ihr erst einmal ausschlafen«, sagte Helmer, »und dann macht ihr Mittag. Wenn ihr damit fertig seid, ruft ihr uns.« Wir wagten nicht zu sagen, daß wir seit gestern früh nichts gegessen hatten. Wir zogen die Schuhe aus, steckten Stöcke in die Erde, an die wir sie hängen konnten, und legten die Strümpfe zum Trocknen ins Gras. Wir setzten uns ans Ufer und ließen die Füße im kalten Wasser baumeln: Ja, wir waren wohl immer noch in Norwegen, aber Nazis? Nein, so sahen sie nicht aus.

Wir schliefen einige Stunden, suchten uns dann eine Feuerstelle am Ufer und bereiteten die Forellen zu. Es war eine herrliche Mahlzeit: gekochte Forellen mit gesalzener Butter und Flachbrot. Die Männer schnitten große Scheiben Rinde von den Birken, damit wir darauf essen könnten. »Es ist sauberer als jeder Teller«, sagten sie. Und nach dem Essen kochte Helmer »Kaffee« mit einer Prise Salz: »Das Surrogat schmeckt besser so.«

Den ganzen Nachmittag blieben wir auf der kleinen Insel. Wo wir eigentlich waren und wohin wir sollten, wußten wir nicht. Die Männer sprachen nicht viel. Uns blieb nichts übrig als abzuwarten. Aber jedenfalls waren wir in der Nähe der Grenze, das konnten wir am Dialekt hören. Am Abend, als die Arbeit getan war, nahmen sie uns mit ins Boot und ruderten zum Hof. Die Häuser lagen ein Stück oberhalb des Flusses und waren, wie die meisten Berghöfe, klein und mühsam für diejenigen, die dort lebten.

Die Bäuerin auf Sjøli bat uns in die Küche und setzte uns große Teller mit Longmjölk, der dickflüssigen schwedischen Sauermilch, vor. So saßen wir dort an dem weiß gescheuerten Küchentisch nach viertägiger Flucht und aßen Longmjölk und Flachbrot mit scharfem Käse. Wir wurden für die Nacht in einer Knechtstube in der Tenne untergebracht. Zusammen mit Sverre stiegen wir die Hühnerleiter hinauf. Er sollte in dem einen Bett schlafen, und Tulla und ich in dem anderen. Als wir die Kerzen ausgeblasen hatten, die auf den Stühlen am Bett standen, lagen wir in der Dämmerung und plauderten. Sverre war 18 Jahre alt; er sollte raten, wie alt wir seien. Er schätzte, Tulla sei 26 oder 28, während ich wohl auch nur 18 sei. Vier Jahre zuviel oder vier Jahre zuwenig waren in diesem Alter gleich peinlich.

Am Morgen brachte uns Helmer fast ganz zum schwedischen Zöllner in Gördalen, damit wir uns nicht zum dritten Mal von den Bergen nach Süden drücken lassen würden, wenn wir nach Osten gehen wollten. Wir schenkten ihm unseren Ölkompaß – jetzt hatten wir es ja geschafft –, »den schönsten«, den er »jemals gesehen hatte«.

Beim Zöllner konnten wir wieder unsere Kleider trocknen, bis der Dorfschulze kam, um uns als illegale Grenzgänger zu internieren. Er fuhr uns zum Altersheim in Särna, weil das Gefängnis mit männlichen Flüchtlingen gefüllt war, und »Mädels kann man doch nicht in den Knast stecken«. Dort konnten wir bleiben und den Vorgeschmack auf ein anderes Leben auskosten mit gutem und reichlichem Essen, mit schwedischen Zeitungen, richtigen Nachrichten und mit einem eigenen Zimmer, bis wir über die Flucht verhört worden waren. Der Dorfschulze gab uns ein schwedisches Notvisum mit dem Stempel »Keine Abgaben wegen Armut«. Und arm waren wir. Die 30 Schwedenkronen, die wir ins Futter eingenäht hatten, wurden zugunsten des Fiskus konfisziert, als wir sie pflichtschuldig angegeben hatten. Aber dafür bekamen wir später viel Gutes, als wir herausfanden, wo das wirkliche Schweden lag.

Über fünfzehn Jahre danach kam eine Postkarte aus Oslo an »Frau Bürgermeister« in Berlin von Sverre Bjørnbekk:

»*Falls* Du die Dame bist, die sich zusammen mit einem anderen Mädchen aus Hamar in Engerdal-Trysil verlief, als Du Dich während des Krieges nach Schweden davonmachtest –

falls Euch – in verkommenem Zustand, ohne Essen und Ausrüstung – zwei Knechte auf norwegischer Seite geholfen haben (als Ihr Euch schon auf schwedischer Seite in Sicherheit glaubtet) –

ja, dann wäre ich dankbar für eine Bestätigung, denn ich nehme an, so ist es.«

Sverre bekam seine »Bestätigung«, und wir blieben lange in Verbindung.

Jetzt stand ich hier auf Sjøli, viele Jahre später, unangemeldet, nach einer Tagesreise in die Vergangenheit, und suchte selbst meine Bestätigung. Olav Bjørnbekk hat als ältester Sohn den Hof von seinem Vater übernommen. Sverre ist tot. Aber an Olavs starke Züge konnte ich mich alle Jahre hindurch erinnern. Ich hätte ihn gern dazu gebracht zu erzählen, wie es ihm ergangen war. Er war während des Krieges einer der guten Lotsen im Grenzverkehr gewesen, hatte die Kuriere der Heimatfront sicher hin- und zurückgeleitet und selbst Kurierdienste geleistet. Es gab viele aus der Zeit, denen wir beide begegnet waren. Aber Olav erkannte mich nicht wieder. Er war freundlich und lächelte, aber an die beiden Mädchen konnte er sich nicht erinnern. Er wollte gern gastfreundlich sein, aber nein, aus der Kriegszeit erinnerte er sich an nichts mehr, sagte er. Es sei ja so lange her.

Kinder und kleine Leute

An Vater erinnere ich mich durch Mutter. Er starb an einem schweren und grauen Oktobertag, als ich drei Jahre alt war. Es lag schon Schnee und der Sarg wurde mit einem Pferdeschlitten zur Kirche gezogen. Mutter weinte, ich schrie, und sie mußten mich zurückhalten, als sie zur Beerdigung fuhr.

Vater hieß Andreas Hansen und stammte aus Ulefoss in Telemark. Er war nach Hedmark gekommen, und als Mutter und er sich fanden, blieb er dort. Er war Chauffeur und Kutscher auf Atlungstad, einem Gut in Stange mit Feldern bis zur Mjøsa, knapp zehn Kilometer südlich von Hamar. Vater war ein stattlicher Mann, der alles richtig machte, außer daß er zu kurz lebte. Für Mutter mußte die Zukunft düster ausgesehen haben, als er starb. Da saß sie, Mitte dreißig, mit vier Kindern zwischen sieben und eins, ohne Arbeit, ohne soziale Absicherung. Aber Mutter hatte Glück. Ihr Bruder war Werkmeister in der Milchfabrik in Kapp, auf der anderen Seite der Mjøsa, und er verschaffte ihr dort Arbeit.

Wir zogen in ein kleines rotes Haus in Kapp an der Straße längs der Mjøsa. Für 30 Kronen im Monat – von der Gemeinde – bekamen wir eine Hausgehilfin. Jede Woche konnte ein gelber Umschlag geöffnet werden, und 36 Kronen Lohn wurden für Miete, Brennholz, Elektrizität, Essen und Kleider aufgeteilt. Es war nicht viel, aber Mutter nähte noch nebenbei. Sie nähte nicht nur die ganze Kleidung für uns und sich selbst, sondern auch für andere. Das geschah abends und nachts. Die Nähmaschine surrte, und Mutter sang. Wir lernten früh, daß es wichtig war, hübsch gekleidet zu sein. Arm war man, wenn man in zerlumpten Sachen herumlief und wenn man dreckig war.

Im ersten Winter nach Vaters Tod nähte Mutter für die kleine Olaug, die Jüngste von uns, eine Nationaltracht, wie es sie viel schöner wohl im ganzen Land nicht gab. Es war eine langwierige Arbeit, die viele Nächte beanspruchte und andere Aufträge verdrängte, aber sie bedeutete Mutter viel. Sie setzte ihre Ehre darein, ohne zu klagen über die Runden zu kommen, und niemand sollte anderes behaupten können.

Kurz vor Weihnachten nahm sie uns mit ins Kinderheim, um den Kindern dort Kleinigkeiten zu schenken. Sie waren arm, hatten keine Mutter, die Wärme um sich verbreitete und in deren Arm man ab und zu liegen konnte. Mutter war Sicherheit und Wärme. So vermißte ich einen Vater nicht.

Die meisten Kinder in der Nachbarschaft hatten Angst vor ihrem Vater. Einmal in der Woche – am Zahltag – kam er betrunken nach Hause, schimpfte, kommandierte und verprügelte die Kinder. Gunnar, der Nachbarssohn, mußte haufenweise Holz schlagen, während der Vater schwankend dabei stand und zusah. Martin sperrte seine Frau und drei der Kinder aus und schloß sich mit dem Kleinsten ein. Er zog die Gardinen zu und drohte seiner Frau mit dem Messer, wenn sie zu versuchen wagte, dem Kleinen zu Hilfe zu kommen.

Es gab auch Väter, die Brillen trugen und so ernst waren, daß man nicht mit ihnen sprechen, nach nichts fragen, um nichts bitten durfte. Man sollte nur artig und gehorsam sein und sie nie stören.

Nein, bei uns war kein Platz für einen Vater.

Manche Leute hatten ihren Spaß daran, uns zu erschrecken: »Wenn ihr nicht artig seid, heiratet eure Mutter wieder.« Es gab keine schlimmere Drohung für uns, und sie machte uns augenblicklich folgsam. Doch eines Tages erzählte uns Olaug, »Mütter heiraten nicht«. Überhaupt gab es viel, was »Mütter« nicht taten. Arme Mutter. Sie hatte uns als Klötze am Bein. Und sie heiratete nicht.

»Nein«, sagte Mutter, »mein Andreas war nicht wie die anderen Männer. Er ging nicht in Arbeitskleidung wie sie. Er trug Livrée mit blanken Knöpfen und Hirschlederhandschuhe und mußte sich zweimal am Tag rasieren.« Immer war er nüchtern – sie konnte sich nicht erinnern, daß er einen einzigen Schnaps getrunken hatte. Er kaute nicht, und er rauchte nicht. Einmal hatte er vom Rittmeister auf Atlungstad eine Zigarre geschenkt bekommen, aber selbst die hatte er nicht geraucht. Er nahm sie nur ein paarmal in die Hand und roch daran, nahm aber nicht einen Zug. Prügel gab es nicht bei uns, und nur einige Male hatte Mutter ihn zornig gesehen.

Dieser Mann, der mein Vater gewesen war, aber an

den ich mich nicht erinnern konnte, erschien uns wie eine Märchengestalt. Wir wurden nicht müde, Geschichten über ihn zu hören. Die Erinnerung an ihn durch Mutter ließ ihn für mich nicht lebendig werden; er war unwirklich, fremd und ohne Makel. Nur wenn Mutter über seine Krankheit erzählte – er starb an Tuberkulose –, wurde er zu Fleisch und Blut. Von seinen Leiden während der Krankheit und ihrer Trauer über seinen Tod zu hören, konnte ich nicht ertragen.

Ohne Bitterkeit und ohne die Ungerechtigkeit ihrer eigenen Situation zu sehen, zeigte sie uns stolz den Brief, den sie nach Vaters Tod von der »Frau« auf Atlungstad erhalten hatte: Einen Mann wie Hansen würden sie nie mehr bekommen. Wie er doch gelitten hatte, und jetzt stünde Mutter da mit vier Kindern, unversorgten Kindern. Das Leben sei oftmals hart, aber sie hoffte, daß Mutter mit ihrem Optimismus und mit Gottes Hilfe es schaffen würde. Als Zeichen ihres Mitgefühls legte sie hundert Kronen bei; sie sei sicher, daß sie in der kommenden schwierigen Zeit von Nutzen sein würden.

Hundert Kronen waren viel Geld damals und in dieser Situation. Aber Mutter ließ sie lange in dem Umschlag mit dem Trauerrand liegen. Gelegentlich nahm sie ihn aus der Schublade, um Besuchern zu zeigen, daß es schwarz auf weiß stand, wie beliebt ihr Andreas gewesen war.

Wir blieben einige Jahre in dem roten Haus wohnen. Es war in der Mitte geteilt; auf der anderen Seite wohnten Randi und Gunvor. Deren Vater arbeitete ebenfalls in der Fabrik – wie die meisten in der Gegend. Die Wohnung bestand aus einem Wohnzimmer und einer

Küche unten und einem Schlafzimmer oben. Ein Badezimmer galt als Luxus, der Arbeitern nicht zustand, und der Abort war außerhalb im Abstellhaus. Wir schliefen zu zweit im Bett, und wenn Besuch kam, hatten wir unser Prachtstück unten im Wohnzimmer – ein grünes Plüschsofa, auf dem man schlafen konnte.

Oben im Schlafzimmer stand ein Kachelofen, den Mutter an den dunklen, kalten Wintermorgen anmachte. Sie drehte das Ofenventil auf, und der Lichtschein warf Bilder in den Raum. Die Wärme kroch über die Betten und ins Zimmer, erreichte die Eisblumen auf den Fensterscheiben, die nach und nach schmolzen und aufs Fensterbrett liefen, so daß wir ein Handtuch hinlegen mußten.

Sonntagmorgens kam Kaffeegeruch von unten aus der Küche. Wir nahmen unsere Kleider und wärmten sie, bevor wir sie anzogen. Sonntag war ein guter Tag. Mutter war zuhause und verbreitete Wohlbehagen. Wenn der Sonnenschein über den frisch gescheuerten Küchenboden schien, wenn vier Paar Schuhe blankgeputzt beim Holzkasten standen, wenn der Frühstückstisch festlich gedeckt war mit Eiern und Ansjovis, Dauerwurst und Preßwurst, Käse und Marmelade auf selbstgebackenem Brot, wenn die Messingstange auf dem Herd frisch geputzt mit dem Kupferkessel um die Wette blitzte und das Schmuckhandtuch mit der Kreuzstichstickerei gewaschen und gesteift an der Wand hing: Mein Heim ist meine Burg – ja, dann wußten wir, daß man es nicht besser haben konnte. Vom Wald hatten wir Tannenzweige geholt und wie einen Fächer draußen vor den Eingang gelegt. Es roch gut bis in den Flur.

Am Sonntagnachmittag konnte es geschehen, daß wir zu Randi und Gunvor eingeladen wurden, um die Kindersendung im Radio zu hören. Wir saßen da mit großen Augen und Kopfhörern an den Ohren und lauschten den Märchen, die sie uns fernab in Oslo erzählten.

Zeitig im Frühjahr holte Mutter Birkenzweige herein und steckte sie in Schneewasser. Bald kamen die ersten kleinen Triebe als Zeichen, daß der Sommer auch in diesem Jahr nicht ausbleiben würde. Wir wurden ermahnt, nicht mehr aufs Eis zu gehen. Es war nicht mehr möglich, sich in eine alte Emailleschüssel zu setzen und den Abhang hinunterzuschliddern. Der Huflattich hatte sein Haupt am Grabenrand erhoben – jetzt stand er mit kurzem Stiel in Eierbechern auf dem Küchentisch. Die Mädchen spielten »Himmel und Hölle« (oder Hopse), und die Jungen hatten ihre eigenen Frühjahrsspiele. Gewiß war es Frühling. Wir mußten nach »unserer Stelle« schauen auf der Lichtung am Abhang, ob die Leberblümchen schon da waren.

Dann war es nicht weit bis zum 17. Mai. Wir zählten die Tage und plagten Mutter, um sicher zu sein, daß unsere Kleider fertig wurden.

Und der 17. Mai kam mit Sonne und winzigkleinen »Mäuseohren« auf den Birken. Wir gingen im Umzug mit und mußten Reden anhören über das Grundgesetz und über die Männer von Eidsvoll, die sich an den Händen gefaßt und gesagt hatten: »Einig und treu, bis Dovre fällt.« Alle waren feingemacht, und wir hatten neue Kleider und in den Händen Flaggen und riefen

Hurra. Der 17. Mai – das waren Musikkapellen und Chöre und Sackhüpfen und Brause. Mutter hatte ihren alten Strohhut neu fernisiert – es war im weiten Umkreis zu riechen.

In den Sommerferien besuchten wir Großmutter. Sie wohnte in einem kleinen grauen Blockhaus einige Kilometer von uns entfernt. Wir gingen zu Fuß dorthin. Sie wartete auf uns mit Kaffee und Milchbrötchen. Im Wohnzimmer war es gemütlich. Die Sonne schaute hinein durch Fenster mit kleinen Scheiben und weißen Spitzengardinen; die Fensterrahmen waren voll von Geranien, Fuchsien und Rosen. Der Holzofen in der Küche stand an der Feuerstelle. Hier kochte Großmutter Graupensuppe mit Pökelfleisch und Gemüse. Wir Kinder nahmen sie mit und aßen sie draußen auf dem Hügel.

Großmutter war dünn, hatte immer frisch gewaschenes weißes Haar und trug Blusen mit großen Puffarmen. Sie war Näherin und eine von den wenigen, die damals eine Nähmaschine besaßen. Ihre eigenen Kleider nähte sie meist mit der Hand. Im Abstellhaus hatte sie einen Raum, wo alle Stoffreste lagen – ein großer Haufen, aus dem wir uns die schönsten für Puppenkleider aussuchen durften.

Großmutter merkte, wenn ein Gewitter im Anmarsch war. Dann plagte sie die Gicht. Mit der Hand an der Hüfte und mit wiegendem Oberkörper wanderte sie von einem Fenster zum anderen, schaute hinauf zum Himmel, klagte und wurde immer ungeduldiger. Gewitter – die immer nachts kamen - waren erschreckende, übernatürliche Kräfte, die nur in größerer Gemeinschaft in Schach gehalten werden konnten. Das bedeutete, daß wir geweckt wurden und barfuß durch den Sturzregen zu Tante und Onkel liefen, die in der Nähe wohnten. Da sich das bei jedem Unwetter wiederholte, wurden wir natürlich erwartet. Großmutter setzte sich in den Flur, wackelte hin und her und jammerte. In einer solchen Situation zu sprechen oder gar zu lachen, wäre Gotteslästerung gewesen und augenblicklich mit Donner und Blitz bestraft worden. Am sichersten war es, mäuschenstill dazusitzen, die Beine unter das Nachthemd gezogen.

Aber nicht nur beim Gewitter mußte man artig und gehorsam sein. In der Sonntagsschule lernten wir, daß Jesus uns immer im Auge behielt. Jeden Abend sprachen wir ein Nachtgebet.

Mindestens einmal jährlich kamen Hauptmann Justad und Leutnant Larsen von der Heilsarmee und brachten Licht in das Dasein. Die Betstunde sollte in Hildurs Küche abgehalten werden. Enorme Vorbereitungen fanden statt. Alles mußte sauber sein. Tische und Stühle wurden hinausgetragen und gescheuert, die Gardinen wurden abgenommen, gewaschen und gesteift, die Fenster geputzt, der Ofen wurde schwarz und das Messing blank. Die Frauen lagen auf allen Vieren und scheuerten den Fußboden im Wohnzimmer und in der Küche. Sie lachten und flüsterten und tuschelten, während sie Hildur beim Backen halfen.

Justad und Larsen waren ansehnliche Mannsbilder, das fanden wir Kinder – und das fanden jedenfalls die Frauen. Sie hatten Gitarren und sangen und spielten. Sie sprachen über Jesus, aber meist darüber, wie wichtig es sei, denen zu helfen, die Not litten. Die Frauen gaben willig von dem Wenigen, was sie besaßen, und wir Kinder hatten auch unser Zehn-Öre-Stück bekommen, das wir in die Mütze des Hauptmanns warfen, vielleicht mit dem etwas sündigen Gedanken, wie viele Süßigkeiten wir dafür hätten bekommen können. Aber dann kamen der Kaffee und die selbstgebackenen Kuchen auf den Tisch, und wir waren ermahnt worden, nicht so gefräßig zu sein.

So konnte man sich nur auf das nächste Mal freuen, wenn Justad und Larsen kämen.

Im Herbst gingen wir auf die Höfe und sammelten Kartoffeln. Hatte es nachts gefroren, mußten wir Mützen und Handschuhe anziehen, wenn wir früh am Morgen von zuhause fortgingen. Mit gebeugten Rücken und blaugefrorenen Fingern gingen wir hinter dem Ausmacher her und sammelten die Kartoffeln in Eimer, die auf einen großen Wagen entleert wurden. In der Mittagspause kamen sie vom Hof mit großen Broten mit Käse und Kaffee oder Saft. Müde und voller Lachen schlugen wir Purzelbäume im nassen Kartoffelgras. Wenn die Woche um war, hatten wir zehn, zwölf Kronen verdient, die für alles mögliche gedacht waren, für Kleiderstoff und Strickgarn und Weihnachtsgeschenke und alles zwischen Himmel und Erde.

Der große Umbruch kam, als ich sieben Jahre alt war. Die Milchfabrik wurde nach Hamar verlagert. Das war weit entfernt – es lag auf der anderen Seite der Mjøsa. Wir wohnten wie bisher außerhalb der Stadt, aber es dauerte seine Zeit, sich zurechtzufinden – in einer Stadt von fast 7000 Einwohnern, in der neuen Schule mit neuen Freunden.

Der Schulweg war lang; im Winter mußten wir oft bis über die Knie durch den Schnee waten. Zeigte das Quecksilber auf 25 bis 30 Grad unter Null, wickelten wir das Gesicht in ein Tuch, so daß nur die Augen hervorguckten. Wenn wir ankamen, waren die Stiefel steifgefroren. Wir zogen sie aus und stellten sie zum Trocknen an den Ofen im Schulzimmer, liefen auf Strümpfen umher.

Wir brauchten nicht auf den Plätzen stillzusitzen. Wir gingen herum und sprachen miteinander über die Schularbeiten, und wir durften »auf den Hof« gehen, ohne den Finger zu heben. Der Lehrer nannte diese Neuerung »Freiheit in der Verantwortung«. Wir schätzten das Vertrauen und den Lehrer. Er konnte mit uns lachen und lehrte uns Slalom. An schönen Sommertagen nahm er uns mit in den Wald und erklärte uns Blumen, Bäume und Tiere. Er besuchte die Elternhäuser und hatte Zeit für eine Tasse Kaffee. Es war eine der großen Enttäuschungen im Leben, daß gerade er später zum Feind überlief. Wir hatten ihn einmal geliebt, jetzt spuckten wir hinter ihm aus.

Zu Weihnachten sollte alles sauber sein. Decke und Wände wurden mit grüner Seife und Salmiakwasser gewaschen, Tische und Stühle wurden weiß gescheuert, auf den Küchentisch und in die Schränke kam kariertes Papier. Der letzte Sonntag vor Weihnachten war Backtag. Acht bis zehn verschiedene Kuchen- und Kekssorten sollten in Schachteln und Dosen. In der Regel war es so viel, daß es bis Ostern reichte. Wir saßen an den Abenden und bastelten Weihnachtsschmuck. Den Weihnachtsbaum holten wir aus dem Wald.

Als Heiligabend endlich da war und die ganze Gegend nach Schweinebraten und Wurst mit Schmorkohl roch, gingen wir hinaus auf die Treppe und hörten, wie die Kirchenglocken das Weihnachtsfest einläuteten. Sie mischten sich mit den Glöckchen von den Schlitten, die die Menschen zum Weihnachtsgottesdienst fuhren. Mutter war so erschöpft, daß es sie große Mühe kostete, die Augen offen zu halten.

Aber die Weihnachtsgeschenke mußten verteilt werden. Von Großmutter in Telemark waren die unvermeidlichen selbstgestrickten Strümpfe gekommen. Sie juckten und kratzten, aber sie mußten angezogen werden. Nachdem wir gegessen hatten, gingen wir zum Nachbarn hinüber: Wir gingen im Kreis um den Weihnachtsbaum und sangen Weihnachtslieder. Es gab Kaffee und Kuchen, und wir aßen Nüsse und vielleicht auch eine Apfelsine.

Zwischen Weihnachten und Neujahr liefen wir als »Weihnachtsböcke« von Haus zu Haus. Wir verkleideten uns mit alten Sachen und malten unsere Gesichter an, um uns unkenntlich zu machen.

Je größer wir wurden, desto mehr Pflichten bekamen wir. Wir mußten einen Teil der Hausarbeit übernehmen: einkaufen, abwaschen, den Boden scheuern, Holz hacken und das tägliche Essen zubereiten. Wir hatten keine Hausgehilfin mehr. Wir lernten, die Krone mehrmals umzudrehen, bevor sie ausgegeben wurde, und wenn Mutter traurig war und nicht wußte, woher sie das Geld für die Miete nehmen sollte, haben wir das auch gemerkt.

Trotzdem lehnte ich es ab, Schuhe geschenkt zu bekommen. Vor Weihnachten wurden Schuhe und Kleider in der Schule an Bedürftige verteilt. Als die Lehrerin an meinem Pult stand und fragte, ob ich Schuhe brauchte, antwortete ich brüsk: »Nein, danke«. Sie sah mich ein wenig ratlos an, aber ich blieb bei meinem Nein. Nie im Leben wollte ich mir in der Schule Schuhe schenken lassen. Lieber sollten die Füße abfrieren. Armut vor der ganzen Klasse zugeben? Niemals!

Ich erfuhr nicht, was Mutter davon hielt. Ich erzählte es zuhause nicht.

Eine Welt brach zusammen, als Mutter ihre erste Gehirnblutung bekam. Ich war ungefähr zehn Jahre alt. Am liebsten wollte ich die Schule schwänzen. Die große Angst, sie zu verlieren, machte mich gleichgültig gegenüber allem um mich herum. Den ganzen Nachmittag saß ich an ihrem Bett und strickte. Sie war mehrere Wochen gelähmt, aber glücklicherweise war sie imstande, die Lähmung zu überwinden. Einige Zeit danach konnte sie wieder arbeiten gehen. Sie war oft krank in den folgenden Jahren, und die Sorge, sie zu verlieren, lag wie eine drohende Wolke über uns.

Als sie starb, 65 Jahre alt, hatte sie ein Leben voll Sorgen, Mühe und Entbehrung hinter sich.

Nach dem Krieg sagte ich einmal zu ihr: »Mutter, wie arm bist du doch dein ganzes Leben gewesen!«

»Ich arm?« sagte sie. »Ich bin niemals arm gewesen. Ich habe vier Kinder, und ich habe immer etwas zu verschenken gehabt.«

Jung und stark

Ich kam zur Arbeiterbewegung, als ich 15 oder 16 Jahre alt war, nicht aus Überzeugung oder weil ich besonders früh politisch bewußt war. Es war beinahe selbstverständlich. Ich war jung, und in einer Kleinstadt gibt es nicht so viel, bei dem man jung sein kann. In Hamar gab es die Abstinenzler-Bewegung, die Sportvereine und die Parteien. Mutter war Sozialistin, wie sie Christin war: still und nicht so sehr für den Alltag, aber es gibt im Leben gewisse Anhaltspunkte. Also ging ich mit zu einem Treffen der Arbeiterjugend und trat schon das nächste Mal bei.

Wir waren zusammen jung im Jugendverband und das war auch der Zweck. Wir hielten regelmäßig politische Versammlungen ab, trafen uns, um zu feiern, wir spielten Theater, und wir demonstrierten. Im Sommer radelten wir, wanderten und fuhren in die Berge, im Winter machten wir lange Skitouren. Aber man war nicht jung in der zweiten Hälfte der dreißiger Jahre, ohne die grausige Zeit mitzuerleben – besonders wenn man junger Sozialist war. Die politische Finsternis mitten in Europa warf lange Schatten. Mussolini in Italien,

Hitler in Deutschland, Franco in Spanien. Wir hörten von Konzentrationslagern und Judenverfolgungen. Wir lasen über Ossietzky, und wir waren stolz über die Herausforderung, die der Nobelpreis an ihn bedeutete. Die Olympischen Spiele sollten in Hitlers Berlin stattfinden, und wir demonstrierten gegen die unerhörte Schande, daß Norwegen teilnehmen wollte. Unsere Herzen bluteten für Spanien, als die Bomben über Madrid fielen, und wir sammelten Geld und Kleidung für die Internationale Brigade. Faschismus bedeutete Unterdrückung, Gewalt und Krieg: Unsere Theatergruppe und der Sprechchor zogen durch Hedmark mit flammenden Appellen – Kampf gegen den Faschismus in allen seinen Verkleidungen.

Wir hatten unsere eigenen Nazis in Norwegen in Vidkun Quislings Partei *Nasjonal Samling.* Quisling war in der Regierung der Bauernpartei am Anfang der dreißiger Jahre Verteidigungsminister gewesen, und er genoß damals ein gewisses Ansehen. Aber seine Partei war klein und unbedeutend, und die Männer seiner »Hird«-Truppe fanden wir lächerlich, wenn sie beim Jahrestreffen in Hamar in ihren Uniformen umherstolzierten. Wir zeigten ihnen unsere Verachtung auf eine besondere Weise. Sie hatten eine öffentliche Versammlung im städtischen Festsaal einberufen, auf der einer der Knappen des Führers die große Rede halten sollte. Unter der Hand verabredete die Arbeiterjugend, zahlreich zu erscheinen. Wir kamen zeitig und erhielten sowohl die Sitzplätze als auch Stehplätze. Als Herr Wiesner mit seinen Ausführungen in Gang gekommen war und seine Begeisterung darüber ausgedrückt hatte, daß der

Saal proppevoll sei mit frischer, norwegischer Jugend, erhob sich unser Flügelmann als ein Signal, und während Wiesner auf dem Rednerstuhl tobte, verließen wir einfach den Saal. Die Polizei stand draußen und rechnete mit Krawall, doch wir gingen still und friedlich nach Hause und amüsierten uns herrlich in all dem Ernst.

Es gab immer einen gewissen Durchzug in der Mitgliedschaft des Jugendverbandes, weil die Jungen älter werden. Aber es gab einen Kern, der dabei blieb und zusammenhielt – die meiste Zeit. Er bestand aus »richtiger« Arbeiterjugend und einigen »Intellektuellen«, Jungen und Mädchen, die aus ihrem bürgerlichen Milieu ausgebrochen waren und den Weg zu uns gefunden hatten. Sie hatten es nicht immer leicht. Viele mißtrauten ihnen – sie waren uns überlegen. Sie hatten Macht über das Wort und fürchteten sich nicht, Vorträge zu halten oder sich an Diskussionen zu beteiligen. Sie leiteten Studienzirkel und konnten Marx zitieren. Sie bewegten sich in höheren Sphären und sprachen begabt über die ungerechten Lebensverhältnisse der Arbeiter. Aber sie hatten nie am eigenen Leib erfahren, was es bedeutete, arbeitslos zu sein. Sie beherrschten die Theorie, meinten wir – und wir kannten die Praxis.

Sie nahmen die Politik furchtbar ernst. Wir waren ausgelassener und begeisterten uns für so vieles. Wir waren stark und voll von Optimismus und Idealismus.

Der 1. Mai war der Tag, an dem sich das alles entfalten konnte. Am Vormittag demonstrierten wir für die Befreiung der Arbeiterklasse, für die Gleichberechtigung der Frau und freien Schwangerschaftsabbruch. Wir marschierten für den Frieden und gegen den Faschismus, für Spanien und gegen Franco. Wir trugen rote Fahnen und Transparente, die zum Kampf gegen die Hitlerdiktatur aufriefen. Wir sangen »Vorwärts, Genossen, vorwärts, gegen den Geist des Krieges, vorwärts, gegen Gewalt und Barbarei«. Am Abend feierten wir mit Kaffee und Kuchen und Tanz – zu den »Donauwellen« auf dem Akkordeon.

Am letzten 1. Mai vor dem Kriegsausbruch luden die »Intellektuellen« Tulla und mich ein, mit ihnen in einer Hütte außerhalb der Stadt zu feiern. Es war eine schwierige Entscheidung, aber da mindestens einer der Jungen mich interessierte, sagte ich zu Tulla: Dort wollen wir hingehen.

Zuerst wurde ein Vortrag gehalten, und es wurde ernsthaft diskutiert von ernsthaften jungen Männern. Später standen wir im Kreis, nahmen uns an den Händen und sangen »Avanti Popolo«. Getanzt wurde natürlich nicht. Dafür hatten sie es zu eilig, die Weltrevolution vorzubereiten. Aber Tulla und ich waren uns einig, daß es nett gewesen war. Nützlich und lehrreich in jedem Fall.

Auf dem nächsten Treffen des Jugendverbandes ergriff Sverre, unser Vorsitzender, das Wort, um uns zur Ordnung zu rufen. Er war wütend über unseren Mangel an Solidarität. Mit den Intellektuellen den 1. Mai verbringen! Das war, als ob wir uns mit dem Bürgertum eingelassen hätten. Da saßen wir schuldbeladen und voller Scham, die Arbeiterklasse verraten zu haben – und Sverre?

Unsere jungen Gegensätze wurden, schneller als wir

ahnten, vom Ernst des Lebens eingeholt, und da gab es keinen Zweifel, wo wir alle standen. Es kann kein Zufall gewesen sein, daß sich so viele von diesen jungen Leuten aus Hamar bald eine Aufgabe in der Widerstandsbewegung suchten. Einige mußten nach Schweden fliehen. Nach dem Krieg konnte man sie in führenden Stellungen in Norwegen wiederfinden, als Politiker und als Beamte im In- und Ausland. Sverre meldete sich gleich im April 1940 freiwillig. Er fiel während des deutschen Vormarsches im Gulbrandstal.

Der 9. April 1940 kam wie ein Schock. Am Abend davor hatten wir die Extrablätter der Zeitungen gesehen, die berichteten, daß deutsche Kriegsschiffe nach Norden unterwegs seien, aber wir konnten uns nicht vorstellen, daß sie wirklich Kurs auf Norwegen nahmen. Was sollten sie hier? Der Krieg fand unten in Europa statt. England und Frankreich hatten Deutschland nach Hitlers Überfall auf Polen den Krieg erklärt, und es würde wohl gegen sie gehen. Selbst die norwegische Regierung glaubte am Abend des 8. April noch nicht, daß Norwegen in den Krieg hineingezogen würde.

Als ich um acht Uhr morgens das Radio anstellte, gab eine ernste Stimme bekannt, daß deutsche Truppen durch die Straßen von Oslo, Stavanger, Bergen und Trondheim marschierten. Norwegen befand sich im Krieg. Im Morgengrauen waren die Deutschen gelandet. Wir sollten uns ruhig verhalten. Der König, die Regierung und das Parlament waren mit einem Sonderzug unterwegs nach Hamar.

Den ganzen Tag hindurch schwirrten Gerüchte herum. In Oslo herrschte Panik, die Menschen flüchteten aus der Stadt. Wo sollten sich die jungen Männer melden, um das Land zu verteidigen? Die Regierung hielt eine Sitzung im Festsaal von Hamar ab und zog weiter nach Elverum. Elverum wurde bombardiert, es gab dreißig Tote.

Tulla arbeitete in einem Betrieb, wo Pelze genäht wurden, aber jetzt stellten sie Fliegeranzüge her. Sie war nicht zur üblichen Zeit nach Hause gekommen. Wo war sie? Was war geschehen? Ich nahm eine Freundin mit, und wir liefen durch den Wald hinunter in die Stadt. Menschen kamen uns entgegen; der Strom führte aus der Stadt hinaus. »Ihr dürft jetzt nicht in die Stadt gehen. Die Deutschen können jeden Augenblick da sein.« Ich *mußte* Tulla finden, und so liefen wir weiter bis an das Ende des Waldes. Am Friedhof hielt ein Lastwagen mit fünf Männern, die nach Norden wollten. Wir hörten Schüsse und sahen ein Motorrad mit zwei Deutschen durch die menschenleere Straße rasen, direkt auf uns zu.

Jetzt hat deine letzte Stunde geschlagen, dachte ich, und das konnte man mir offenbar ansehen.

»Keine Angst, keine Angst!« riefen die jungen Soldaten, als sie anhielten. Sie fragten die Männer nach dem Weg nach Lillehammer und fuhren weiter.

Tullas Werkstatt war zu. Alles war geschlossen. Die Stadt war wie ausgestorben. Wir liefen durch den Wald zurück, und zuhause in der Küche saß Tulla. Zusammen mit einigen anderen hatte sie einen Lastwagen requiriert, war in die Fabrik eingebrochen, wo die Fliegeranzüge lagerten, und war mit ihnen aus der Stadt gefahren, an einen sicheren Ort.

Bald erreichten die ersten norwegischen Soldaten und Freiwilligen die Stadt. Ins Krankenhaus wurden die ersten Verwundeten von der Bombardierung Elverums und andere Verwundete, die beim Durchmarsch der deutschen Einheit von Streifschüssen getroffen worden waren, eingeliefert. Es kamen auch deutsche Verwundete.

Als der erste Schrecken sich gelegt hatte, ging ich hinunter zur Reithalle und meldete mich bei »Lotterne«, der weiblichen militärischen Hilfsorganisation. Was ich wollte? »Ich möchte gern dabei helfen, den norwegischen Truppen, die die Brücke nach Stange halten sollten, Verpflegung zu bringen.« »Sind Sie eine Lotte?« Nein, das sei ich nicht. »Dann können wir Sie nicht gebrauchen.« Ich wurde wütend. Das half. Jetzt hatte ich fast keine Angst.

Am 10. April nachmittags kam der deutsche Botschafter Curt Bräuer nach Elverum, um mit dem König zu verhandeln. Er verlangte, daß König Håkon Quisling zum Ministerpräsidenten ernennen sollte. Der König lehnte ab und ließ verlauten, daß er abdanken würde, wenn die Regierung die Forderung annähme. Die Regierung weigerte sich ebenfalls und erklärte: Der Kampf wird fortgesetzt.

Eine Woche danach, am Abend des 18. April, lag ich in meinem Bett in der kleinen Schlafnische und hielt den Kopf aus dem Fenster. Es lag Benzingeruch in der rauhen Aprilluft – und Motorgebrumm. Eine Lichterschlange zog sich von Bekkelaget über die Brücke nach Stange bis nach Hamar hinein. Die Deutschen kamen, um zu bleiben. Die norwegischen Truppen hatten sich auf eine Linie nördlich der Stadt zurückgezogen. Hamar war »offene Stadt«. Leer und offen.

Am nächsten Tag war eine Bekanntmachung des Generals der Infanterie von Falkenhorst angeschlagen: »Mit dem Tode bestraft wird, wer . . .« Deutsche Schilder veränderten das Straßenbild: »Krankenhaus, Ortskommandantur . . .« Und es kam Gesang in die Straßen. Komisch, daß Soldaten sangen, wenn sie im Krieg waren. Sie sangen vom ersten Augenblick an. Sie marschierten und sangen und marschierten und sangen. Sie sangen, wie sie gingen, taktfest und hart, und hackten die Endungen ab: ». . . und das heißt – zwo, drei, vier – Erika.« Wir hörten nicht nur den Marschtritt lange nachhallen; auch der Geruch von Schuhcreme blieb zwischen den Häusern hängen. Sie hatten so blanke Stiefel. Sie ließen sich nieder, beschlagnahmten Schulen, Krankenhäuser und Altersheime, Missionshäuser und Turnhallen. Bei Familien mit größeren Häusern requirierten sie Zimmer.

Die Zeitungen wurden zensiert, aber wir lernten, zwischen den Zeilen zu lesen. Wir lagen mit dem Ohr am Radio, um die Nachrichten aus London zu hören. Wir warteten auf die Engländer, die endlich in Åndalsnes an der Westküste anlegten. Wir waren sicher, daß sich das Blatt jetzt wenden würde. Jetzt würden wir uns auf den deutschen Rückzug vorbereiten müssen. Er würde wohl nicht sehr angenehm. Statt dessen statteten die Engländer uns nur eine kurze Visite ab. Und das Ganze wurde noch trauriger, als ich einen Lastwagen mit englischen Gefangenen sah. Sie aber lachten und winkten.

Dann eben Weihnachten. Bis Weihnachten würde

Norwegen frei sein. Jetzt mußte man sich eben auf Weihnachten freuen.

Die 1.-Mai-Feier wurde verboten. Der 17. Mai, unser Freiheitstag, wurde verboten. Alle Demonstrationen und Feiern waren »verboten«. Wir standen allem verständnislos gegenüber, waren etwas ängstlich, aber machten uns auch lustig über alle diese Gebote und Verbote und Drohungen, die ganz außerhalb des Lebensstils lagen, den wir kannten. Doch als der Druck stärker und die Verbote strenger wurden, gab es einige Worte und Begriffe, die für uns eine tiefere Bedeutung bekamen als früher. Patriotismus und Demokratie waren keine Fremdworte mehr. Vaterlandsliebe und vor allem Freiheit bekamen eine handgreifliche Bedeutung. Selbstbeherrschung und nationale Disziplin verlangte die Obrigkeit von uns. Aber was bedeutete nationale Disziplin in einem besetzten Land?

Den Sommer 1940 hindurch kamen wir einigermaßen regelmäßig zusammen, die Freunde vom Jugendverband. Aber im September wurden alle politischen Parteien und Jugendorganisationen verboten, und ihr Eigentum wurde konfisziert. Die Regierung saß jetzt im Londoner Exil. Der Verwaltungsrat, der sie ersetzt hatte, wurde aufgelöst, und eine Regierung norwegischer Nazis mit Quisling an der Spitze wurde eingesetzt.

Wir hatten keinen Treffpunkt mehr, trafen uns aber bei dem einen oder anderen zuhause. Wir hielten zusammen, und wir hatten den Drang etwas zu tun, stark zu sein. Aber was und wie?

Eines Abends an diesem ersten Besatzungssommer traf ich Pål, einen engen, guten Freund der Familie. Pål war in letzter Zeit viel unterwegs; wohin und warum, verstand ich nicht recht. Aber er brachte immer die heißesten geheimen Nachrichten mit, wenn er von seinen Reisen zurückkam. Er glaubte, beschattet zu werden. Ob ich einen Koffer mit Papieren an mich nehmen könnte, bis er sich sicherer fühle. Ich nahm den Koffer mit nach Hause und versteckte ihn unter dem Sägemehl auf dem Boden im Abstellhaus. Er war prall voll mit »Jøssingsposten«, der ersten illegalen Zeitung, die ich sah.

Påls Vater kam einige Tage später mit einem Zettel. Pål war untergetaucht, »aber wir werden uns bald wiedersehen«, schrieb er. Wir sahen uns vier Jahre später in Stockholm.

Viele der Freunde verschwanden. Nach Schweden über die Berge, nach England übers Meer. Einige waren während der Kriegshandlungen der ersten Wochen gefallen. Andere setzten den Kampf als »freie Männer in den Wäldern« fort. Im Grunde hätte alles ziemlich traurig und hoffnunglos aussehen müssen, aber in unseren Herzen gab es keinen Zweifel über den Ausgang.

Der König, der in England war, wurde ein Symbol des nationalen Widerstands, und als der 3. August – der Königsgeburtstag – herannahte, verbreitete sich die Parole, daß jeder eine Blume ins Knopfloch stecken sollte. Es war kaum ein »nackter« Mensch an dem Tag zu sehen, auch wenn es eine Verhaftung und eine Buße von fünfzig Kronen kosten konnte.

Eines Tages, als ich zur Busstation auf dem Marktplatz kam, stand über die ganze Wand in großen weißen Buchstaben geschrieben: »Es lebe der König!« Das war im Verlauf der Nacht geschehen, und die Leute liefen zusammen, um zu beobachten, wie ein Mann diese aufrührerische Parole entfernte. Er tat das so gewissenhaft und wusch jeden Buchstaben so umständlich ab, daß, als er fertig war, immer noch »Es lebe der König!« dastand – in einer dunkleren Farbe.

Von solchen Lichtschimmern konnte man lange zehren.

Gast bei der Gestapo

Rut!« – Schneidermeister Sponberg stand vor mir, weiß im Gesicht – »Da sind zwei Männer, die mit dir sprechen wollen.«

Jetzt waren sie also da. Ich hatte den ganzen Tag auf sie gewartet. Ich legte die alte Weste, die aufgetrennt werden sollte, mit besonderer Sorgfalt zusammen. Im Frühjahr 1942 bekamen wir meist alte Sachen, die umgearbeitet werden sollten.

Wir arbeiteten zu acht in der Schneiderei, fünf Männer und drei Frauen. Manchmal kam Hans, ein Deutscher, und besserte einige Uniformen aus. Hans war ein stiller, schüchterner Soldat, der uns ab und zu anlächelte. Er mußte damit leben, daß die »Internationale« gepfiffen wurde, während wir nähten, oder daß Hitler an einem Bindfaden an seinem Lampenschirm wie an einem Galgen hing, als er kam. Heute war er nicht da. Ich sah mich um. Es war so still im Raum geworden, die anderen saßen über ihre Arbeit gebeugt. Ester weinte. Der alte Bjerke saß im Schneidersitz zusammengesunken auf dem Tisch, den Mund noch mehr als sonst zusammengekniffen. Es sah immer so aus, als ob er

Stecknadeln zwischen den Lippen hätte. Ich holte tief Luft und ging hinaus zu den beiden Männern in den hellen Mänteln.

»Können Sie mitkommen?« fragten sie in höflichem Befehlston. »Ich bin noch nicht fertig«, sagte ich. »Wir machen um sechs Uhr Schluß.« »Oh, du Närrin«, dachte ich sofort. Ich nahm mich zusammen und fragte: »Worum dreht es sich?« Das würde ich schon erfahren, meinten sie.

Draußen wartete ein großes schwarzes Auto mit weiteren zwei Männern. Vier Männer, um mich abzuholen. Den einen erkannte ich als eifrigen Nazi von Quislings Hird, aber ich wußte nicht, daß er auch der Gestapo zur Hand ging. Ich fragte, wo es hingehe, und er antwortete, wir seien auf dem Weg zum Gefängnis – »und das liegt ja auf dem Heimweg, nicht wahr?«.

Die vier verschwanden mit dem Wagen, und andere Männer nahmen mich in Empfang und führten mich in ein Zimmer mit dem Fenster zur Straße. Sackleinene Gardinen am Fenster. Tisch und Stühle und eine Bank. Ein grüner Schimmer über dem Fliederbusch außerhalb des Fensters.

»28. April 1942. Und hier unterschreiben Sie!« Ich bekam ein Stück Papier vorgelegt und unterschrieb. Was hatte ich unterschrieben? Ich war doch noch gar nicht verhört worden. Was im Himmel hatten Tulla und ich verabredet zu sagen? Mein Kopf schien vollkommen leer. Und dann begann die Fragerei …

Als die deutsche Besatzungsmacht sich in Norwegen im Frühjahr 1940 festgesetzt hatte, wurde sogleich eine strenge Presse- und Radiozensur eingeführt. Unerwünschte Redakteure wurden ausgetauscht. Viele Journalisten verzichteten selbst darauf, in den Redaktionen zu bleiben, und tauchten später in der Widerstandsbewegung auf. Bereits 1940 kamen die ersten geheimen Zeitungen heraus. Indem sie London hörten, verschafften sie sich verbotene Nachrichten über den Fortgang des Krieges. Und von Gruppen und Gewährsleuten kamen Informationen über die Aktivität der Deutschen und der norwegischen Nazis. Die illegalen Zeitungen veröffentlichten auch Warnungen und Parolen.

Reichskommissar Joseph Terboven machte am 23. März 1941 bekannt, daß derjenige, der »Nachrichten sammelt oder zu sammeln versucht und sie anderen mit dem Ziel mitteilt, den Feind zu unterstützen«, zum Tode verurteilt würde. Zuchthaus drohte demjenigen, der »mündlich oder schriftlich unwahre oder grob verzerrende Behauptungen verbreitet, die geeignet sind, das deutsche Volk und insbesondere das Ansehen der Deutschen Wehrmacht herabzusetzen«, ebenso dem, der illegale Organisationen gründete, in ihnen mitarbeitete oder sie unterstützte.

Im Herbst 1941 wurde es verboten, Radio zu hören, und die Rundfunkgeräte wurden beschlagnahmt, zuerst bei der Bevölkerung an der Küste und in Nordnorwegen, später in den anderen Landesteilen. Nur Mitglieder von Quislings *Nasjonal Samling* durften ihr Radio behalten. Aber viele Familien hatten auf ihre Radiolizenz mehr als einen Apparat besessen, und sie begnügten sich damit, den einen abzuliefern, während sie den anderen versteckten. Leute, die sich davor gedrückt hatten, die Hörerabgabe zu bezahlen, erhielten nun den besonderen Vorteil, nicht registriert zu sein und so mit ihrem versteckten Radio weiterleben zu können. Es waren viele Apparate, die die Deutschen nicht in die Hände bekamen, und das kam nicht zuletzt den freien Zeitungen zugute. Im Oktober 1941 wurden mehr als 80 illegale Blätter im Land hergestellt, große und kleine, professionelle oder primitive, jeder nach seiner Art eine Zeitung – der Zensur zum Trotz.

Eines Tages im Herbst 1941 bekam mein Freund Brum, mit dem ich schon eine Zeitlang gegangen war, Besuch von einem unbekannten Herrn Pettersen aus Oslo. Er kam mit einem Radio und bot an, mit Geld wiederzukommen, wenn er eine Zeitung starten wollte. Ob Brum Leute um sich habe, auf die er sich verlassen könne? Brum erwähnte unter anderem mich, aber Pettersen sagte gleich: »Keine Mädchen!«

Wir sahen Pettersen nicht wieder und auch nicht sein Geld. Aber für das Radio hatten wir Verwendung. Brum – er hieß Ole Olstad Bergaust – war auf dem Bahnhof in Hamar beschäftigt, und an einem mondklaren Abend gingen wir in die Hütte der Eisenbahner, um auszuprobieren, ob der Apparat London bekäme. Es war ein sicherer Platz. Zu dieser Jahreszeit waren keine Menschen in der Nähe. Es war eiskalt, wir trauten uns aber nicht zu heizen und machten auch kein Licht. Aber wir bekamen London – und die Nachrichten auf norwegisch.

Selbstverständlich waren wir Amateure in illegaler

Arbeit: Einige Tage später nahm einer von Brums Arbeitskollegen ihn zur Seite und sagte: »Du, wenn ihr euch die Hütte leiht, denkt daran, die Erdungsleitung wieder mitzunehmen.« Bald wurden wir professioneller. Arthur Martinsen, Tullas Mann, war Journalist und mit Leuten in Kontakt gekommen, die eine illegale Zeitung, »Radionytt«, herausbrachten. Als diese Leute ausfielen, übernahm er die Aufgabe. Um diese Zeitung herum bildeten wir mit unseren Radioapparaten eine Gruppe. Zu Ehren von König Håkon VII. im Londoner Exil wurde der Name der Zeitung aufgewertet; sie hieß jetzt »Radionytt – H7«.

Der Kern der Gruppe waren Arthur, Brum, Bjarne, der Verdunkelungsgardinen herstellte, Fridtjof, der Dekorateur war, und dann Tulla und ich. Aber mindestens ebenso wichtig war der Hauptverteiler Ove, der in der Güterabteilung des Hamarer Bahnhofs arbeitete.

Diese Art von Zeitungen wurde in Hinterhäusern, in Kellern und auf Speichern hergestellt. In unserem Fall hörten wir die regelmäßigen norwegischen Sendungen aus London in der Wohnung, die Tulla und Arthur im Haus seiner Eltern hatten. Jeden Abend um 18.30 Uhr wurde das Radio aus seinem Versteck vom Speicher hervorgeholt, und Arthur nahm die Nachrichten auf. Es waren Meldungen aus Norwegen, auch aus der Hamarregion, die die norwegische Redaktion von BBC meist über die norwegische Gesandtschaft in Stockholm erhalten hatte. Später schrieb er das Ganze auf eine Wachsmatrize, die wir dann zu Bjarne brachten, der mitten in der Stadt wohnte und seine Werkstatt im Hinterhof hatte. Zwischen Verdunkelungspapier und Arbeitsgeräten stand der handgetriebene Vervielfältiger, auf dem wir unsere Zeitung druckten. Das Papier versteckten wir bei der Norwegischen Schulzeitung auf der anderen Seite der Straße, wo es gut getarnt war.

»Radionytt – H7« kam unregelmäßig heraus, ungefähr einmal in der Woche, manchmal auch öfter, wenn es eilige Nachrichten gab. Die Auflage schwankte zwischen 1000 und 3000 Exemplaren mit zwei oder vier Seiten. Es waren hauptsächlich die Eisenbahner und ihre Kontaktleute, die sie verteilten, und das Netz reichte weit. Aber auch Busfahrer, die in der Umgebung herumkamen, machten mit. Viele Exemplare wurden in Hamar über Freunde und Bekannte verbreitet. Man konnte sich auf die Leute verlassen. Später gingen die Nachrichten von Hand zu Hand und von Mund zu Mund. Es gab in Norwegen wie in anderen besetzten Ländern Kollaborateure, aber in einer kleinen Stadt wie unserer war es nicht so schwer, sie zu kennen. Auch über die »Gestreiften« wußten wir Bescheid, über diejenigen, die sicherheitshalber nach beiden Seiten Verbindung hielten. Ihnen galt unsere tiefste Verachtung.

Es war eine kleine Zeitung, aber in dem halben Kriegsjahr, das wir uns halten konnten, erfuhren die Menschen durch sie wesentliche Nachrichten:

○ Am 1. September 1941 streikten 30 000 Arbeiter in Oslo gegen die schlechte Lebensmittelversorgung. Sie nannten es den »Milchstreik«. Die Deutschen verhängten den Ausnahmezustand und verhafteten Streikende, zwei wurden zum Tode verurteilt und hingerichtet. Viele erhielten Haftstrafen zwischen zehn Jahren und lebenslänglich.

o Ende Dezember 1941 unternahmen die Alliierten zwei Kommando-Aktionen über die Nordsee gegen die Lofoten und die Inseln Måløy/Vågsøy an der norwegischen Westküste. Norwegische Streitkräfte, in England ausgebildet, nahmen teil. 600 Männer gingen auf Måløy und Vågsøy an Land, sprengten deutsche Militäranlagen und Munitionslager und versenkten acht Schiffe. 200 deutsche Soldaten fielen, 100 wurden gefangen genommen und nach Großbritannien gebracht. Die Alliierten verloren dreißig Männer.

o Im Februar 1942 dekretierte die Quislingregierung, daß alle Lehrer dem nazistischen Lehrerverband beitreten müßten. Die illegale Leitung der norwegischen Schulen forderte die 14 000 Lehrer auf, Nein zu sagen und sich zu weigern, die Kinder nach nazistischen Richtlinien zu erziehen. Innerhalb einer Woche protestierten 12 000 Lehrer beim Unterrichtsministerium, und mehrere hunderttausend Elternproteste gingen ein. Im März nahmen die Behörden 1100 Lehrer fest und schickten 500 von ihnen zur Zwangsarbeit in die Finnmark, im nördlichsten Teil Norwegens, unter grauenhaften Bedingungen.

o Zu Beginn der deutschen Besetzung hatten die norwegischen Bischöfe einen Hirtenbrief an die Gemeinden verfaßt, in dem sie gegen deutsche Übergriffe protestierten. Im Februar 1942 legten sie alle ihre Ämter nieder; zu Ostern wurde von den Altären des Landes ein illegaler Hirtenbrief verlesen. Die Bischöfe schrieben, daß die Diener der Kirche keine Anweisung von außerkirchlicher Seite akzeptieren könnten, wie Gottes Wort in einer aktuellen Situation verkündet werden müsse.

797 von 858 Pfarrern legten danach ihre Ämter nieder, woraufhin deren Verhaftung begann. Viele von ihnen wurden auf Helgøya interniert, einer kleinen Insel in der Mjøsa direkt Hamar gegenüber.

Am Abend vorher hatte mein Freund Brum mich von der Arbeit abgeholt, und wie so oft gingen wir zu ihm nach Hause. Er wohnte bei seinen Eltern. Seine Mutter empfing uns erschreckt: Die Polizei sei da gewesen und habe nach ihm gefragt. Was war los? Wir mußten Tulla und Arthur finden. Sie wohnten bei Arthurs Eltern. Auf dem Weg dorthin gingen wir an Bjarnes Haus vorbei. Dort schlenderten einige Männer mit auffallender Gleichgültigkeit hin und her. Irgend etwas stimmte nicht.

Fridtjof war schon bei ihnen, als wir kamen, und es war klar, daß wir sofort weg mußten. Tulla wollte zuerst noch ihre Brote fertigbacken. Arthur versteckte alle Ausgaben unserer Zeitung in einem Riß in der Kellermauer. Als er aus Schweden zurückkam, waren sie noch dort. Heute werden sie – zusammen mit allen anderen illegalen Zeitungen – in der Universitätsbibliothek in Oslo aufbewahrt.

Gerade noch rechtzeitig machten wir uns auf den Weg. Kurz danach kam die Polizei, um Arthur abzuholen. Seine Mutter sagte, er sei spazierengegangen, und die Jungen auf der Straße schickten die Polizei in die verkehrte Richtung. Sie suchten im Viertel nach uns. Aber das erfuhren wir erst später.

Wir gingen zum Wald beim Furuberg und beratschlagten. Es war uns klar, daß die Jungen weg mußten. Sie wollten nach Oslo und die Führung der Heimatfront fragen, ob sie in Norwegen untertauchen oder doch besser nach Schweden gehen sollten. Tulla und ich meinten, bleiben zu können. Soweit wir wußten, hatte die Polizei nicht nach uns gefragt. Es kam in jedem Fall zuerst darauf an, die Männer in Sicherheit zu bringen.

Wir verabredeten, daß Arthur, Brum und Fridtjof sich in einer Hütte bei Jessnes verstecken sollten, während Tulla und ich in die Stadt zurückgehen sollten, um Geld und Transport zu organisieren. Wir gingen nicht, wir liefen, und als wir Fahrräder stehen sahen, »borgten« wir sie aus. Es kam uns beinahe unwirklich vor, die Menschen friedlich in ihren Gärten arbeiten zu sehen; sie verbrannten altes Laub und welkes Reisigholz. Wir pflückten einige Leberblümchen, um ein Alibi für unseren Waldspaziergang zu haben.

Wir sollten einen führenden Mann des Widerstands in Hamar kontaktieren, um Geld zu bekommen, aber zu unserem Entsetzen sagte die Hausangestellte, daß er nicht zuhause sei. Wo er denn sei? Er sei bei Dr. Riese zum Abendessen. Wieder auf die Fahrräder und am Seeufer entlang. »Nein«, sagte das schwarzweiß gekleidete Stubenmädchen, »sie sind zu Tisch.« »Aber wir müssen mit ihm sprechen. Es ist wichtig.«

Er kam schließlich in seinem Smoking herunter, verärgert über die Störung, und gab uns hundert Kronen. Wir hatten mehr erwartet und brauchten auch mehr.

Wir radelten zurück zur Stadt, zum Taxistand am Bahnhof. Auf die Taxifahrer konnte man sich verlassen, das wußten wir. Sie hatten aber Bedenken, weil gerade in diesen Tagen fünfzig russische Kriegsgefangene aus einem Zug bei Hamar geflüchtet waren. Die Deutschen machten Razzia in der Stadt und der Umgebung. Straßen wurden kontrolliert, Autos durchsucht. Aber wir flehten und baten auf unseren Knien, und einer der Fahrer erbarmte sich.

Er holte die Jungen von der Hütte ab und brachte sie nicht nach Oslo, wie wir gehofft hatten, sondern nordwärts nach Lillehammer und von dort wieder südwärts am Westufer der Mjøsa entlang nach Gjøvik. Dort versteckten sie sich in der kalten Nacht unter einer Brükke und konnten später in einem Krankenwagen mit Schwestern nach Oslo mitfahren.

Aber das wußte ich nicht. Jetzt saß ich bei den norwegischen Gestapo-Leuten, allein, und die Fragen prasselten auf mich ein. Was ich über Arthur und Brum wußte? Hatte ich bei ihnen mitgemacht? War ich an der Zeitung beteiligt? Waren sie nachts lange weg, und wo waren sie jetzt?

Ich hatte keine Ahnung, wer verhaftet worden war und wieviel die Gestapo wußte. Hatten sie Bjarne geschnappt? Waren die anderen entkommen oder war der Wagen in eine Razzia geraten? Ich wußte nicht, wo Tulla war, ob man sie auch geholt hatte. Wir hatten abends verabredet, was wir antworten wollten, wenn wir verhört würden, und waren es immer wieder durchgegangen. Auf das meiste wußte ich etwas zu antworten. Ein einziges Mal wurde ich unsicher, weil sie mich nach einem Mann ausfragten, von dem ich wußte, daß er ein Radio im Brunnen hängen hatte; doch ich konnte mich herausreden. Ab und zu kam ein besonders unangenehmer Mann herein, griff auf Fragen zurück, die schon beantwortet waren, und verschwand wieder.

Einmal, als die Tür offenstand, sah ich, wie eine bleiche Tulla durch den Gang geschubst wurde. »Tulla! Tulla!« Ich sprang zur Tür, aber ich wurde gepackt und zurückgedrängt.

Etwas später saßen wir uns dann in einer Gefängniszelle gegenüber, ganz klein, blaß und steif vor Schreck. Der Wachtmeister kam, er war Norweger: »Aber Mädchen«, sagte er, »was habt ihr denn angestellt?« Wir hätten überhaupt nichts gemacht, wir verstünden das Ganze nicht. »Ihr könnt ruhig miteinander sprechen«, sagte er. »Hier werdet ihr nicht abgehört.« Wir hatten kein Wort untereinander gesprochen, bevor er kam. Er erklärte uns, daß die Gestapo keinen Zugang zum Gefängnis habe. Wir seien dort sicher. Aber wir müßten damit rechnen, wieder zum Verhör geholt zu werden, und das geschehe in der Regel nachts. Er wollte nach Hause und fragte, ob er uns irgendwie helfen könne. »Geh zu Mutter«, sagten wir, »und sag ihr, daß sie sich um uns keine Sorgen machen soll.« Und dann kam seine Frau mit etwas, von dem wir seit langem nur träumen konnten: richtiger Kaffee, richtiges Weißbrot mit Spiegeleiern und Butter. An diesem Abend schmeckte es uns bloß nicht.

In der Nacht wurden wir wieder hinausgerufen, aber zu unserer Erleichterung nicht zum Verhör. Und zu unserer Überraschung sagte man uns, daß wir gehen könnten. Im Morgengrauen gingen wir Arm in Arm nach Hause. Zuhause waren sie noch wach und völlig aufgelöst. Mutter explodierte, aus aufgestauter Angst, und schimpfte fürchterlich: »Wenn ihr nicht so groß wäret, würde ich euch grün und blau schlagen.«

Die Tage vergingen, ohne daß wir ein Lebenszeichen aus Schweden erhielten. Wo Arthur und Brum waren, wußten wir nicht. Das Leben wurde wieder »normal«, aber wir blieben für uns.

Eines Tages, im Juni erhielten wir die Nachricht, daß die sogenannte »Hamar-Sache« bald vor einem Gericht in Oslo verhandelt werden sollte. Worum es ging, konnten wir nicht wissen, und ebensowenig, um wen es ging, denn wir wußten ja nicht, wer verhaftet worden war. Wir suchten Rat bei unserem Kontaktmann in der Leitung der Heimatfront in Oslo, und erhielten den Trost, daß wir Glück haben könnten, mit einigen Wochen in Grini, dem Konzentrationslager bei Oslo, davonzukommen. Aber wir müßten selbst entscheiden, ob wir es darauf ankommen lassen oder flüchten wollten.

Wir waren ein wenig beschämt, Tulla und ich, als wir im Zug nach Hamar saßen. Es war uns peinlich, daß wir Leute belästigt hatten, die sich mit Wichtigerem zu beschäftigen hatten als unserem Kleinkram, aber wir trauten uns nicht, das Risiko einzugehen. Wir hatten Angst, wieder verhört zu werden. Der Geruch von Schimmel und Urin in der hellblauen Zelle steckte uns immer noch in der Nase. Bevor wir zuhause waren, hatten wir uns entschieden, trotzdem herauszufinden, »wo Schweden lag«.

Während der Besatzungszeit wurden zwischen 3000 und 4000 Menschen inhaftiert wegen Verbindungen zu illegalen Zeitungen – 212 von ihnen starben in deutschen Konzentrationslagern oder in norwegischen Gefängnissen, und 62 von ihnen wurden hingerichtet.

Im Exil

An einem Spätsommertag stiegen wir aus dem Zug auf dem Stockholmer Zentralbahnhof. Im Flüchtlingslager in Kjesäter hatten wir erfahren, daß sowohl Arthur als auch Brum beim Pressebüro der Norwegischen Botschaft arbeiteten. Und so wurden wir statt auf dem Lande zu arbeiten, direkt nach Stockholm geschickt.

Drei Monate waren vergangen, seit wir sie losgeschickt hatten. Jetzt standen wir uns wieder gegenüber: zwei junge Männer, gekleidet nach der neuesten Mode, zwei junge Mädchen in Baumwollkleidern aus dem Lager in Kjesäter. Arthur war glücklich, seine Frau wieder in die Arme nehmen zu können; er hatte gehört, sie sei zur Zwangsarbeit geschickt worden. Brum und ich waren uns fremd und verlegen.

Wir hatten uns eine ganze Weile gekannt, bevor wir ein »festes« Paar wurden. Er war auch im Jugendverband, und wir hatten miteinander getanzt und geflirtet, aber das hatte ich mit vielen. Brum sah gut aus; wir nannten ihn »Clark Gable«. Er trieb beinahe alle Sportarten: Ski, Schlittschuh, Eishockey, Schwimmen und was weiß ich. Aber so viele Aktivitäten mußten zu Lasten von etwas anderem gehen, und das war die Schule. Nachdem er ein Jahr wiederholt hatte, ging er ab und fing wie sein Vater bei der Eisenbahn an. Das galt in den dreißiger Jahren als einer der sichersten Arbeitsplätze.

Als wir in den Widerstand gingen, hatte er schon gute Verbindungen zur Führung der Heimatfront in Oslo und zu ihren Leuten in Hamar. Und nicht zuletzt hatte er durch seine Arbeit Kontakt zu zuverlässigen Eisenbahnern, die die Verteilung unserer illegalen Zeitung im Bezirk organisieren konnten.

In der ersten Zeit bekamen Tulla und ich eine Unterstützung vom Norwegischen Flüchtlingsbüro. Wir wurden in einer Pension untergebracht. Wir bekamen Essensmarken für die Haushaltsschule Thyra, wo wir uns zusammen mit anderen Flüchtlingen für 1,35 Schwedenkronen satt essen konnten an Blutwurst, Fischbouletten, Haferbrei, Preiselbeermarmelade und Brötchen. Es gab Leute, die nur mit dem Essen von Thyra zurechtkamen. Sie schliefen lange, aßen bei Thyra und schmierten sich heimlich Brötchen fürs Abendessen zuhause. Wir bekamen Taschengeld, konnten ins Kaufhaus PUB gehen und für eine bestimmte Summe einkaufen. Ich kaufte mir ein schwarzes Kleid, das ich auffallend schön fand, bis ich eines Tages gefragt wurde, ob ich Trauer trüge.

Im Herbst heirateten Brum und ich – und die Braut trug schwarz. Tulla und Arthur hatten eine Wohnung mit ganzen vierzig Quadratmetern bekommen. Dort sollte die Hochzeit ausgiebig gefeiert werden. Alle Mitarbeiter des Pressebüros strömten herein und füllten die

Zimmer bis auf den letzten Stehplatz. Jeder kam mit seiner »Ration« Branntwein. In der Küche stand ein enormer Topf mit Labskaus, und in der Badewanne standen Bierflaschen in kaltem Wasser. Wir tanzten. Und ich sah zum ersten Mal Willy Brandt. Er war umschwärmt von Damen, und er hatte offenbar nichts dagegen. Seine Frau Carlota war auch da; sie war klein und lebhaft und hatte dunkle Augen. An diesem Abend deutete nichts darauf hin, daß wir, Willy Brandt und ich, zueinanderfinden würden für den größten Teil eines langen Lebens.

Langsam wurde das Leben in Stockholm irgendwie alltäglich, selbst wenn das Heimweh uns ab und zu schrecklich packte. Wir schrieben unter Decknamen nach Hause und waren froh, wenn es gelang, ein Extrapaket zu schicken. Wir durften nur ein Paket im Monat schikken, aber mit einem ausgedachten Namen konnte man manchmal die Lebensmittelkommission täuschen und die Erlaubnis für ein weiteres bekommen.

Brum und ich bekamen eine neue Wohnung auf Hammarbyhöjden, eine Satellitenstadt außerhalb Stockholms. Kurz nachdem ich angekommen war, hatte ich eine Stellung als Hausangestellte bei einer norwegischen Familie erhalten, wo beide Ehepartner bei der Gesandtschaft arbeiteten. Es wurde erwartet, daß man Arbeit annahm. Es war gut für einen selbst, und es war nicht zuletzt notwendig. Auch wenn wir eines der drei Zimmer vermieteten, war das Geld knapp, und wir brauchten Möbel und andere Gegenstände.

Manchmal ging Brum weg mit einem Koffer und kam

zwei oder drei Tage nicht nach Hause. Ich fragte nicht, wohin er ging oder was im Koffer war. Er sagte einmal im Scherz, er solle einen Koffer voll Geld zur Grenze bringen. Vielleicht war es das, was er tat.

Ein langes Zusammenleben war uns nicht beschieden, und das lag nicht nur daran, daß es eine Kriegsehe zwischen Flüchtlingen war, hastig und hektisch. Brum wurde krank. Anscheinend war er kräftig durch all den Sport, aber er hatte eine lange Zeit gehustet und gekränkelt. Wir beruhigten uns damit, daß es ein hartnäckiger Raucherhusten sei. Eines Tages blieb er mit Fieber im Bett liegen. Das Fieber ging nicht zurück, und wir riefen den Arzt. Die Röntgenbilder zeigten, daß die eine Lunge kaputt war und die andere angegriffen. Das war ein harter Schlag für uns beide, aber die Reichweite dieser Nachricht haben wir nicht begriffen. Brum wurde ins Krankenhaus in Falun in Dalarne gebracht, wo ich ihn besuchte, so oft ich konnte. Er wurde mehrmals operiert, zuerst in Schweden und später in Norwegen. Weihnachten 1946 starb er im Mesnalia Sanatorium und wurde in Hamar begraben. Er wurde 28 Jahre alt.

Ich war jetzt allein in Stockholm. Es war gut, Freunde in Stockholm zu haben. Inge Schefloe mietete das Schlafzimmer, Fredrik Wulfsberg das Eßzimmer, und ich nahm das Wohnzimmer. Am Tag schrieb Odd Bang Hansen in Inges Zimmer an seinen Büchern, und Gudmund Harlem, der Vater der kleinen Gro, saß mit seiner Arbeit in meinem Zimmer. Jeder trug sein Scherflein bei, und die Miete war gesichert.

Manchmal hatten sie Essen gemacht, wenn ich von der Arbeit kam, und wir aßen zusammen. Danach nahmen sie mich an die Hand und liefen zum Bus, um zum Kino zu fahren.

Eines Tages fragte der Presseattaché Schive, ob ich beim Pressebüro anfangen wollte. Und ob ich wollte! Aber ich erschrak. Ich hatte keinerlei Voraussetzungen, um dort zu arbeiten, abgesehen von etwas Englisch und Maschineschreiben. »Es gibt immer genug zu tun«, meinte Schive.

Die Botschaft lag in einem großen, vornehmen Haus in der Banérstraße. Das Pressebüro war in der Parterrewohnung, und das Bildarchiv in der Küche, und dort kam ich hin. Arthur war der Chef – der Stab bestand aus uns beiden. Ich saß am Küchentisch und klebte Texte auf die Bilder. Es waren Pressefotos von den norwegischen Streitkräften in England und Kanada, von Kampfhandlungen draußen und Sabotageaktionen in Norwegen, und als die Deutschen sich aus Nordnorwegen zurückzogen, gab es Bilder von niedergebrannten Höfen und von der Flucht der Einwohner nach Süden.

Als Arthur zum Polizeidienst einberufen wurde – die militärische Ausbildung der Norweger wurde unter dem etwas vornehmeren Namen »Polizeilager« betrieben –, war meine Zeit gekommen. Ich schrieb jetzt selbst die Bildtexte, klebte sie nicht nur auf, und fühlte mich höchst bedeutend.

Der Freundes- und Bekanntenkreis aus der Hamar-Gegend war im Laufe der Zeit ziemlich groß geworden. Einige blieben, einige verschwanden wieder, nach England wie Fredrik Wulfsberg oder zurück in den norwegischen Untergrund wie Inge Schefloe.

Einer von ihnen war Erik. Am Abend, bevor er fahren

sollte, saßen wir zusammen. Er hatte mir seine Lebensmittelkarten und seinen schönen blauen Anzug geschenkt. Ich wollte ihn zu einem Kostüm umarbeiten. Er war deutlich nervös. »Ich habe ja nichts als ein Messer«, sagte er. Aber wozu brauchte er ein Messer, wenn er nach England fahren wollte? Er ging am Abend und warf einen Stein an mein Fenster, bevor er verschwand. Seine Eltern kamen später nach Stockholm, aber da wußte ich schon, daß Erik tot war. Er war von deutschen Soldaten angepeilt und erschossen worden, als er in einer Hütte aus Tannenzweigen saß und nach England funkte.

Eines herrlichen Tages stand Pål in der Küche in der Banérstraße. Wir tanzten um den Küchentisch und guckten uns verstohlen an, um zu sehen, ob wir uns verändert hätten. Ich bekam frei, holte Tulla, die allein war, und wir feierten zwei Tage und zwei Nächte in einem Rutsch. Pål, der wie ein Bruder zu uns gewesen war, den wir vermißt hatten und den wir jetzt quicklebendig vor uns sahen. Er war früh nach England gekommen und wurde zum Fallschirmjäger ausgebildet. Er hatte es auch geschafft zu heiraten. Voller Stolz zeigte er uns ein Foto von seiner englischen Frau.

»Seht euch die Beine an!« sagte Pål, und da wußten wir, daß er derselbe geblieben war. Drei Tage später war er wieder fort.

Wir feierten Wiedersehen, und wir feierten Abschied, wir feierten Hochzeiten, und wir feierten Feste jeden Sonnabend. Während des letzten Stockholmer Jahres wohnten Anders und Inger Hagerup mit ihrem Sohn Helge in meiner kleinen Wohnung. Um der Familie

Platz zu machen, zog ich mich ins Schlafzimmer zurück. Inger war eine bekannte Lyrikerin – es gab wohl keinen Norweger, der nicht ihr Kriegsgedicht aufsagen konnte:

»Sie verbrannten unsere Höfe,
Sie töteten unsere Männer,
Laßt es unsere Herzen
Wieder und wieder hämmern.

Sie verbrannten unsere Höfe,
Sie töteten unsere Männer,
Für jeden, der in den Tod ging,
Stehen Tausende bereit.«

Inger schrieb an einer Gedichtsammlung, und es kam vor, daß sie in der Nacht fortging und eine Weile wegblieb. Das erste Mal, als das passierte, klopfte Anders erschreckt an meine Tür und fragte mich, ob ich wüßte, wo Inger wäre. Später erzählte sie mir, sie müsse manchmal allein sein, um ihre Gedanken zu ordnen. Dann mache sie einen Spaziergang; nachts war es still.

Ich lebte gern mit Inger zusammen. Ab und zu kaufte ich Käse und Rotwein, die ich mit nach Hause nahm. Wir setzten uns auf mein Bett und sprachen über alles Mögliche: über die Liebe, über Männer, über unsere Träume und wie schwierig manches war.

Das Leben in der Wohnung in Hammarbyhøjden wurde noch bewegter. Norwegische Schriftsteller, schwedische Schriftsteller, Künstler und Journalisten gaben sich dort die Hand, und zwischendurch nicht nur das. Der

Samstagabend war lang, er dauerte meistens bis in den Sonntag. Es wurde lauthals diskutiert, und die Schweden unter uns, jeder ein wahrer Freund Norwegens, schienen unweigerlich unter der Neutralitätspolitik des Gastlandes zu leiden. Mehr als einmal mußte ich zur Hausverwaltung und mich für den Lärm entschuldigen.

Bei diesen Zusammenkünften lernte ich Carlota und Willy Brandt näher kennen. Der Name Willy Brandt war schon vor dem Krieg ein Begriff für mich von seinen Zeitungsartikeln über Nazideutschland. In Stockholm kannten wir ihn als einen der Redakteure des Norwegisch-Schwedischen Pressebüros. Er vermittelte Nachrichten aus dem besetzten Norwegen an schwedische Zeitungen. Willy und ich trafen uns schon im Sommer 1944 häufiger, als ich allein war. Wir gingen aus, aßen zusammen und gingen tanzen. Wir waren verliebt und verheimlichten es nicht. Willy hat in einem seiner Bücher geschrieben, wir fühlten uns »zueinander hingezogen und blieben beieinander«. So einfach war es natürlich nicht. Er war verheiratet und hatte ein Kind, ich war verheiratet und hatte einen kranken Mann. Die Probleme schienen unüberwindlich. Wir sprachen auch nie über eine gemeinsame Zukunft. Ich hatte Gewissensbisse wegen Brum, der todkrank in Falun lag und natürlich etwas ahnte. Er verlangte, daß ich zu ihm nach Falun ziehen sollte. Das war nicht möglich, und ich wollte es auch nicht. Willy war auch nicht imstande, sich zu entscheiden. Er zog zuhause aus und wieder ein, mietete sich dann ein Zimmer in der Innenstadt. In einem seiner Abschiedsbriefe aus der ersten Zeit schreibt er: »Aber man muß wohl herausfinden, was eine Beziehung tatsächlich ist, was sie sein sollte und was sie sein darf.« Willy meinte, daß es nicht mehr ginge, sagte aber zum Schluß: »Vielleicht können wir Sonntag zusammen essen, wenn ich Zeit finde. Und dann müssen wir in der Woche einmal ausgehen, und du mußt mir zeigen, wie dir dein neues Kleid steht.«

Ich schrieb ihm von Dalarne, nach einem schwierigen Besuch bei Brum Ostern 1945, jetzt müsse Schluß sein. Als ich zurück nach Stockholm kam, stand Willy auf dem Bahnsteig.

Für Carlota war es verständlicherweise nicht leicht, und zunächst wollte sie mich nicht sehen. Aber schon in den ersten Jahren, als ich in Berlin war, hatten wir Briefkontakt, und in einem ihrer Briefe schreibt sie: »Und wenn es nun so gehen mußte, das Ninja eine ›Stiefmutter‹ haben sollte, so war mir niemand lieber als Du.«

Wir hielten den Kontakt bis zu ihrem Tod aufrecht. Und Ninja liebte – und liebe – ich, als wäre sie mein eigenes Kind.

Im April 1945 kamen die norwegischen Häftlinge aus den Konzentrationslagern in Deutschland zurück. Durch Vermittlung des Grafen Bernadotte hatte man sie freibekommen. Sie nahmen an der unglaublich bewegenden 1.-Mai-Demonstration in Stockholm teil. Zwischen Flüchtlingen aus vielen Ländern marschierten diese befreiten norwegischen Häftlinge, abgemagert, aber glücklich ins Leben zurückgekehrt.

Von Willys Freunden aus den deutschsprachigen Kreisen traf ich nicht viele. Aber ich kam mit zu ihrer Versammlung am Abend des 1. Mai. Alle wußten, daß der

Krieg zu Ende ging, und irgendwann kam Willy, nein er rannte beinahe zum Rednerpult und bat ums Wort. Er las von einem Blatt Papier, daß Hitler am 30. April Selbstmord begangen habe. Ich weiß nicht, was danach geschah, ob die Versammlung weiterging oder abgebrochen wurde.

In den folgenden Tagen kreisten unsere Gedanken um nichts anderes, als daß es nun bald vorbei sei. Dänemark wurde am 5. Mai befreit, und die Dänen jubelten. Würde Norwegen ohne Kampf frei werden? Es waren noch über 300 000 deutsche Soldaten im Lande. Wie verliefen die letzten Tage in Norwegen? Ich lese im Tagebuch des Stationsvorstehers vom Hamarer Bahnhof:

»6. 5. Sonntag. Das ganze Volk in Spannung. Wird es zum Kampf kommen, oder werden die Deutschen freiwillig die Waffen strecken?

7. 5. Quisling sagt in einer Radioansprache, daß die deutsche Wehrmacht nach wie vor intakt sei. Aber glücklicherweise: Im Laufe des Tages wird von Schweden und Dänemark gemeldet, daß die Deutschen auch in Norwegen kapitulieren werden. Gegen Abend werden die Fahnen aus den Verstecken geholt, wo sie fünf Jahre gelegen haben. Die Verdunkelung wird mit sofortiger Wirkung aufgehoben. Die Straßen füllen sich mit Menschen. Nach fünf Jahren Maulkorb können die Norweger wieder frei jubeln.«

Ich saß am 7. Mai mittags im Fischrestaurant am Stureplan in Stockholm. Der Kellner kam zu mir und sagte: »Wir erwarten jeden Augenblick, die norwegische Fahne neben der dänischen und der schwedischen aufstellen zu können.« Da brauste es auf im Lokal. Die Leute klatschten Beifall. Ich sah den Kellner mit der norwegischen Fahne kommen. Ich legte meinen Kopf auf die Arme und weinte. Ich mußte Willy anrufen, schluchzte ins Telefon: »Es ist Frieden, es ist Frieden, es ist Frieden.« Telefonate mit Freunden und Bekannten. Nirgendwo nahm jemand ab. Sie hatten eine halbe Stunde vor mir den Frieden erlebt.

Auf Kungsgatan brodelte und schunkelte es. Wir umarmten uns, weinten und lachten, riefen Hurra und »Der Sieg ist unser«. Die Lokale waren überfüllt. Aber allen wurde noch ein Platz freigemacht. Heute waren wir Brüder, Schweden, Dänen und Norweger. Immer wieder die norwegische, dänische und schwedische Nationalhymne. Viele fühlten den Drang, eine Rede zu halten. Die Gefühle explodierten. Die Freude war überwältigend und grenzenlos. Der Friede war ausgebrochen.

Ich blieb in Stockholm bis zum Herbst, um bei der Umstellung der norwegischen Botschaft zu helfen. Aber Stockholm war eine andere Stadt geworden, sie schien mir leer und beinahe fremd zu sein. Alle waren weg. Arthur war einer der ersten. Am meisten vermißte ich Tulla. Wir hatten unser ganzes Leben wie Pech und Schwefel zusammengehalten. Bei ihr suchte ich Zuflucht, wenn vieles zu schwierig wurde und wenn die Geldbörse leer war. Bei ihr bekam ich Bratkartoffeln und gute Ratschläge. Aber Willy war in Stockholm. Wir zogen in eine Pension am Strandweg und wohnten vornehm zusammen. Eines Tages im Mai fuhren wir mit dem Zug in die kleine Stadt Mariefred bei dem Schloß

Gripsholm. Wir besuchten das Grab von Tucholsky und legten Blumen nieder.

Im Juli machte ich Ferien in Norwegen. Mutter hatte im Herbst 1944 ihren fünften Schlaganfall erlitten und war mehrere Wochen bewußtlos gewesen. Die Ärzte hatten sie schon aufgegeben, und jeder Brief aus Norwegen traf mich voll banger Ahnungen. Aber Mutter kam auch diesmal durch. Sie war lange gelähmt, doch mit großer Willensstärke lernte sie wieder laufen, und sie schaffte es auch, ihre kleine Wohnung zu versorgen.

Es war wunderbar, alle wiederzusehen: meine älteste Schwester Hjørdis, die jüngste Olaug. Sie hatte einer Mädchengruppe in der Militärorganisation (MILORG) der Widerstandsbewegung angehört. Sie versammelten sich in Privatwohnungen zu »Nähsitzungen«, zerschnitten alte Laken und rollten sie zu Bandagen zusammen; sie sammelten Garnreste und strickten Mützen, Handschuhe und Socken für »die freien Männer in den Wäldern«.

Wir sprachen vierzehn Tage lang und ließen die Kriegszeit Revue passieren. Namen und Begebenheiten wurden zusammengefügt und immer wieder erzählt. Freude und Schadenfreude erhielten freien Lauf.

Ich war zuhause.

Aber nicht, um zu bleiben. Oslo, nicht Hamar, wurde meine nächste Heimatstadt.

Unterwegs

Oslo sah schäbig und zerzaust aus, und noch im Oktober gab es Geschäfte, die Schilder in den Fenstern hängen hatten: »Geschlossen wegen Frieden.« Es roch nach Fisch in den Restaurants. Lebensmittel waren immer noch knapp. Wohnungen waren ebenfalls nicht leicht zu bekommen. Willy hatte ein Zimmer in einer Pension in Pilestredet. Auch ich bekam dort ein Zimmer. Das Büro der Arbeiterpartei in Oslo brauchte für einige Monate einen zusätzlichen Mitarbeiter, und man stellte mich ein.

Zum Jahreswechsel kam ich zu »Aktuell«, einem Magazin, das alle zwei Wochen herauskam. Ich hatte die Aufgabe, die Fotoabteilung aufzubauen: archivieren, Bilder verkaufen und die Bücher führen. Ich ging durch die Osloer Redaktionen als eine Art Handlungsreisende für Fotos und wurde gut aufgenommen. Als der erste Monat herum war, war Redakteur Bratland mehr als zufrieden. Ich begann, nebenbei ein wenig zu schreiben, kleine Betrachtungen über alles und nichts. Es wurde gedruckt, und als die Gelegenheit sich ergab, stimmte ich freudig zu und machte mich auf zu meiner ersten Reportage. Es ging um das Kindergeld, das gerade eingeführt worden war. Ich fand, es fehlte eine politische Fanfare am Ende, aber ich bekam es nicht hin. In meiner Not bat ich Willy, mir zu helfen. Augenblicklich konnte er den Schluß so hindrehen, daß das Verdienst der Arbeiterpartei in dieser wichtigen Sache aufgezeigt wurde.

Als Bratland den Artikel gelesen hatte, kam er zu mir und gab ihn lächelnd zurück. Willys ganzer Zusatz war gestrichen.

Dieses erste Nachkriegsjahr war eine schwierige und unsichere Zeit für uns und unsere Beziehung. Willy war über lange Perioden weg von Oslo. Er war unsicher über sich selbst und seine Zukunft, unsicher darüber, was er tun wollte und konnte, unsicher, wo und woran und an wen er sich binden sollte. Er hatte sich durch seine Arbeit einen Namen als Norweger gemacht, aber seine Gedanken kreisten um Deutschland, wie in den ganzen Jahren davor.

Willy kam zum ersten Mal nach Kriegsende wieder nach Deutschland Anfang November 1945 – mit einer amerikanischen Militärmaschine nach Bremen. Er war auf dem Weg zum Nürnberger Prozeß gegen Hess, Göring, Ribbentrop und andere, über den er für *Arbeiderbladet* und andere nordische sozialdemokratische Zeitungen berichten sollte. Er kam als Korrespondent in norwegischer Uniform, wie die Militärregierung verlangte. Er konnte einen persönlichen Ausflug nach Lübeck organisieren, um nach den vielen Jahren seine Mutter wiederzusehen. Und er nahm erste Kontakte mit alten politischen Freunden auf, bevor er südwärts nach

Nürnberg fuhr. In seinem ersten Brief aus Bremen beschrieb er das eigenartige Gefühl, »die Füße wieder auf den Boden zu setzen, wo man aufgewachsen ist und wo man vielleicht dabei sein wird, wieder etwas von dem aufzubauen, was infolge einer wahnwitzigen und verbrecherischen Politik in Trümmer gelegt worden ist«.

Es kamen viele Briefe in diesem Winter und im nächsten, bevor er herausgefunden hatte, was er wollte – und wie wir beide da hineinpassen würden. Willy war ein leidenschaftlicher und systematischer Briefeschreiber. Er behielt genau den Überblick über das, was er schrieb. Er schrieb häufig, manchmal mehrfach am selben Tag, numerierte die Briefe und erwartete das Gleiche von mir, was er nicht ganz erhielt. Ich mußte zwischendurch mit meiner Numerierung etwas schummeln, um nicht zu weit zurückzufallen.

Es war frustrierend für ihn: Die Post von und nach Deutschland war hoffnungslos langsam in den ersten Nachkriegsjahren. Normale Briefe konnten Wochen und Monate unterwegs sein, wenn sie überhaupt durch die Zensur der Militärregierung kamen. An die Journalisten in Nürnberg konnte man über den militärischen Postweg schreiben, ohne die Zensur zu durchlaufen. Das machte die Sache aber nicht viel besser. Zehn bis fünfzehn Tage brauchten die Briefe, und deren Reihenfolge war so chaotisch, daß es eine Qual war zu versuchen, ein Gespräch per Brief zu führen. Telefon gab es nicht für Privatpersonen und Zivilisten. Deutschland war ein Land unter Quarantäne.

Willy hatte angenommen, daß der Nürnberger Prozeß vor Weihnachten fertig wäre. Er sollte beinahe ein Jahr dauern. Er kam zurück für einen kurzen Besuch in der Weihnachtspause, und wir fuhren für eine Woche zusammen nach Stockholm – »wie Pilger zu den Heiligen Stätten«, nannte er es später. Wir lebten ganz im Augenblick, ohne Pläne.

Neben seinen Korrespondentenberichten aus Nürnberg hatte Willy seine Kontakte mit der deutschen Sozialdemokratie ausgebaut, die sich um eine freie politische Betätigung bemühte – trotz aller Hindernisse seitens der Militärregierungen. Die SPD-Führung in Hannover wollte, daß er zurück nach Deutschland käme. Man brauchte Presseleute. Schon im Januar 1946 bekam er ein Angebot, Politischer Redakteur von DANA zu werden, der neuen deutschen Nachrichtenagentur in der amerikanischen Zone. Im Mai 1946 nahm er am ersten SPD-Parteitag in Hannover teil und bekam mehrere Angebote. Er hätte die Leitung von DANA bekommen können, wenn die Amerikaner die Kontrolle aufgaben, oder er hätte Chefredakteur von DPD werden können, dem entsprechenden Nachrichtendienst in der britischen Zone. In Lübeck wollte man ihn als Parteivorsitzenden, Bürgermeister oder Redakteur der Parteizeitung haben. Er bekam auch eine Redakteurstellung in Regensburg angeboten – und darin war ein geräumiges Haus eingeschlossen, was damals nicht ohne Bedeutung war. Kurt Schumacher, der neue Parteivorsitzende, meinte aber, daß Willy die Parteipresse in dem politisch wichtigen Ruhrgebiet aufbauen sollte.

Was er wollte, wußte er selbst nicht genau. Zumindest den Rest des Jahres 1946 wollte er norwegischer Korrespondent bleiben. Darüber hinaus »ist meine Zukunft noch etwas unklar, aber es scheint keine stabile norwegische bürgerliche Existenz zu werden. Wir haben das Thema bisher umgangen, aber es ist wohl ein Problem für Dich, an einem anderen Ort auf dem Kontinent neu zu beginnen«. Er verhandelte mit DANA in Bad Nauheim und mit DPD in Hamburg, aber ohne Ergebnis. Die Parteiführung in Hannover überlegte, ob sie mehr Nutzen davon hätte, wenn Willy zurückkäme, oder ob er noch eine zeitlang in Skandinavien bliebe. »Ich bin schwach genug zu hoffen, daß alle diese Entscheidungen verschoben werden können, so daß wir einige ruhige Monate zusammen verbringen können, bevor wir die neue Periode in Angriff nehmen. Dabei weiß ich nicht, ob es richtig ist, daß ich die Frage immer wieder wegschiebe.«

Sein alter Freund, Außenminister Halvard Lange, half ihm unbewußt dabei. Als Willy vom Nürnberger Prozeß zurückkam, überraschte Lange ihn mit einem Angebot, norwegischer Presseattaché in Paris zu werden. Willy war davon angetan. Er sah darin eine Möglichkeit, in die internationale Arbeit der UNO hineinzukommen mit allen Perspektiven, die sich damals daraus ergeben konnten. Aber als er zu Lange kam, um über die Einzelheiten zu sprechen, war das Angebot ebenso überraschend umgewandelt worden; es ging jetzt um die Stellung des Presseattachés in Berlin. Die norwegische Regierung war zu der Auffassung gelangt, daß es nützlicher sei, ihn mit seinem Einblick in die deutschen Verhältnisse in der kommenden Periode als Beobachter in Berlin zu haben, wo sich die Zukunft Deutschlands entscheiden würde.

Willy stimmte zu – für ein Jahr: 1947. Er erklärte es mir so: »Ich muß unter mein improvisiertes und vagabundierendes Leben einen Strich setzen . . . Ich muß einen ordentlichen Neuanfang finden und darf es nicht treiben lassen wie in den letzten Jahren.«

Wir hatten uns nichts versprochen. Wir hätten uns nichts versprechen können, selbst wenn wir gewollt hätten, weil keiner von uns von alten Verpflichtungen frei war. Und wir waren wohl beide von dem Gedanken an neue Bindungen erschreckt. Willy schrieb mir zwischen lieben Worten oft warnend über sein Bedürfnis nach Unabhängigkeit: »Selbstverständlich soll man sich einander anpassen, aber niemals so, daß man sich selbst aufgibt.« Er fürchtete, daß er für eheliche Verhältnisse nicht geschaffen sei: Man fühle sich leicht in einem Netz von Rücksichtnahme gefangen, und das könne dazu führen, daß die Ehe die Liebe töte; man glaube allzu leicht, daß man einander besitze.

Auch ich war unsicher, und das irritierte ihn. Aber sicher war ich mir, daß ich ihn nicht in etwas hineinziehen würde, was er selbst nicht wollte. Sollte es etwas mit uns werden, dann müßte er es selber wollen. Er kritisierte mich in seinen Briefen für meine Neigung, die Dinge treiben zu lassen und meine Gedanken nicht in Ordnung zu bringen. »Ich sitze hier mit einem Gefühl, als ob wir auf dem Standesamt waren, und ich habe ›ja‹ gesagt und Du ›aber‹.«

Ich begleitete ihn ein Stück Weges zu seinem neuen Posten. Kurz vor Weihnachten 1946 fuhr ich mit nach Kopenhagen, und wir verbrachten einige Tage in dem kleinen Hotel Nordland. Ich fuhr zurück nach Oslo, und er sollte einige Tage später nach Berlin weiterfahren. Militärische Bürokratie hielt ihn in der dänischen Hauptstadt fest. Seine *Military Entry Permit* und *Travel Orders* für Deutschland sollten über Oslo aus London an die britische Militärmission in Kopenhagen geschickt werden – aber sie kamen nicht.

Es wurde Neujahr, und die Tage gingen dahin. Er saß immer noch auf seinem Zimmer im Hotel Nordland und trank Tee mit Rum gegen Erkältung. Jeden Tag dachte er, die Reisepapiere würden kommen, aber sie kamen nicht. Darauf war er nicht eingerichtet – er hatte dafür weder das Gepäck noch die Geduld. Er sah sich die Filme an, die in der königlichen Hauptstadt liefen, und las, was er auftreiben konnte – Upton Sinclair, Aldous Huxley, Jean-Paul Sartre, ohne besondere Begeisterung. Er schrieb die längsten Briefe, die ich bekommen habe. Er begann eine Verschwörung gegen sich zu sehen – es müßten Leute am Werk sein, die gegen ihn bei den britischen Militärbehörden intrigiert hätten, Leute, die ihn nicht auf dem Posten in Berlin haben wollten und die Briten dazu gebracht hätten, mißtrauisch gegen ihn und seine deutsche Vergangenheit zu werden. Er fing an, einen Entwurf für einen politischen Kriminalroman zu schreiben, der teilweise auf seiner eigenen Geschichte aufgebaut war. Zum Glück kam die Einreisegenehmigung Mitte Januar, bevor er mit dem Roman weit gekommen war. Aber bis zum Schluß war es wie verhext. Als er abends vor dem Zug stand mit dem verspäteten Sack Kurierpost nach Berlin, kam sein Gepäck nicht. Er mußte den Zug abfahren lassen und noch einen Tag in Kopenhagen bleiben, und im Hotel war sein Zimmer schon vergeben.

Der mißlungene Start hatte für uns eine gute Wirkung: Willy hatte genug davon, allein zu sein. Wir hatten darüber gesprochen, daß ich vielleicht als Sekretärin des Presseattachés eingestellt werden könnte. Das war für mich damals die einzige Möglichkeit, nach Berlin zu kommen. Man konnte als Ausländer nicht einfach nach Berlin reisen. Man brauchte einen offiziellen Grund, von den Alliierten eingelassen zu werden, und man mußte von den Militärregierungen akkreditiert werden. Sobald Willy in Berlin angekommen war, ging er daran, den Plan zu verwirklichen. Aber jetzt hatte er es nicht nur mit der alliierten Bürokratie zu tun, sondern auch mit der norwegischen. Es dauerte Wochen, bis er Antwort auf seine Briefe hatte, und Monate, bis eine Entscheidung gefallen war.

Willy hatte es schwer, sich in der neuen Stelle zurechtzufinden. Es fehlte ihm nicht nur eine Sekretärin – er mußte eine zeitlang auch ohne Büro arbeiten. Er erhielt nicht den politischen Einfluß auf dem Posten, der Halvar Lange vorgeschwebt hatte, und schon eine Woche nach seiner Ankunft schrieb er mir, daß es ein Fehler gewesen sei, die Stelle anzunehmen, und daß er lieber »den schwierigeren Weg« zurück nach Deutschland hätte wählen sollen.

Er war nach Berlin gekommen mitten in der härtesten Kältewelle im strengsten Nachkriegswinter, wo die Berliner unterhalb des Existenzminimums lebten. Sie hungerten. Sie froren. Es gab keinen Strom. Sie waren unterernährt. Ihre Widerstandskraft war zu gering, und jede

Nacht erfroren Menschen in ihren Betten. Jeder einzelne seiner Briefe war geprägt von den Leiden, die er bei Menschen sah, denen er nicht helfen konnte. »Ich pflege nicht zu beten und glaube auch nicht, daß es etwas nützt«, schrieb er. »Sonst würde ich mich auf die Knie werfen und sagen: Lieber Gott, gib den hungernden Menschen in den zerstörten Häusern wenigstens etwas Wärme.«

Die politische Kälte zwischen den Besatzungsmächten machte ihm Sorgen. Wir pflegten in unseren Briefen nicht viel über Politik zu sprechen, aber jetzt schrieb er: »Man ist in einer merkwürdigen Situation hier in Berlin. Einerseits befindet man sich mitten im Brennpunkt, auf der anderen Seite kann man sich isoliert fühlen – besonders im Verhältnis zu Norwegen und dem Norden. Politisch war es gewiß sehr nützlich für mich, hierher zu kommen. Ich finde viele meiner Verdächte bestätigt ... Aber hier sieht man auch deutlicher als in den Westzonen oder in Oslo, daß die Kritik nicht nur in die eine Richtung gehen darf. Abgesehen davon, daß es keine Lösung für dieses Land oder Europa und vielleicht für die Erhaltung des Weltfriedens gibt, wenn es nicht trotz allem gelingt, zu einem *modus vivendi* zu kommen, einer Art Zusammenlebens in diesem verheerten, mißhandelten, aber dennoch traditionsreichen und wertvollen Kontinent. Ich werde jedenfalls ernsthaft versuchen, an einer solchen Lösung mitzuwirken, und ich denke nicht, daß das aussichtslos ist.«

Er schrieb anerkennend über Kurt Schumacher, weil er in Berlin den Versuch gemacht hatte, mit den Russen ins Gespräch zu kommen: »Was immer man über ihre

Regierungsformen und Methoden denken mag, so ist es doch eine Tatsache, daß Deutschland nicht existieren wird, wenn es nicht gelingt, das Verhältnis zur Sowjetunion zu normalisieren.«

An einem anderen Tag wandten sich seine Gedanken nach Westen. Er hatte mit einem alten Freund aus Norwegen über europäischen Sozialismus diskutiert und sich nachdrücklich für etwas in Richtung der Vereinigten Staaten von Europa ausgesprochen. »Im Grunde ist es das, wofür ich kämpfen werde in den kommenden Jahren. Du kannst Dich freuen. Es wird auf dem Weg dorthin vielleicht Enttäuschungen geben. Mit Sicherheit wird es das, aber vielleicht wird am Ende auch ein großer Fortschritt stehen.«

Ansonsten ging es mehr um das Alltägliche in dem durch die vier Mächte besetzten Berlin mit all seinen Grausamkeiten und Merkwürdigkeiten, die er mir zu erklären versuchte. Er wollte gern im voraus etwas den Schock abmildern, der sich aus dem ersten Zusammentreffen mit der brutalen Welt außerhalb des Nordens ergeben mußte. Ich mußte auch darüber aufgeklärt werden, was man in den alliierten Geschäften bekommen konnte und was nicht, damit ich wußte, was ich mitzunehmen hatte und was mich erwartete. Schließlich sollte ich darauf bestehen, den Rang eines Fähnrichs, nicht eines Gefreiten, zu erhalten, denn sonst dürfte ich mit ihm, dem Major, nicht in die Offizierskasinos Westberlins essen gehen.

Nach Ostern fuhr ich von Oslo ab. Die Fahrt nach Kopenhagen dauerte beinahe einen Tag und eine Nacht. Die Züge gingen 1947 langsam und selten, und eine lange Reise hatte es in sich. Man mußte Hab und Gut mit sich führen und bei sich haben. Ich hatte dreizehn Gepäckstücke um meinen Platz im Abteil verstaut: einen Sack mit Kurierpost, Koffer, Taschen, Pakete, Rucksack – außerdem eine Kiste mit Wolldecken und eine Seite Salzfleisch, die Mutter mitgeschickt hatte.

Willy war nach Kopenhagen gekommen, um mich nach Berlin zu lotsen. Er stand an dem frühen Aprilmorgen auf dem Hauptbahnhof in seiner norwegischen Majorsuniform, und aller Verdruß war vergessen. Damals hieß es: runter nach Deutschland. In Wirklichkeit war es: heim nach Deutschland. Ich sollte nie mehr in Norwegen wohnen.

Nachlese

Es war schwer, die Begegnung zu verkraften. Zwei Jahre waren seit dem Krieg vergangen, als ich ankam, und für mich war er ja vorbei. Aber jetzt war er wieder präsent, in seinen erschütternden Spuren in den Menschen und im Leben der ganzen Stadt.

Aus den Besatzungsjahren in Norwegen hatte ich meine eigenen Vorbehalte. Ich zeigte sie nicht, und sie hielten der Prüfung der Erniedrigung und des Mitleids nicht stand. Es reichte nicht, daß ich die Vergangenheit wegschieben wollte, denn ich hatte es mit der Gegenwart zu tun. Berlin war eine besetzte Stadt, verwüstet und gequält, und jetzt gehörte *ich* zu einer Besatzungsmacht. Die Welt stand auf dem Kopf. Es genügte nicht, die Hand auszustrecken, denn es gab einen Abstand, den Entbehrung und Leiden schufen.

Not und Elend nahmen mir den Atem.

Die Ruinen bildeten eine groteske Landschaft. Hausfassaden mit nichts dahinter. Gebäude, die aussahen, als ob sie quer durchgeschnitten worden wären. Ein Bett stand in einem Zimmer an der frischen Luft, und Gardinen flatterten in Fenstern ohne Glas.

Ein Rest Außenmauer zur Straße hin war mit Zetteln mit Namen und Adressen bepflastert. Entlassene Kriegsgefangene suchten die Mauer nach Lebenszeichen von Angehörigen ab.

Auf dem Bürgersteig saßen Kriegsverletzte. Einer von ihnen hatte seine Beinstümpfe in große Lederstücke eingepackt und diese oberhalb des Oberschenkels zusammengeschnürt, und die Hände, auf denen er lief, waren gegerbt wie das Leder an den Beinen. Blinde, die monoton vor sich hinmurmelten, Männer mit Gesichtern, geschwärzt von Phosphor. Sie alle hofften auf eine milde Gabe, die sie nicht bekamen. Die Leute hatten mit sich selbst genug zu tun.

Frauen hasteten vorbei, Hoffnungslosigkeit in den Augen. Junge Mädchen in breitschultrigen Jacken stolzierten umher in weißen Kniestrümpfen und hochhackigen Schuhen. Dünne Männer in zu großen Anzügen standen herum und bückten sich blitzschnell nach Zigarettenstummeln.

Die Kinder sahen verblüffend gut aus, und sie spielten, wie Kinder das tun. Sie hatten nur nichts zum Spielen. So bauten sie Häuser aus Mauersteinen und pflückten in den Ruinen Gräser und kleine Blumen, trotz täglicher Warnungen in den Zeitungen vor Einsturzgefahr und nicht explodierten Bomben.

Ich sah auch andere Kinder. Die beiden Jungen auf dem Kurfürstendamm werde ich nicht vergessen. Der Größere, mit erwachsenen Augen, zog den Kleineren hinter sich auf einem »Volkswagen«, einem Brett mit vier Rädern. Von seinen Beinen waren nur noch die Oberschenkel da. Ich sah sie mehrmals und wollte ihnen gern etwas geben, Schuhe für den Älteren oder eine warme Jacke für den Jüngeren. Aber ich tat es nicht. Ich hatte Angst davor, daß der Große Nein sagen und vielleicht mich sogar anspucken würde, weil ich Uniform trug.

Auf dem Bürgersteig lagen alte Frauen auf den Knien. Sie hatten Sackfetzen um die Beine gewickelt und mühten sich, Holzsplitter von den Baumstümpfen abzuhauen. Im kältesten Winter seit Menschengedenken waren die Straßenbäume, die es noch gab, gefällt worden. Jetzt wurden die letzten Splitter sorgfältig in der Handtasche verstaut, die alle Leute bei sich hatten.

Ich sah »Trümmerfrauen«, die in den Ruinenhaufen standen, Mauersteine klopften und säuberten. Sie standen in langen Reihen in ihren dunkelblauen Hosen oder Kitteln und Kopftüchern. Die Steine wanderten von Frau zu Frau, von Hand zu Hand und landeten in einem »Rollwagen«, einer Kipplore, der sie auf wackelnden Schienen zu einem Stapelplatz brachte, wo sie schön und gewissenhaft aufeinandergeschichtet wurden. Für den Wiederaufbau. Ich weiß nicht, ob sie daran dachten, als der Staub ihnen um die Nase flog, aber sie wußten, daß sie größere Essensrationen erhielten.

An der Uhlandstraße standen eines Tages Leute Schlange vor einem Stand mit farbenreichen Blumen in Eimern. Ich stellte mich in die Schlange. Ich wollte gern einige Tulpen kaufen. »Das ist ausverkauft.« Ich zeigte auf andere Blumen. Die runde Dame in dem blumigen Kittel sah mich haßerfüllt an: »Das ist alles ausverkauft!« Weinend lief ich zum Büro zurück. Willy meinte, ich sollte das nicht so schwernehmen, aber ich beschloß, so schnell wie möglich die Uniform wegzulegen.

An so einem Tag kam das Heimweh. Ich träumte von der Karl Johans gate im Sonnenschein und von Studenterlunden, wo man im Grünen ohne schlechtes Gewissen fröhlich sein konnte.

Das alte norwegische Botschaftsgebäude im Tiergarten war während des Krieges zerstört worden. Die norwegische Militärmission, die jetzt im militärisch regierten Berlin die Aufgaben einer Botschaft wahrnahm, hatte ihre provisorischen Büroräume zuerst in der Uhlandstraße unweit des Kurfürstendamms. Ich wohnte in einem Zimmer in der Offiziersmesse der Mission in der Mecklenburger Allee. Dort wohnten auch der Chef der Mission, General Tobiesen, mit seiner Frau und die jüngeren Mitarbeiter beiderlei Geschlechts. Willy und andere Herren höheren Ranges waren in einer Villa in der Heerstraße einquartiert.

An uns war nichts Militärisches bis auf die Uniform. Aber die machte den Unterschied. Sie zeigte, wozu wir gehörten. Wir waren Besatzer, und wir sollten auf jede Art von der deutschen Bevölkerung getrennt werden. Wir lebten in beschlagnahmten Häusern mit beschlagnahmten Möbeln und schliefen in beschlagnahmten Betten. Die Verpflegung wurde von auswärts importiert: Wir aßen in alliierten Restaurants, kauften in alliierten Geschäften, zahlten mit alliiertem Militärgeld – britischen BAFSV-Pfund oder amerikanischen SCRIPT-Dollar – und gingen in alliierte Kinos und Klubs. Das war ein unnatürliches Kolonialleben und eigentlich menschlich ebenso entwürdigend für den, der in relativem Überfluß leben konnte, wie für den, der außenvor stand und Not litt: gleich demoralisierend, aber unleugbar bequemer.

Die Messe war ein rotes Backsteinhaus in einem einigermaßen unbeschädigten Bereich, umhegt mit einer Hecke aus Rhododendron und Syrenen. Mein Zimmer ging zur Straße hinaus und entbehrte jeder Gemütlichkeit: ein Bett, ein Tisch mit einem Stuhl, ein Schrank, eine Kommode – das Notwendige. Unten in den Aufenthaltsräumen war es nicht viel angenehmer: in der Halle, im Salon, im Speiseraum.

Gerd aber hatte es schön. Sie hatte die besondere Begabung, sich einzurichten. Sie hatte das Zimmer neben mir. Ein großes Mahagonibett mit richtigem Federbett, rote Plüschstühle und ein Spiegel, der bis zum Boden reichte. Ich mußte zu ihr gehen, wenn ich mich richtig im Spiegel anschauen wollte. Es duftete nach Puder und Parfums bei ihr.

Gerd war Chefsekretärin im Rang eines Leutnants, aber sie war »Oberkommandierende«. Sie zog in der Mission alle Fäden, und sie war ständig im Dienst. Alles ging durch ihre Hände. Sie sprach fließend englisch mit ihrem rollenden »r«, und deutsch sicher, streng und wie eine »Eingeborene«. Ihrer Tüchtigkeit galt meine ungeteilte Bewunderung.

Nach einiger Zeit zog ich zu Willy in die Heerstraße. Es war ein schönes Haus mit großem Garten und Tennisplatz, mit Terrasse, Wintergarten und genügend Platz. Dort wohnten noch drei andere »Offiziere«. Wir hatten es nett miteinander, besonders nachdem die »Haustafel« in der Küche entfernt worden war. Einer von ihnen hatte eine Hausordnung für die beiden Deutschen angebracht, die im Haus wohnten: den Chauffeur und seine Frau, die saubermachte. Sie legte unter anderem fest, daß ihnen nicht erlaubt sei, außerhalb der Kellertür im Garten zu sitzen, nachdem »die Herrschaften« heimgekommen waren. Merkwürdig, wie Macht schmecken kann.

Die Frau des Generals war mir gegenüber stets sehr herzlich und zuvorkommend. Aber der Blick wurde merklich distanzierter, als ich in der Heerstraße einzog. Das war etwas zu kühn, ein Bruch mit den Konventionen. Eines Tages wurde Willy während der Arbeitszeit zum General gerufen. Es sei wohl nicht so gut, meinte er, daß ich in der Heerstraße wohnte. Was würden die anderen Missionen sagen? Willy sollte an seine Karriere denken; es könne ja sein, daß das dem Außenminister zu Ohren komme. Willy sagte, er wolle auf die Karriere pfeifen, wenn sie darauf beruhe. Und im übrigen habe er Grund zu der Annahme, daß unsere Beziehung dem Außenminister nicht unbekannt sei, der ein alter Freund von ihm sei. Am selben Abend lud mich die Generalsgattin ein, mit ihr im Garten hinter der Messe Erdbeeren zu pflücken, und alles war wie vorher. Wir wurden wieder als Paar akzeptiert.

Wir lebten von britischen Militärrationen. Sie waren ausreichend und gut, aber nicht mehr. Mutters Schweinefleisch lag immer noch im Kühlschrank für schlechte Zeiten. Aber eines Tages, als ich mit Frau Meinhardt im Keller war, die unsere Kleidung wusch und instandhielt, schenkte ich ihr das ganze Stück.

Frau Meinhardt war ein anmutiger, älterer Mench; sie zeigte große Geduld mit meinem Deutsch. Sie hatte ihren Mann und ihren einzigen Sohn im Krieg verloren. Und nun bekam sie mein Fleisch. Die anderen fragten mich, ob ich mir klar darüber sei, daß ich beinahe ein Vermögen verschenkt habe. Das war es vielleicht für Frau Meinhardt. Für mich war es ein Stück Schweinefleisch.

Es gab in dieser Zeit in Deutschland zwei reiche Bevölkerungsgruppen: die Schieber und die Besatzer. Schokolade, Kaffee und Lebensmittel strömten aus den Messen der Besatzungsmächte auf den Schwarzmarkt, und natürlich Zigaretten, die einzige reale, harte Währung zwischen Besatzern und Besetzten, so gut wie Gold. Wir erhielten jede Woche unsere Zuteilung von billigen britischen Virginia-Zigaretten, Woodbines oder Players, hundert Stück, und wenn man nicht viel rauchte, war das viel. Die Amerikaner erhielten von allem größere Rationen, und das meiste kam von ihnen. Aber alle machten schön mit. Dabei ging es nicht so sehr darum, sich ein Taschengeld in Reichsmark zu verschaffen, als darum, Wertgegenstände zu kaufen, die man mit nach Hause nehmen konnte. Antiquitätengeschäfte schossen wie Pilze aus dem Boden. Die Leute standen Schlange, um ein Gemälde, einen Teppich oder eine Silbervase zu verkaufen, damit sie sich für etwas Kaffee, ein wenig Fett oder vielleicht ein Brot kaufen konnten.

Auch in unserer Messe gab es eine Neigung zum Schwarzmarkt – nicht sehr stark, weil wir nicht so viel hatten, aber etwas Silber und einige Teppiche kamen schon zusammen. Willy und ich hielten uns davon fern, aber Zigaretten waren die einzige Währung, die akzeptiert wurde, wenn man beispielsweise ein Kleid genäht haben wollte. Da kam man nicht drum herum. Und ich kaufte für Zigaretten einen Hund. Für einen Haufen Zigaretten wechselte ein kleiner Pudel aus dem Hundezwinger des Zoologischen Gartens in meine Arme. Unter großem Hallo wurde sie Blackie getauft. Sie war schwarz, schön und hatte einen langen Stammbaum. Wir gingen mit ihr spazieren, sie wurde gepflegt und hatte es um manches besser als die Kinder und die Erwachsenen um uns.

Wir fanden viele gute Freunde, meist Journalisten und skandinavische Korrespondenten, die auch bei der Militärregierung akkreditiert waren. Wir trafen uns in den englischen und amerikanischen Klubs, aber kamen häufig auch zu ihnen nach Hause. Sie wohnten in beschlagnahmten Wohnungen oder Häusern, fuhren in konfiszierten Autos der Wehrmacht, sie richteten sich mit größerer Erfindungsgabe ein als wir anderen. Eines Abends waren wir bei einem schwedischen Journalisten zum Abendessen eingeladen, der eine große, schöne Wohnung hatte mit wunderbaren Bildern an den Wänden und ausgesuchtem Porzellan und Silber auf dem Tisch. »Wer von euch ist adlig?« fragte ich, als wir uns zu Tisch setzten. Das Besteck war mit einem bestimmten Wappen verziert. Das, sagten sie, gehöre der Hausgehilfin, die Baronin war und ihnen das alles lieh. Aufgrund ihrer Tätigkeit im Bund Deutscher Mädel durfte sie jetzt keine andere Arbeit tun als Hausarbeit. Doch sie kamen gut miteinander aus; sie war tüchtig und hielt Ordnung.

Ab und zu hatten wir in der Heerstraße deutsche Gäste, Politiker, meist Sozialdemokraten. Dort ging es etwas bescheidener zu. Wir boten frische Brötchen und Kaffee, Zigaretten und Wein oder einen Cognac an.

Es gab eine Gruppe von Menschen, die in der seltsamen Welt Berlins hilflos in der Klemme saßen: junge Frauen aus Norwegen, die »Deutschenmädchen« gewesen waren. Sie hatten sich während des Krieges mit deutschen Soldaten eingelassen und wurden zuhause in Norwegen verachtet. Aufgrund eines flüchtigen Eheversprechens waren sie nach Deutschland gekommen. Für viele bedeutete das, die Asche mit der Glut zu vertauschen. Wenn sie ihren Mann fanden, war der bereits verheiratet, oder die Liebe hielt nicht. Jetzt kamen sie zu uns in die Militärmission in all ihrem Elend und mit den armen hungrigen Kindern und wollten nichts lieber als heim nach Norwegen. Aber das durften sie nicht, und wir konnten nicht viel für sie tun.

Ich fand, sie seien genug bestraft, und es sei an der Zeit, daß ihnen erlaubt wurde, nach Hause zu kommen. Ich schrieb an Redakteur Bratland, meinen früheren Chef bei Aktuell, und fragte, ob er an einer Reportage interessiert sei. Mit einem deutschen Fotografen fuhr ich hinaus ins Lager, in dem die Mädchen untergebracht waren. Der Artikel wurde keine Sensation, erweckte aber Aufmerksamkeit. Ich erhielt etliche Briefe, auch aus Dänemark, wo eine Illustrierte den Artikel nachdruckte, und viele, viele wollten helfen. Ein früherer norwegischer KZ-Häftling schrieb, daß er den Mädchen Essenspakete schicken werde, wie er sie während des Krieges aus Norwegen bekommen habe. Es gab aber auch empörte Briefe, die mich wegen meiner Schwäche gegenüber den Mädchen beschimpften.

Sie kamen schließlich heim – sicher nicht mein Verdienst und in jedem Fall ohne freundliche Gedanken mir gegenüber. Die Mädchen waren sehr wütend auf mich, weil Aktuell meinem Artikel die Überschrift gegeben hatte: »Die Deutschendirnen«. Es gab auch andere, die böse wurden. Der Vorsitzende des norwegischen Presseverbandes beschwerte sich beim Außenministerium darüber, daß eine Staatsbedienstete Artikel für ein bestimmtes Blatt schriebe. Der Presserat des Ministeriums gab den Protest pflichtschuldig an mich weiter mit der Randbemerkung: »Bitte nimm das zur Kenntnis, aber schreib nur weiter ...«

Willy nahm mich schon bald zu seinen Eltern nach Lübeck mit. Sie wohnten außerhalb der Stadt, in der einen Hälfte eines kleinen Zweifamilienhauses. Ein Ziergarten mit Blumen und Gebüsch lag zur Straße. Das Haus hatte eine Küche und ein Wohnzimmer unten sowie zwei Zimmer oben. Ein Badezimmer gab es nicht, und der Abort war im Stall, wo man in Gesellschaft mit Schweinen und Hühnern saß – zum großen Vergnügen der Kinder in den kommenden Jahren. Der Garten hinter dem Haus war lang und schmal und voll von allen Sorten Gemüse, Obst und Kartoffeln.

Sie waren gute, treue SPD-Genossen, Emil und Martha, aber sie waren nicht immer zufrieden mit der Partei. Es gab Dinge, die sie ärgerten, Verhältnisse, über die sie sich beklagten, und da war der eine oder andere Genosse, der das eine oder andere gesagt hatte. Willy langweilte das, mir machte es Spaß, ihnen in ihrer Mundart zuzuhören, je mehr ich sie verstehen lernte. Vor allem Willys Mutter konnte sich über die Partei ärgern. Emil erzählte mehr über die großen Baustellen, wo er arbeitete. Er, der Stiefvater, war Maurer, und seine Hände erzählten von harter Arbeit. Willy hatte das Gesicht seiner Mutter, dieselben ausgeprägten Züge. Emil und Martha hatten einen Sohn, der deutlich jünger war als Willy, und eine Tochter, die sie als kleines Mädchen bei sich aufgenommen hatten.

Als wir zu Besuch kamen, ging Emil in den Stall, griff sich ein Huhn und schlug ihm den Kopf ab. Es gehörte auch zu seinen Aufgaben, Kartoffeln zu schälen. Er setzte sich vor das Haus in die Sonne, die Weinbrandflasche in Reichweite, und schälte nach Herzenslust Kartoffeln. Und Martha kochte zuerst das Huhn, briet es, machte Soße, und das Essen kam dampfend auf den Tisch. Spargel aus dem Garten und Emils Kartoffeln, durchgeschnitten. Das Huhn wurde aufgeteilt, und Martha suchte das größte und beste Stück für Herbert aus. Sie nannten Willy immer Herbert, wie er ursprünglich hieß. Als für Willy gesorgt war, durften wir anderen nehmen, was wir wollten.

Ich dachte später so oft an sie, als in den Wahlkämpfen skandalöse und infame Angriffe gegen den Sohn gerichtet wurden, weil er unehelich geboren war. Aber sie durften noch viele seiner Erfolge miterleben.

Im Spätherbst 1947 wurde klar, daß Willy in die deutsche Politik gehen würde. Die Parteiführung in Hannover wollte gern, daß er vom Jahreswechsel an als Verbindungsmann zwischen der Partei und den Alliierten in

Berlin fungiere. Wir hatten viel darüber gesprochen, und für mich war es kein großes Problem mehr, mich in Berlin niederzulassen. Ich hatte meine Schwierigkeiten gehabt – Berlin war keine Liebe auf den ersten Blick. Aber ich hatte Respekt vor diesen Berlinern in ihren Ruinen und Kellern bekommen. In Zimmern, wo Ofenrohre aus zugemauerten Fenstern ragten und wo zusammengeflickte Filmnegative in den kleinen Gucklöchern das Glas ersetzten. Sie machten Witze über das, was sie alles nicht bekommen konnten, und über das wenige, das sie erhielten. Sie motzten, aber sie jammerten nicht. Sie hatten Humor, um das Schlimmste zu ertragen. Ich mochte sie leiden.

Und so wurde ich – trotz der Warnungen von Freunden und norwegischer Beschwörungen und schwedischer Bekreuzigungen und dänischer Bitten – eine deutsche Hausfrau.

Die Zeiten ändern sich

Wir wohnten einfach, aber gut. Wir hatten nicht sehr viel zum Leben, aber wir hatten mehr als andere.

Willy übernahm den Posten eines Vertrauensmanns des SPD-Vorstands in Berlin gegen Neujahr 1948 von Erich Brost, der nach Essen ging, um dort die Westdeutsche Allgemeine Zeitung herauszugeben. Zu der Stellung gehörten ein Auto und ein kleines möbliertes Haus in der Trabener Straße mit einem Garten.

Wir waren privilegiert. Wir hatten eine Hausangestellte. Wir hatten ein Auto mit Chauffeur. Wir erhielten Besteck, Teller und Töpfe von der Arbeiterwohlfahrt. Die Norweger luden uns jeden Sonntag zum Abendessen ein. Sie bestellten Lebensmittelpakete für uns, die zusammen mit ihren diplomatischen Sendungen aus Norwegen kamen.

Im Keller legten wir einen kleinen Vorrat an: etwas Kaffee, Konservendosen, Mehl, Margarine, Zucker. Die Rationen betrugen 1500 Kalorien am Tag, und die Fleischrationen wurden in der Regel durch Fisch ersetzt, Fett durch Mais usw., wenn es überhaupt einen

Ersatz gab. Frau Petzold, die uns im Haushalt half, studierte in den Morgenstunden die Rückseiten der Zeitungen mit »Markenkalender« und »Notizbuch für Hausfrauen«: in Zehlendorf gab es heute siebzig Gramm Zwiebeln auf Bezugsschein ZZ, in Steglitz konnten Blutspender auf die Abschnitte 13, 14, 15 und 16 insgesamt 500 Gramm getrocknetes Gemüse bekommen. Neukölln gab ein Tütchen Backpulver auf den Abschnitt A der Fleischkarte aus. Also hinaus und anstehen. Man durfte nichts verpassen.

Das Haus, in dem wir wohnten, hatte unten ein Winkelzimmer, Küche und einen Raum, den Willy als Büro benutzte. Oben lagen drei Zimmer. Im Wohnzimmer dominierte der Flügel, den der Eigentümer stehengelassen hatte. In der anderen Ecke eine Sofagruppe, und das war es. Eine Tür führte zur Terrasse und in den Garten, der bis zum Halensee reichte, wo man baden konnte.

Meinke, der Gärtner, säte und pflanzte alles, was wir auftreiben konnten an Gemüse und Blumen. Wir hatten Mohrrüben, Bohnen und Mangold, Äpfel, Pflaumen und Pfirsiche. Das war sehr hilfreich.

Und dann hatten wir Zigaretten. 6000 lagen im Schlafzimmerschrank aufgestapelt. Wir hatten sie während unserer Zeit in der Militärmission gespart. Ich rauchte nicht viel und konnte auch ganz darauf verzichten. Willy wollte nicht in die Lage kommen, gierig auf die Gäste zu schauen, wenn wir alliierten Besuch hatten. Er wollte ihnen Zigaretten anbieten.

Es war eine wechselhafte Zeit, nicht immer leicht, aber ich sehnte mich niemals zurück zu dem sichereren Dasein in der Militärmission.

Ende März reiste ich nach Norwegen, um mich zu erholen. Ich war schwanger. Aber sogleich schreckten mich die Zeitungen mit großen Überschriften über die Zuspitzung der Lage in Berlin auf. Wie stets, wenn wir getrennt waren, hielt Willy engen brieflichen Kontakt. Am 1. April schrieb er mir so beruhigend wie möglich: »Die Situation ist dadurch noch komplizierter geworden, daß die Russen die Kontrolle über die alliierten Züge verlangen. Gleichzeitig behindern sie ernsthaft den Warenaustausch zwischen dem Ostsektor und den Westsektoren der Stadt. Aber ich gehöre immer noch zu den gemäßigten Optimisten.«

Und dann am 4. April: »Wie Du aus den Zeitungen entnommen haben wirst, ist die ›Krise‹ wieder vorbei. Die Russen wollten wohl testen, wieweit sie gehen können. Als sie begriffen, daß die anderen nicht die Absicht hatten zu kapitulieren, begannen sie, sich einer weniger aggressiven Sprache zu bedienen. Es sieht so aus, als könnte eine Kompromißlösung über den Verkehr zwischen Berlin und den Westzonen erreicht werden.«

Aber am 7. April: ». . . die Entspannung wurde vorgestern durch eine neue Krise abgebrochen, als ein russischer Jäger über Gatow in ein englisches Verkehrsflugzeug flog. In alliierten Kreisen war man ziemlich aufgebracht, aber ich kann mir nichts anderes vorstellen, als daß es faktisch ein Unglück gewesen ist. Etwas anderes ist, daß die Russen selbstverständlich über Gatow nichts zu suchen haben. Aber jetzt wollen die Generäle verhandeln. Es steht wohl außer Zweifel, daß die Alliierten fest entschlossen sind, hier zu bleiben. Die

Engländer haben außerdem versprochen, uns mindestens einen Monat im voraus zu warnen, falls aus dem einen oder anderen Grund eine neue Situation entstehen sollte. Das gilt natürlich nicht für die Kriegsgefahr, über die haben sie ja keine Kontrolle. Doch gerade die jüngsten Ereignisse scheinen darauf hinzudeuten, daß keiner der Beteiligten eine solche wahnwitzige Konsequenz ziehen wird.«

Er hatte Verständnis dafür, daß ich nervös war, und er beruhigte mich damit, daß ich seinetwegen nicht ängstlich zu sein brauchte: »Schau, gerade jetzt ist es wichtig, hier weiterzumachen. Wenn Berlin aufgegeben wird, hat das schicksalhafte Bedeutung für den Rest Deutschlands und für ganz Westeuropa. Deshalb dürfen die Westalliierten nicht abziehen, auch wenn die anderen sich alle möglichen Erschwernisse hinsichtlich des Transports und der übrigen Kommunikation ausdenken. Ich glaube tatsächlich, daß es nur eine Möglichkeit gibt, die Westmächte aus Berlin herauszubekommen, und das ist Krieg. Wie Du weißt, sehe ich das als unwahrscheinlich an.«

Würde es Krieg geben, wäre es wohl im großen und ganzen auch gleichgültig, wo man sich aufhielt. Aber nein, Willy beruhigte mich: »Es gibt auch keinen Grund, daran zu zweifeln, daß man herauskäme, wenn etwas Unvorhergesehenes geschehen sollte. Ich bin tatsächlich viel ruhiger als früher in kritischen Phasen. Dazu trägt natürlich bei, daß mein Gewissen rein ist.«

Und sonst, wenn alles gut ginge:

»Ansonsten denke ich, daß wir hier noch ein Jahr oder so bleiben sollten. Dann suchen wir uns vielleicht einen ruhigeren Ort. Aber man muß befürchten, daß es weniger interessant wird.«

Wir kamen nie mehr auf den »ruhigen Ort« zurück.

Ende April fuhr ich mit dem »Schwedenzug« nach Berlin zurück, der auf dem Ostbahnhof ankam. Ich konnte vom Zug abgeholt werden, denn noch gab es keine hermetische Abtrennung des Ostsektors von den Westsektoren. Ich hatte das ganze Abteil voll Lebensmitteln und Babysachen, Waschlappen, Pfeifentabak, Streichhölzern, braunen Schnürsenkeln und blauer Farbe, Blumen- und Gemüsesamen, Gardinenstoff und zwei neue Hosen – genug, um eine kleine Familie unter längerer Belagerung aufrechtzuerhalten.

Im Lauf des späten Frühjahrs festigten die Russen den Griff um Berlin, und in der letzten Juniwoche wurde daraus eine totale Blockade des Zugangs von Westen. Den Vorwand bildete die Währungsreform in den Westzonen, die auf die Westsektoren Berlins ausgedehnt wurde. Aus Reichsmark wurde Deutsche Mark – 60 Mark konnte man gleich umtauschen, der Rest wurde auf ein Zehntel reduziert.

Die Russen glaubten, die Westmächte aus Berlin herauszwingen zu können. Die westliche Antwort war die Luftbrücke. Etwas Unglaubliches wurde wahr: Eine belagerte Millionenstadt wurde auf dem Luftweg mit dem absolut Lebensnotwendigen versorgt.

Ein eiserner Ring von Truppen und Polizei sperrte uns ein, und dieses Gefühl war für mich vielleicht das Schlimmste. Willy war oft in Westdeutschland, und ich war viel mit meinen Gedanken allein. Ich dachte daran, was Per Bratland zu mir gesagt hatte, bevor ich nach Berlin ging: »Geh für ein Jahr, und komm dann zurück als Journalistin bei Aktuell. Du darfst nicht deine Wurzeln verlieren . . .«

Aber mit den zunehmenden Schwierigkeiten wuchs bei mir das Gefühl der Solidarität mit den Berlinern. Und gerade in dieser Zeit in Berlin – als ich mein erstes Kind erwartete –, festigte sich etwas, das man Wurzeln nennen könnte.

Die Umwälzungen wurden ein Teil des täglichen Lebens, und das Unnormale wurde eine Selbstverständlichkeit. Die Berliner Kommunalpolitik wurde zur großen Politik. Stadtverordnetenversammlung und Magistrat wurden gesprengt, die Stadt wurde geteilt. Die Luftbrücke geriet zur beruhigenden Lärmkulisse, mit der man lebte und schlief. Man wachte nachts auf, wenn es still wurde, weil die Flüge aus irgendeinem Grund unterbrochen worden waren.

Der Mangel an frischen Lebensmitteln, der Mangel an *allem* ließen Witze und Galgenhumor aufblühen. Am schlimmsten war der Mangel an Kohlen. Ohne Kohlen keine Heizung, kein Gas, keine Elektrizität und deshalb keine Straßenbahnen, keine U-Bahn und keine Arbeit. Kohle wurde säckeweise von Westdeutschland nach Berlin geflogen, doch eine Millionenstadt auf dem Luftweg mit ausreichend Brennmaterial zu versorgen, war unmöglich. Der Verbrauch mußte auf ein absolutes Minimum reduziert werden.

Die Stromzufuhr war jeden Tag zwanzig Stunden unterbrochen. Wir erhielten zweimal zwei Stunden, eine Periode nachts und eine tags. Wir konnten nicht Radio hören, wir konnten nicht lesen. Wir konnten nur darauf warten, daß wir müde wurden. Straßenbeleuchtung gab es beinahe nicht mehr. Die Birnen waren herausgeschraubt, und nur auf den größten Hauptstraßen brannten Laternen mit großen Zwischenräumen. Die Straßenbahnen hörten um 18 Uhr auf zu fahren.

Eines Tages im Spätsommer meinte Willy, daß es vielleicht am besten sei, wenn wir heirateten. Ich hatte nichts dagegen, hielt es aber weder für Sünde noch für Schande, daß wir ohne Trauschein und Ehering zusammenlebten. Aber da ich ein Kind erwartete, war es wohl das Beste.

Wir fragten den norwegischen Seemannspfarrer in Hamburg, den wir kannten, doch der traute grundsätzlich keine Geschiedenen. Wir setzten unsere Hoffnung in den Feldpfarrer bei der norwegischen Brigade im Harz, und er sagte Ja.

Die Norweger in der Militärmission halfen nach besten Kräften. Sie waren so froh, daß ich endlich heiratete. Der Feldpfarrer kam und sah, daß es »hohe Zeit« war. Er traute uns vor dem Kamin in der Messe nach den kirchlichen Regeln, und wir sangen und weinten vor Freude. Der General gab ein Abendessen. Es wurden viele nette Worte gesprochen, und es wurde auf uns alle drei angestoßen.

An einem Abend im Oktober kündigte Peter seine Ankunft an. Willy war in Westdeutschland. Wenn er unterwegs war, schlief der Fahrer bei uns im Haus. Gegen Mitternacht war es so weit, daß ich ihn wecken mußte, um ins Krankenhaus zu fahren. Wir läuteten an der Klingel an dem großen Eingangsportal, läuteten und läuteten, und keiner kam. »Mein Gott«, sagte Grotz, »es ist ja Stromsperre«. Zu dieser Nachtzeit gab es keinen Strom, und das Tor war nicht verschlossen. Es war auch im Krankenhaus dunkel, aber ich wurde in einen Raum mit Notbeleuchtung geführt. Peter kam während der Blockade zur Welt, und die Arztrechnung lautete auf Margarine, Zucker, Weizenmehl und Ziegenkäse. Ein echter Berliner war geboren.

Wir hatten ein Zimmer oben, das wir beheizen konnten, wenn es kalt wurde. Dort hinein stellte ich Peter am Tage, und am Abend saßen wir selbst oben. Eine Petroleumlampe spendete uns Licht. Ich strickte und häkelte und nähte für ihn. Auch Willy dachte an ihn, wenn er von seinen Reisen nach Westdeutschland zurückkam. Er brachte Spielzeug mit und einen Anzug, der Peter erst paßte, als er vier Jahre alt war.

Kurz nach Peters Geburt suchten wir eine neue Hausangestellte und gaben eine kleine Zeitungsannonce auf. Die schweren Zeiten führten viele Berlinerinnen zu uns. Sie standen Schlange bis auf die Straße und kamen nacheinander herein. Wir hatten keine Erfahrung damit, Menschen einzustellen, und so war es unser Hund Blackie, der die Entscheidung traf.

Sobald Litti hereingekommen war, dick und mächtig, legte Blackie sich zu ihren Füßen nieder und blieb dort liegen. Und Litti blieb bei uns in der ganzen Berliner Zeit als eine starke und steuernde Kraft in der Familie. Später baten wir sie zwei-, dreimal im Jahr, nach Bonn zu kommen. Wir konnten nicht richtig von ihr lassen. Sie war eine feste Stütze in meinem Dasein, und meiner Kinder nahm sie sich an, als wären sie ihre eigenen. »Unsere Kinder«, sagte sie immer. Sie war ihr Verteidiger und Beschützer, und sie hatte immer für sie Zeit. Sie strich den Seifenschaum mit Zeigefinger und Daumen von ihren Armen, ließ den Abwasch stehen, nahm Peter und Lasse an die Hand und ging mit ihnen zum Badestrand, wenn sie es verlangten. Sie legte die Stopfsachen weg und las »Micky Maus« vor.

Litti hieß eigentlich Martha Litzl. Die Eltern hatten einen Bauernhof in Lippene in der Neumark, und eine Zeitlang hatte Litti als Köchin auf einem Gut der Hohenzollern gearbeitet. Als das Gebiet polnisch wurde und die große deutsche Völkerwanderung gegen Westen zog, spannte Litti eines der Pferde vor einen Karren, lud das Notwendigste auf, setzte ihre Mutter neben sich und reihte sich in den Flüchtlingsstrom ein. Die Mutter hielt die Strapazen nicht aus, und Litti mußte sie im Schnee längs der Straße begraben. Sie selbst kam bis Berlin und ließ sich hier nieder. Etwas später ging sie zurück nach Lippene und wurde sofort von den Polen eingesperrt. Sie saß drei Tage in einem Keller, konnte aber entkommen und schlug sich wieder nach Berlin durch.

Sie war bei einer amerikanischen Familie gewesen, bevor sie zu uns kam. Sie sprach viel darüber, wie es dort gewesen war, und sie war erstaunt und auch verärgert, wie spartanisch unser Heim war. Sie konnte nicht verstehen, daß wir keine Teppiche auf dem Fußboden hatten. Bei den Amerikanern, sagte sie anerkennend, hätten echte Teppiche in mehreren Schichten übereinander gelegen. Und sie erzählte, ohne daß sie den geringsten Anstoß nahm, wie sie diese Teppiche mit Luxflocken gewaschen, zusammengerollt und zu den anderen Gegenständen gelegt hatte, die die Herrschaft mit nach Amerika nehmen wollte. Mein Einwand, daß das der reine Diebstahl sei, prallte vollkommen an ihr ab. Der Krieg war verloren. Das Haus war beschlagnahmt. Basta.

Litti hatte ein Empfehlungsschreiben mitbekommen, das ihren Fleiß lobte und ihre Genügsamkeit beim Essen hervorhob. »Sie lebt hauptsächlich von Kartoffeln«, stand dort. Das fanden wir beschämend. Aber es war tatsächlich so: Als sie in unser Souterrain einrückte, war das Imponierendste in ihrem Umzugsgut ein Sack Kartoffeln. Das war etwas Besonderes in der Blockadezeit. Wir bekamen in der Regel Kartoffeln in Pulverform über die Luftbrücke – »Pom«. So wogen sie am wenigsten, aber schmeckten entsprechend. Litti brachte jedoch Leben und Farbe auch in die Kartoffelbrei-Gerichte. Wenn wir Freunde in der dänischen Militärmission besuchten, steckte der alte General Biering häufig eine große dänische Salami in meine Tasche, wenn wir gingen. Einige Scheiben davon, in kleine Würfel geschnitten und zusammen mit Gemüse aus dem Garten gekocht, machten den Kartoffelbrei zu einem Herrenessen.

Litti ging regelmäßig zum Vertriebenentreffen; das tat sie ausschließlich, um Bekannte aus Lippene zu treffen. Sie äußerte niemals den Wunsch, in die Neumark zurückzukehren, und sie war frei von jedem Bedürfnis nach Rache. Sie war niemals Nazi gewesen; sie hatten zuhause nicht viel über Politik gesprochen. Allerdings, sagte sie, habe sie damals Sozialdemokraten und Kommunisten beinahe als Räuber und Banditen angesehen.

Ohne daß ich jemals danach fragte, nehme ich an, daß sie eine treue SPD-Wählerin wurde. Ende der 60er und Anfang der 70er Jahre verteidigte sie Peters Beteiligung an Studentendemonstrationen, und sie selbst wurde beschuldigt, Kommunistin zu sein.

Sie sagte Ernst Reuter und Erich Ollenhauer, Fritz Erler und Carlo Schmid guten Tag. Sie traf Halvard Lange und Jens Otto Krag, Bruno Kreisky und Tage Erlander, und alle, alle mußten sie von den einzigartigen Taten »unserer Kinder« hören. Sie hatte Respekt vor Menschen in hohen Positionen, aber unterwürfig war sie nicht.

»Kommen Sie!« sagte sie zu Herrn Reimann, der die frisch gebügelten Hemden brachte. »Tragen Sie mal die Blumenkästen vom Balkon in den Keller.« Und Reimann trug sie im Herbst hinunter und im Frühjahr wieder hinauf. Auch der Postbote kam nicht immer ohne weiteres davon. Er mußte hereinkommen, auf eine Leiter klettern und die Gardinen zum Waschen abnehmen.

Als Ostdeutschland zur »DDR« wurde, machte das auf sie keinen Eindruck. Bis zu ihrem Tod hieß es nie anders als »die Zone«. Darin lag nichts Aggressives. Sie fuhr ab und zu hinüber, um Verwandte zu besuchen, und wenn sie zurückkam, sprach sie auch über die Dinge, die in ihren Augen anerkennenswert waren.

Ihre Sachlichkeit und Nüchternheit konnte gelegentlich groteske Formen annehmen. Sie hatte die Erlaubnis erhalten, eine kranke Verwandte in »der Zone« zu besuchen. Sie zeigte mir ein neues schwarzes Kleid und wollte wissen, wie ich es fand.

»Ist sie so krank?«, fragte ich. »Man kann nie wissen«, sagte Litti. Und deshalb hatte sie es sich sicherheitshalber besorgt. »Drüben« könne man ja nichts bekommen. Gott sei Dank kam sie mit dem Kleid zurück, unbenutzt.

In dem letzten Brief, den ich von Litti bekam, heißt es: »In einer halben Stunde fahre ich ins Krankenhaus, aber nicht, ohne Ihnen zum Geburtstag gratuliert zu haben.« Sie hatte Krebs.

Es fiel uns nicht leicht, Litti zu beerdigen. Ich glaube, es war die erste große Trauer meiner Kinder.

In dem langen Blockadewinter ermutigte sich Berlin durch große Massenkundgebungen vor dem alten, ausgebrannten Reichstag, der gleich an der Sektorengrenze lag. Die Berliner strömten zu Hunderttausenden zum Platz der Republik, als ob sie moralische Kraft suchten, um dem Druck zu widerstehen. Ein etwas gebückter Mann mit schweren Gesichtszügen stand am Rednerpult. Die Baskenmütze hatte er abgelegt. Die leicht singende Stimme wirkte gleichzeitig vertrauenerweckend und eindringlich. Er mahnte und er forderte. Er kritisierte und er lobte. Er stellte seine Berliner als Beispiel heraus: »Völker der Welt« sang es über die Menge hinweg, »schaut auf diese Stadt!«

Das war Ernst Reuter, der gewählte Oberbürgermeister von Berlin, gegen den die Russen ihr Veto eingelegt hatten und der erst während der Blockade sein Amt antreten durfte. Er war vor der Hitlerzeit Oberbürgermeister in Magdeburg gewesen und in seinem türkischen Exil als Professor für Verwaltungslehre tätig.

Alle waren da – die Spitzen der politischen Parteien Berlins, die Vertrauensleute der Gewerkschaften und die Repräsentanten der Alliierten. Die Gegensätze der Kriegszeit hatten sich in etwas verwandelt, was einer Gemeinschaft ähnelte. Es gab noch Besatzungsmächte und Besetzte, aber jetzt kamen sie zusammen, um eine Belagerung zu überstehen.

Willys Verhältnis zu Reuter war geprägt von Freundschaft und vertrauensvoller Zusammenarbeit. Am Sonntagvormittag kam Reuter oft in Schlachtensee auf eine Tasse Kaffee vorbei, wo wir später wohnten. Der offene Mercedes erweckte in der Straße nicht länger Aufsehen. Seinen Geburtstag feierte Hanna, seine Frau, stets mit einem kleinen Abendessen bei ihnen in dem Haus in Zehlendorf. Sie wohnten in dem letzten von sieben kleinen Häusern, die einander zum Verwechseln ähnelten und »Die sieben Zwerge« genannt wurden. Die Zimmer waren nicht groß, aber gemütlich, und die kleinen Gegenstände, die sie aus der Türkei mit nach Hause gebracht hatten, gaben ihnen eine besondere Note. Sie achteten darauf, daß die Abendessen sich nicht zu Arbeitssitzungen auswuchsen, wie es leicht passierte, wenn Sozialdemokraten zusammenkamen.

Reuters Tod kam für uns alle wie ein Schock, plötzlich und unerwartet. Die Berliner stellten spontan Kerzen in die Fenster, um ihn zu ehren.

Hanna Reuter erzählte, als wir sie am Abend aufsuchten, daß sie am Vorabend in der Oper gewesen seien, in Wagners »Götterdämmerung«. Als es zu Ende war und das Licht angemacht wurde, blieb Reuter zusammengesunken sitzen, den Kopf lange, lange in die Hände gestützt. Sie sah darin eine Art Vorahnung.

Auf meinen täglichen Spaziergängen mit Peter im Kinderwagen blieb ich eines Tages stehen und schaute staunend auf einen blumengeschmückten Lastwagen. Er hatte ein westdeutsches Kennzeichen. Die Blockade wurde am 12. Mai 1949 aufgehoben, und das erste Gute daran waren Bücklinge. Wir aßen jetzt Bücklinge auf Brot und Bücklinge ohne Brot. Es kamen Gemüse, Fisch und Fleisch, und Willy mußte uns nicht mehr mit einem Hähnchen in der Aktentasche beglücken, wenn er aus Hannover nach Hause kam.

Schwierige Jahre

Deutsche wird man nicht ohne weiteres, und es war auch nicht so einfach, Frau Brandt zu werden. Auch wenn Willy seit fünfzehn Jahren für jedermann »Willy« war, war er immer noch »Herbert« für seine Mutter und Herbert Ernst Karl Frahm für die Behörden, als wir heirateten. Ich hieß Frau Frahm, als ich im Krankenhaus lag und Peter gebar.

Wir wurden von dem Feldpfarrer der norwegischen Staatskirche getraut; wir waren ja beide norwegische Staatsbürger. Willy wurde kurze Zeit später in Kiel wieder eingebürgert, und seinen Decknamen Willy Brandt bekam er dann vom Polizeipräsidenten in Berlin zugeeignet. Aber mich machte die Ehe nicht automatisch zur deutschen Staatsbürgerin. Der deutsche Staat existierte 1948 noch nicht, so daß es niemanden gab, der mir eine deutsche Staatsbürgerschaft hätte zuerkennen können. Für einige weitere Jahre blieb ich Norwegerin. Dagegen hatte ich auch nichts einzuwenden. Ich reiste oft nach Norwegen. Mutter lebte ja noch, und sie war nicht besonders mobil. Damals war der Abstand zwischen den beiden Ländern größer als die geographische Distanz, und es war einfacher, mit einem norwegischen Paß zu reisen. Am Anfang der fünfziger Jahre beantragte ich die deutsche Staatsbürgerschaft und verlor dabei meine norwegische.

Nach Beendigung der Blockade gab Willy seinen Posten als Verbindungsmann zu den Militärregierungen auf. Mit der Gründung der Bundesrepublik hätte er ohnehin seine Bedeutung verloren, nachdem Bonn zum zentralen Ort deutscher Politik geworden war. Ernst Reuter bot ihm seinen früheren Posten als Verkehrssenator an, als er endlich Oberbürgermeister wurde, aber Willy war auf politische Arbeit eingestellt. Er wurde Mitglied des Abgeordnetenhauses. Er bekam auch bei den ersten Bundestagswahlen einen holsteinischen Wahlkreis angeboten, aber er wollte in Berlin bleiben und lieber einer der Berliner Repräsentanten im Bundestag werden.

Willy war viel unterwegs. Er fuhr in Westdeutschland herum während des ersten Wahlkampfs 1949 und erzählte mir in Briefen von all den schönen Orten, die ich einmal sehen müßte – und ansonsten schimpfte er über die elende Organisation des Wahlkampfs: Immer gab es Probleme mit dem Transport; er mußte in Parteibüros übernachten, weil nicht für Unterkunft gesorgt war, und während all dessen schrieb er Reden, Artikel und Bücher.

Bereits in diesem Wahlkampf schlugen ihm Mißtrauen und Neid entgegen. Die Intrigen gingen zurück bis auf die Zeit in Stockholm, und sie begleiteten Willy durch unser ganzes gemeinsames Leben. »Man sammelt nach und nach mehr Erfahrung. Und es ist schade, daß Erfahrung gleichbedeutend ist mit einem gut Teil Skepsis«, schrieb er mir von unterwegs. Die Intrigen und die gemeinsamen Angriffe, die in den kommenden Jahren folgten, gehören zu den dunkelsten Erinnerungen, die ich an das Nachkriegsdeutschland habe. Es war eine neue, bittere Erfahrung, daß Ränkespiel und Verleumdung Teil politischer Kampagnen waren. Ich stand dem verzweifelt und vollkommen verständnislos gegenüber. Ich erhielt anonyme Briefe mit gröbsten Bemerkungen und Artikel zugeschickt, die mich verletzten. Niemand sprach mit mir darüber. Ich fühlte mich allein. Ich wurde nicht damit fertig. Es flackerte in der Luft umher. Ich las die Briefe und fragte mich, was in Menschen vorging, die daran Vergnügen fanden, in die Privatsphäre anderer einzudringen und ihnen das Leben schwerzumachen. Ich war für deutsche Wahlkämpfe nicht dickhäutig genug.

Eines Abends sah ich »Nathan der Weise« im Fernsehen. An einer Stelle sagte Sittah, die Tochter Saladins: »Ihr Stolz ist: Christen sein, nicht Menschen«. Irgendwie tröstete mich das. Aber ich dachte doch viel über meine Situation nach und schrieb auf: »Wenn ich auf unsere Beziehung zurückblicke, dann gibt es viel Schönes, aber wir hatten wirklich auch viele Schwierigkeiten und Krisen zu meistern. Von beidem vielleicht mehr als viele andere. Ich weiß nicht, ob es noch eine Chance für uns zwei gibt. Ich weiß nur, daß ich der Kinder wegen alles tun würde«.

In diesen Jahren war Willy zwischen Bundesrepublik und Berliner Politik hin- und hergerissen, und er mußte hier wie dort Niederlagen einstecken. Auf den SPD-

Parteitagen bemühte er sich vergebens, in den Parteivorstand gewählt zu werden. In Berlin war es nicht weniger schwer. Mehrmals kandidierte er für den Vorsitz gegen Franz Neumann und verlor. Im Mai 1954 lag er zwei Stimmen hinter Neumann. Er war damit höchst zufrieden und meinte, daß das »persönlich viel besser ist, als wenn ich mit einer oder zwei Stimmen ›gesiegt‹ hätte«. Es ging »fifty-fifty beim Vorsitz, eine Widerspiegelung der Scheidelinie, die quer durch die Partei geht«.

Franz Neumann war der Typ eines richtigen Arbeiterführers, selbstbewußt, groß und dunkelhaarig, mit kräftigen Zügen. Bevor die Rivalität zwischen Willy und Franz begann, hatten sie nach meinem Eindruck ein herzliches Verhältnis zueinander. Aber weder damals noch später hatte ich einen wirklichen Einblick in die internen Streitigkeiten in Berlin und Bonn. Wenn Willy zu viele Widrigkeiten begegneten, wurde er verschlossen und schweigsam. Das war schwierig für uns beide. Mich erschreckten die flüchtigen Einblicke in den politischen Nahkampf.

Eine gute Stütze war ich nicht. Ich begriff nicht, wie wichtig es für ihn war, Einfluß zu bekommen. Eines Abends brach es aus ihm hervor: »Verstehst du denn gar nicht, daß ich Macht will!« Macht war für mich etwas Diktatorisches, aber, das wir von der Besatzungszeit kannten. Willy war alles andere als ein Machtmensch. Viele Jahre später, nachdem er »Macht« bekommen hatte, kam ich auf die Episode zurück, er konnte sich aber nicht daran erinnern. Zu dieser Zeit verstand ich auch besser, was er gemeint hatte. Er war in die Heimat zurückgekehrt, um sich für seine Ziele einzusetzen, um auf die Entwicklung einzuwirken, um beim Aufbau eines neuen Deutschland dabei zu sein. Für ihn war es entscheidend, sich dort zu placieren, wo er den größten Einfluß ausüben konnte.

Wir zogen in ein Reihenhaus in Schlachtensee um, in eine ruhige Sackgasse, ohne Möbel und ohne Geld. Wir mußten auf Raten kaufen: die »moderne« Sofagruppe mit Nierentisch im Wohnzimmer, ein Eßtisch mit vier Stühlen, ein Regal und einen Schreibtisch, gelbe Gardinen mit schwarzen Schiffchen darauf. Es war nur das unbedingt Notwendige, aber wir hatten viel zu bezahlen.

Lars kam zur Welt im Juni 1951. Nicht nur ich, auch Litti strahlte wegen des neuen Kindes. Sie nahm uns in frisch gesteiftem weißen Kittel und mit unserem alten Kinderwagen in Empfang. Er war wieder bei uns gelandet, nachdem er einer schwedischen Freundin und deren beiden Kindern gedient hatte. Seinerzeit hatte ich ihn für Peter gebraucht gekauft. Er hatte Krieg und Bombenangriffe und Gott weiß wie viele Kinder überlebt. Wir borgten voneinander. Jetzt war Lasse dran.

Elsa kam zu Besuch und ermahnte mich mit erhobenem Zeigefinger: »Rut, nicht mehr als zwei Kinder! Die kannst du an der Hand halten.« Sie hatte mit ihren Kindern Krieg und Flucht erlebt.

Die Finanzen machten Willy Sorgen. »Wenn ich nur wüßte, wie ich einen Weg finden könnte, zu vernünftigen Nebeneinnahmen zu kommen.« Er arbeitete weiterhin als Korrespondent für *Arbeiderbladet* in Oslo und für *Morgontidningen* in Stockholm, und wie andere Korrespondenten-Frauen telefonierte ich häufig den

Text durch, wenn er irgendwo anders hin mußte. Ich schrieb auch selbst ein wenig für meine alte Illustrierte in Oslo. Ein Jahr lang war Willy Chefredakteur des »Sozialdemokrat«, des kleinen Parteiorgans in Berlin. Das machte viel Arbeit und Mühe bei bescheidener Ausbeute – die Zeitung ging ein. Aber nach und nach ging es uns besser. Weihnachten 1952 hatte »der Weihnachtsmann an etwas in der Art eines Mantels gedacht. Wenn Du Dich an einen Pelzmantel wagst, kannst Du den beigelegten Scheck als erste Rate benutzen«.

Ich wagte es.

Als Theodor Heuss zum ersten Mal 1949 als Bundespräsident nach Berlin kam, gab es eine Festvorstellung in der Oper mit Beethovens »Fidelio«. Alles, was Rang und Namen hatte, war gekommen: Alliierte, Senat, Politik, Kultur und Kunst. Der Ehrengast, der damals eine magere, große Erscheinung war, ging herum und wechselte mit allen freundliche Worte in seiner schwäbischen Mundart.

Es wurde ein großer und feierlicher Abend. Alle waren in ihrer besten Garderobe erschienen, und unser Freund Oddvar Ås von der Militärmission war einer der Bestangezogenen. In einem Frack aus seiner Diplomatenzeit in Stockholm war er von den Kellnern nicht zu unterscheiden. Es war natürlich für ihn weniger lustig als für uns, als er hinterher auf dem Empfang immer wieder von anderen Gästen aufgefordert wurde, mehr Sekt zu bringen.

Willy schrieb für seine skandinavischen Zeitungen in einer bewegenden Schilderung der Vorstellung von der

Sehnsucht der Gefangenen nach Freiheit. Aber die Verbindung nach Oslo muß schlecht gewesen sein – in der Zeitung schrieb Willy von der »Sehnsucht der Sänger« in einer Oper namens »Sidelio«.

Opernabende gehörten zu offiziellen Besuchen, und in späteren Jahren begleiteten wir Heuss als Gastgeber in die Oper. Er schloß ab und zu die Augen, sah aus, als ob er es genoß, aber dann vertraute er mir, daß er sich unglaublich langweile. »Aber«, sagte er, »solche Sachen muß ich über mich ergehen lassen.«

Vielleicht saß er am liebsten an dem runden Tisch im Schloß Bellevue, nachdem das große Abendessen vorbei war und die meisten Gäste gegangen waren – auch der Bundespräsident, während Heuss sitzen blieb, wie er sagte. Es wurde immer spät. Rotwein wurde gebracht, und er rief nach Senator Lipschitz, der von seinem unerschöpflichen Vorrat an jüdischen Witzen abgeben mußte.

Eines Sonntags rief Heuss an und lud sich selbst zum Kaffee bei uns in Schlachtensee ein. Er kam ohne Gefolge. Im Lauf des Nachmittags kamen Lasse und Peter und erzählten freudestrahlend, daß sie es geschafft hätten, sich ins Kino zu schleichen, ohne zu bezahlen. Heuss hörte mit ungeteiltem Vergnügen zu – statt ihnen das Verwerfliche solcher Handlungen zu erklären, lobte er ihre Tüchtigkeit. »Aber«, und hier hob der Bundespräsident den Zeigefinger, »die Hauptsache ist, daß man sich nicht erwischen läßt.«

Heuss war ein kluger Präsident, geachtet und populär und mit einer schönen Portion Humor.

Ich war nach Deutschland gekommen, um mit Willy zusammenzusein. Ich hatte einen Journalisten geheiratet, der dabei war, in die Politik zu gehen. Ich wußte, daß weder eine Journalistenfrau noch eine Politikerfrau auf ein stilles, ungestörtes Familienleben rechnen darf. Wir hatten es uns etwas einfacher gedacht, vielleicht einen Redakteursposten, einen Sitz im Stadtparlament oder im Bundestag. Das hätte an mich keine größeren Anforderungen gestellt.

Ich weinte, als Willy Präsident des Abgeordnetenhauses wurde. Otto Suhr, der bisherige Präsident, wurde nach der Wahl im Dezember 1954 Regierender Bürgermeister, und Willy folgte ihm nach auf dem Präsidentenposten. Ich gönnte ihm, daß *er* seine Ambitionen erfüllen konnte, aber *ich* hatte keinerlei Ambitionen, ins Rampenlicht zu treten. Ich hatte Angst vor dem Unbekannten.

Jetzt mußte ich repräsentieren und nicht nur Ehefrau, Mutter und ich selbst sein.

Ich habe mich bemüht, und bis ich es gelernt hatte, auch ein bißchen zuviel. Den ersten offiziellen Höflichkeitsbesuch bei mir machte die Frau des japanischen Generalkonsuls. Ich war so nett und gastfreundlich, wie es mir möglich war, und wir sprachen mindestens eine Stunde. Später wurde mir gesagt, daß ein solcher Besuch nur zwanzig Minuten dauern darf.

Wir waren plötzlich ins Gesellschaftsleben hinausgeschubst worden. Ich mußte zu Cocktailparties gehen und zu Abendessen. Wir waren dabei, wenn Besuch aus Westdeutschland kam und wenn Besuch aus dem Ausland kam. Man schickte uns Karten für die Theaterpremieren, und man lud uns zum Ball ein. Unser erster Presseball löste ein großes Spektakel aus, unter anderem unter den Berliner Sozialdemokraten. Franz Neumann führte die Kritik mit einem erbitterten öffentlichen Ausbruch an: »Und so etwas nennt sich Sozialdemokrat . . .« Wir hatten uns weder betrunken, noch waren wir auf andere Weise auffällig gewesen, nein, wir waren zu fein. Willy hatte einen Smoking an und ich ein weißes Seidenkleid mit einem schwarzen Band um die Hüfte – die H-Linie –, und das war der letzte Schrei. Das ging nicht an.

Die Furcht vor dem »Öffentlichen« ließ langsam nach, aber ich machte nur bei dem Allernotwendigsten mit. Die Tage zuhause liefen ab wie früher. Ich machte den Führerschein und bekam einen VW-Käfer. Willy hatte jetzt ein Büro mit Sekretärin und einen Mercedes mit Chauffeur. Aber das Gehalt eines Präsidenten des Abgeordnetenhauses war damals bescheiden. Er blieb Mitglied des Bundestages.

Berliner Bürgermeister

In dem langen Jahrzehnt zwischen der Blockade und dem Mauerbau war Berlin eine offene Stadt in einem geschlossenen Land. Es war nicht abgesperrt wie davor und seitdem, aber die Trennungslinie innerhalb der Stadt wurde dann doch so hart und brutal gezogen wie die Grenze sonst.

Der 17. Juni 1953 bewirkte die Veränderung. Die Arbeiterdemonstration gegen die Normenerhöhung war nach einem ersten Erfolg in einen Aufstand übergegangen, der vor unseren Augen niedergeschlagen wurde. Jenseits des Brandenburger Tors und des Potsdamer Platzes zerstreute die ostdeutsche »Volkspolizei« mit Maschinengewehrsalven die Menschenmenge, sowjetische Panzer räumten die Straßen und besetzten erneut die Stadt. Auf unserer Seite sperrte die britische Militärpolizei alle Straßen, die zur Sektorengrenze führten.

Wenn aufgewühlte Volksmassen die Grenze überschritten hätten, wären die Konsequenzen unabsehbar gewesen. Seitdem versuchte man, die politischen Großkundgebungen von dem alten Reichstag und dem Brandenburger Tor fernzuhalten, und verlegte sie auf den

Platz vor dem Rathaus Schöneberg. Aber die Gefahr, daß ein spontaner Funke einen Brand entfachte, war in der angespannten Atmosphäre dieser Jahre stets gegeben.

Wir erlebten das besonders stark bei einer Protestkundgebung vor dem Rathaus gegen die Niederschlagung des ungarischen Volksaufstandes im Herbst 1956. Ein Ruf »Zum Brandenburger Tor«, und die Massen setzten sich in aufgeheizter Begeisterung in Bewegung. Bürgermeister Suhr und Franz Neumann waren die Hauptredner, aber sie hatten die Menge nicht beruhigen können. Auch Willy hatte gesprochen, als nach ihm gerufen worden war, und er hatte die Stimmung besser erfaßt, aber nicht gut genug, um sie aufzufangen und zu wenden.

Als die Demonstranten sich aufmachten, sprang ich mit Willy in ein Auto. Er wollte versuchen, an die Spitze des Demonstrationszuges zu gelangen und ihn zur Umkehr zu bewegen. Mehrmals stieg er unterwegs aus und hielt eindringliche, warnende Ansprachen. Einige kehrten um und gingen nach Hause, aber die meisten marschierten weiter in Richtung Brandenburger Tor. Dort sprach er dann über einen Lautsprecher der Polizei, ohne die ständigen Sprechchöre übertönen und die Aufmerksamkeit ganz auf sich ziehen zu können. Erst als seine schnarrende Stimme die Nationalhymne anstimmte, gelang ihm das: »Einigkeit und Recht und Freiheit ...« Mehr und mehr Menschen stimmten ein, und es wurde ein mächtiger Chor. Damit bekam er die Leute endlich dazu, den Rückweg anzutreten.

Die Begebenheit am Brandenburger Tor war wichtig

für Willy. Sie bewies, daß er einen speziellen Kontakt zu den Berlinern hatte herstellen können. Er war es, der schließlich einen Stimmungsumschwung hatte herbeiführen können, nicht Otto Suhr und nicht Franz Neumann.

Ansonsten hatte Willy sich von dem Streit mit Neumann etwas zurückgezogen, als er Präsident des Abgeordnetenhauses geworden war. Bei der Wahl zum Vorsitzenden der Berliner SPD kandidierte er nicht und begnügte sich damit, Stellvertreter mit einem Büro im Parteihauptquartier zu werden. Er bemühte sich nach wie vor um einen Sitz im Bundesvorstand der Partei. Auf dem Parteitag in München im Sommer 1956 hatte er wieder kandidiert und war ein weiteres Mal durchgefallen, während Neumann es geschafft hatte.

Es ging ihm nahe: »Ich bin sehr traurig, beinahe verzweifelt«, schrieb er. »Es ging schlecht in München. Man wollte mich auch diesmal nicht dabeihaben. Heute ist es Nachrichtenstoff für alle Zeitungen. Politisch ging es besser als vermutet, aber dadurch empfinde ich die persönliche Niederlage noch schmerzhafter. Neumann tat wieder, was er konnte – und sogar eine dumme Kuh wie ... ist mit 100 Stimmen mehr gewählt worden, als ich bekommen habe. Ich komme wohl darüber hinweg, aber im Augenblick würde ich am liebsten Eremit werden.«

Es war das letzte Mal, daß die Partei ihn zurückwies. Dr. Suhr, der lange gekränkelt hatte, starb im Spätsommer 1957. Neumann selbst hatte keine Chance, Regierender Bürgermeister zu werden, und er unternahm unermüdlich Manöver, damit auch Willy es nicht werden sollte. Aber die Gegenkandidaten zogen sich einer nach dem anderen zurück, auch »Texas-Willi«, der populäre Kreuzberger Bürgermeister Willi Kressmann. Willys Minderheit im Berliner SPD-Vorstand hatte sich in eine Zweidrittelmehrheit verwandelt. Am 3. Oktober wurde er zum Regierenden Bürgermeister gewählt. Er legte sein Bundestagsmandat nieder und versprach leichtsinnigerweise vor der Presse, daß er sich mehr um seine Familie kümmern werde. Aber im Rathaus wurde es abends später und später, und die Reisen wurden immer häufiger.

Ungarn war ein Wendepunkt. Das Tauwetter in der Sowjetunion war vorbei. Nikita Chruschtschow hatte den Machtkampf im Kreml gewonnen, und er schickte den ersten Sputnik ins Weltall an dem Tag, als Willy Bürgermeister wurde. Er drohte, einen separaten Friedensvertrag mit der DDR abzuschließen und damit Hand an das Fundament West-Berlins zu legen. Die Spannung verschärfte sich wieder. Es wurde zu einer ständigen Notwendigkeit während der zweiten langen Berlin-Krise, die den größten Teil von Willys Bürgermeisterzeit dauern sollte, sich der Solidarität des Westens zu versichern. Das erforderte viele Reisen.

Die Krise machte aus Berlins Bürgermeister einen Sonderbotschafter für Deutschland, und Willy wurde fast wie ein Außenminister empfangen. Einige Jahre früher war er mit Carlo Schmid, Fritz Erler und Günther Klein für die SPD auf einer längeren Amerika-Reise gewesen. Damals hatte Präsident Eisenhower aus Zeitgründen ein Gespräch abgesagt. Als er zum ersten Mal als Berliner Bürgermeister kam, mit Günther Klein als

Senator für Bundesangelegenheiten, standen ihm alle Türen offen – und die Fernsehkameras bereit. Er schrieb nach Hause über Gespräche mit Eisenhower, Vizepräsident Nixon, Außenminister John Foster Dulles, mit dem Verteidigungsminister und seinen Generälen. Es gab Pressekonferenzen und »Meet the Press« im Fernsehen. Er bekam einen Ehrendoktor in Philadelphia und andere Auszeichnungen an der Harvard Universität bei Boston.

»Es heißt, daß ich erfolgreich war«, schrieb er in einem Brief. »Aber mit Vorschußlorbeeren gehen sie hier etwas weit, unter anderem mit Andeutungen, daß man mich als einen zukünftigen Bundeskanzler betrachtet. Das greift den Ereignissen nicht nur weit vor, sondern wird auch manche unfreundliche Reaktionen in Bonn hervorrufen.«

Auf dem Heimweg war er in London zu Gesprächen mit Premierminister Macmillan und mit Hugh Gaitskell, »der, soweit ich sehe, im nächsten Jahr Premierminister werden wird«. Aber das griff auch den Ereignissen voraus.»London ist als Stadt riesig mit einer beeindrukkenden Mischung von Altem und Neuem«, berichtete er. »Es unterscheidet sich sehr von Amerika. In vieler Hinsicht ist man ja näher an unseren Problemen, aber andererseits würde es sicher einige Zeit dauern, bevor ich mich mit der Mentalität und gewissen Gewohnheiten (darunter einigen sehr lobenswerten) angefreundet hätte.«

Solange Willy Präsident des Abgeordnetenhauses gewesen war, hatte ich ein einigermaßen friedliches Leben gehabt; damit war jetzt Schluß. Das Familienleben wurde eine öffentliche Angelegenheit. Die Fotografen gingen ein und aus. Wir stellten uns mit Kindern für sie auf, und wir stellten uns ohne Kinder auf. Ich ging mit Fotografen auf den Markt, und ich rührte für sie in leeren Töpfen auf dem Herd.

Briefe kamen zuhauf. Ich war auf einmal eine Person geworden, an die man sich wenden konnte: »Frau Regierender Bürgermeister«. Die meisten waren freundlich. Man erklärte mir, wie ich auftreten müsse, um akzeptiert zu werden; gute Ratschläge, wie ich Willys heisere Stimme behandeln sollte; einige meinten, er müsse Redetechnik lernen; die Kinder sollten auf die eine oder andere Art erzogen werden. Es kamen Bettelbriefe und Schreiben, die mich um Unterstützung bei den Behörden baten. Ältere Damen hatten mit Interesse gelesen, daß ich immer noch selbst einkaufte, abwusch und kochte. Päckchen mit gehäkelten und gestrickten Abwaschlappen und Topflappen waren von Nutzen und sind es immer noch. Einige ärgerten sich darüber, daß ich nicht mit Hut ging – in der Position, die ich jetzt innehatte, ginge das nicht an. Man konnte auf den Fotos sehen, daß ich keinen Ehering trug. Auch eine deutsche Freundin war damit unzufrieden. Sie suchte einen alten Goldring für mich heraus, den ich zumindest anziehen sollte, wenn ich fotografiert wurde. Ich tat es nicht.

Die Marinesiedlung am Schlachtensee war schön gelegen, offen und kinderfreundlich. Bei uns war es noch freier als bei den Nachbarn, und bei uns fand das meiste statt. Die Kinder durften Kinder sein, und Streiche und Phantasie gehörten dazu. Der Kohlenkeller wurde ausgefegt und zum Theater gemacht. Zehn Pfennig kostete es, durch das Kellerfenster zu klettern und eine »Parsifal«-Aufführung zu erleben, gespielt mit unglaublicher Intensität und starken Gefühlsausbrüchen. Es wurde um die Replik und um den besten Platz auf der Bühne gestritten.

Lasse fand eine einfache Art, das Taschengeld aufzubessern. Mit einem alten Reisegrammophon ging er in der Siedlung umher, klingelte an den Türen, legte seine Platte auf und bekam einen Groschen.

Unsere Kinder haben eine etwas abweichende Sicht ihrer Kindheit, aber nicht viel. Einer von ihnen fand später, er sei im Grunde richtig erzogen worden, ziemlich frei und trotzdem behütet. Der andere sagte, daß man überall auf Watte gestoßen sei. Es habe so viel »Verständnis« und Toleranz gegeben, daß es keinen Zweck gehabt habe, die Türen zuzuschlagen, wenn man wütend war. Aber es kam doch vor, daß sie es taten.

Das Chruschtschow-Ultimatum verlangte, daß sich die Westmächte innerhalb von sechs Monaten aus Berlin zurückziehen sollten. West-Berlin sollte eine entmilitarisierte Freie Stadt unter Aufsicht der UNO werden. Die Stadt sei eine Krebsgeschwulst geworden, die man entfernen müsse, sagte er.

Die erste Antwort auf diese Herausforderung gab Willy im Abgeordnetenhaus: »Wir sind nicht hier vom Schlage derer, die sich durch einen Windstoß umwerfen lassen. Dazu hat das Volk von Berlin schon zu viel durchmachen müssen ... Wir haben keine Waffen. Aber wir haben ein Recht zu leben, und wir haben gute Nerven.« Die nächste Antwort gaben die Berliner selbst.

Einige Wochen später waren Wahlen; sie gaben Willy und der SPD ein großes Vertrauensvotum, erstmals seit 1948 eine absolute Mehrheit von 52 Prozent. Er setzte aber die Senatskoalition fort. Wenige Tage später trafen sich die Außenminister der Westmächte in Paris, und Willy wurde hinzugezogen. Er kam mit der Versicherung zurück, daß die Alliierten auf ihren Rechten bestehen und nicht unter dem Druck eines Ultimatums verhandeln würden.

Die Amerikaner hatten Willy eingeladen, am 150. Geburtstag Abraham Lincolns im Februar 1959 in dessen Heimatstadt Springfield in Illinois eine Rede zu halten. Der amerikanische Stadtkommandant in Berlin, General Barksdale Hamlett, insistierte: »Ruthie, du mußt mit!« Etwas widerstrebend ging ich also auf meine erste große Reise. Amerika war immer noch weit weg, und ich fand eigentlich, ich dürfte die Kinder nicht so lange allein lassen.

In Washington wurden wir mit viel Aufmerksamkeit empfangen und größerer Aufopferung, als wir damals wußten. Janet Dulles gab in ihrem Haus in Georgetown für mich ein Mittagessen. An demselben Morgen waren sie und Foster Dulles von der Europareise zurückgekommen, die seine letzte sein sollte. Später hörte ich, daß die Ärzte Dulles im Schlafzimmer im 1. Stock untersuchten, während wir unten saßen. Er hielt seine Verabredung mit Willy am Nachmittag ein. Es war das letzte Mal, daß er im Ministerium war. Am nächsten Morgen wurde er ins Krankenhaus eingeliefert und operiert.

New York huldigte Willy mit einer »Ticker-tape«-Parade auf dem Broadway, und obgleich es regnete –

nicht nur Konfetti –, standen die Menschen dicht bei dicht und riefen im Takt »Willy, Willy, Willy« – es war phantastisch. Und danach ein Wirbel von Veranstaltungen. Ich hätte New York am liebsten etwas ruhiger erlebt. Ich wäre gern einfach zwischen den vielen Menschen und Hochhäusern durch die Straßen gegangen, um die flimmernden Eindrücke in mich aufzusaugen. Ich war immer noch müde von der Reise, doch die Amerikaner strömten über in ihrem Bemühen, den Besuch so erfolgreich wie möglich zu machen. Wir jagten atemlos von einem Ort zum anderen, von Mittagessen zu Cocktailparties, von Abendessen zu Nightcaps. Man holte mich vom Friseur ab, bevor das Haar trocken war, und wir sausten zum Empfang bei Bürgermeister Bob Wagner im Waldorf Astoria, wohin auch der Herzog und die Herzogin von Windsor kamen. Ich erhielt Tabletten, um nachts schlafen zu können, und ich bekam Tabletten, um am Tage wach zu sein. Weder das eine noch das andere glückte richtig.

Von New York flogen wir ins Innere Amerikas. Es war eine wunderbare Tour: Die Landschaft lag unter uns wie ein Bilderbuch, in dem man ständig weiterblätterte: Gebirge, Wüsten, Wälder, Flüsse, Wiesen, Städte. Zuerst nach Springfield, wo Willy seine Lincoln-Rede hielt. Dann nach Kalifornien, nach Los Angeles, wo unsere Wege sich trennen sollten. Nachdem wir gemeinsam Hollywood erlebt hatten, wollte Willy weiter nach Westen fahren – rund um die Welt.

Conrad Hilton hatte zum Abendessen eingeladen. Wir hatten ihn schon in Berlin getroffen, bei der Eröffnung des Berliner Hilton-Hotels, und jetzt sollten wir sein Beverly Hilton sehen. Er wollte uns auch sein Privathaus in Beverly Hills zeigen. Eine Dame, die er als seine Sekretärin vorstellte, erzählte, es sei eines der schönsten Häuser in Hollywood. Als wir durch das Eingangstor fuhren, sprang eine Fontäne mit grünem und gelbem, rosa und blauem Wasser in die Höhe. Das Haus war so groß, wie ein Hotelkönig es haben mußte. Die Zimmer waren entsprechend, und im Salon stand ein enormer Marmorkamin mit breiten, behaglichen Sesseln davor. Der Tisch, auf dem unsere Drinks serviert wurden, war aus dickem Marmor, getragen von den hochgereckten Armen eines Engels. Die Bibliothek war vom Boden bis zur Decke mit in Leder gebundenen Büchern gefüllt.

Conrad Hilton war ein großer, grauhaariger Mann in den Siebzigern, liebenswürdig und humorvoll. Seine Familie stamme aus Norwegen, sagte er, und darüber konnten wir lange reden. Er hatte eine üppige Mahlzeit im Restaurant vom Beverly Hilton auftischen lassen: große Hummer, köstliche Steaks, erstklassige Weine. Musik im Hintergrund. Ausgesuchte Gläser und Porzellan. Aber in all dieser Perfektion gab es den einen oder anderen, der den Wechsel der Zeiten vielleicht nicht mitbekommen hatte: Die Blumendekorationen und die Seidenbänder auf der Spitzentischdecke waren schwarz-weiß-rot statt schwarz-rot-gold.

Die Seele der ganzen Reise war Mrs. Eleanor Lansing Dulles, die Schwester des Außenministers und viele Jahre lang die energische Freundin Berlins im State Department. Für mich hatte sie – im Februar – eine Traumreise durch Amerikas Sonnenseite arrangiert, und sie hatte sie mit Erlebnissen und Menschen vollgepackt. Ich bekam Martha zur Seite, die ich aus ihren Jahren in Berlin kannte – als Beschützerin, Trösterin und Wegweiserin. Und das war gut so. Denn wo immer und wann immer wir landeten, wurden wir von freundlichen Menschen erwartet, die auf uns mit Einladungen und Veranstaltungen und Empfängen und Abendessen warteten – und Journalisten, die wissen wollten, ob ich es herrlich fände in Amerika. Ja, das fand ich. Aber ich glaube auch, ich habe alles in den vierzehn Tagen zu sehen bekommen: von Golden Gate und Fisherman's Wharf und der Bahn, die sich über die Hügel von San Francisco schlängelt, bis zu den gelben Lehmhütten und der alten Kirche mit den starken Farben im Indianerreservat von New Mexico, von den Jazzkneipen in New Orleans bis zu den Plantagen vom Mississippi und dem großen Raddampfer, auf dem ich Steuermann war.

Wir besuchten die reichsten und die freundlichsten Menschen in den schönsten Häusern, und als ich wieder auf dem Flughafen in New York ankam, waren meine Füße so angeschwollen, daß ich mir für die Heimreise neue Schuhe besorgen mußte. Im Flugzeug konnte man für die vielen Stunden über dem Atlantik einen Schlafplatz mieten für 45 Dollar, aber die hatte ich nicht.

Ich war glücklich, wieder zuhause zu sein. Ich drückte die Kinder ans Herz. Peter bekam seine Friedenspfeife und seinen Friedensvertrag mit den Indianern. Lasse wurde Cowboy. Und ich mußte eine ganze Woche ins Bett, um wieder Mensch zu werden.

Während ich weggewesen war, hatte es Entführungsdrohungen gegen Peter und Lasse gegeben. Man war so rücksichtsvoll gewesen, mich nicht zu unterrichten, aber das konnte ich nicht ganz würdigen. Sie wurden jetzt von der Polizei zur Schule gefahren und wieder abgeholt.

Eine meiner Amerika-Erfahrungen war, daß ich von nun an ein Wörtchen mitreden wollte, wenn Reiseprogramme festgelegt wurden, in erster Linie, wenn ich direkt betroffen war, aber auch für die Berlin-Besucher. Und es kamen viele. Ich führte sie stolz herum. Sie sollten sehen, was wieder aus Berlin geworden war. Dabei kam häufig eine doppelte Sicht zustande: Sie sahen meist die Ruinen und die Lücken in den Häuserreihen und dachten an den Krieg; ich sah das, was aufgebaut und instandgesetzt worden war als ein Zeichen für die Zukunft.

Nur so konnte man in Berlin leben: mit einem unverrückbaren Glauben an die Zukunft. Es lag mitten in der russischen Zone, ständig kleinen Krisen und Nadelstichen ausgesetzt, oft schwer zugänglich und immer von dem beeinflußt, was draußen in der Welt geschah. Aber daran dachten wir nicht jeden Tag. Wir lebten ein normales Leben wie in jeder Großstadt, ebenso reichhaltig wie anderswo. Die politischen Kabaretts, Theater und Konzerte waren erstklassig.

Und Kinder wurden geboren und getauft. Ich hatte einmal versprochen, Patentante zu sein. Das Kind sollte in einer katholischen Kirche getauft werden, weil einer der Eltern katholisch war. Wir waren zwei Paten, der eine protestantisch, der eine katholisch. Ich trug

den Jungen zum Taufbecken; der Priester stand bereit. Mein Kollege fragte vorsichtig: »Soll ich ihn nehmen?«
»Nein«, antwortete ich, »ich halte ihn gern.«

Der Priester flüsterte: »Das ist verkehrt!«

Ich nahm das Kind in den anderen Arm. Aber das war in jedem Fall verkehrt, so daß ich es wieder zurücklegte. Ich konnte die Verzweiflung des Priesters erkennen, aber ich wußte nicht den Grund. Er mußte das Kind taufen, während es in einem protestantischen Arm lag.

Die Mauer

Am Sonntag, dem 13. August 1961, weckte mich das Telefon frühmorgens. Es war Heinrich Albertz, der Chef der Senatskanzlei.

»Die anderen«, sagte er, »sind dabei, die Sektorengrenze abzusperren.«

Albertz war seit drei Uhr früh auf den Beinen; er hatte Willy, der beim Wahlkampf in Westdeutschland war, schließlich in Hannover erreicht. Er würde das erste Flugzeug nach Berlin nehmen.

Ich zog mich an und weckte meine Schwester Hjørdis, die mit ihrem Sohn gerade zu Besuch war. Wir hatten geplant, vormittags zur Stadt zu fahren. Am Nachmittag wollten sie abreisen. Wir blieben zuhause am Radio und Fernseher. Zusammen mit den Kindern verfolgten wir die Nachrichten und sahen die verzweifelten Versuche von Menschen, die Sperren zu überwinden. Wir hatten wohl erwartet, daß irgend etwas geschehen würde. Der ständige Flüchtlingsstrom von Ost nach West hielt an, und es war unwahrscheinlich, daß sie das drüben noch lange dulden würden. Schon im September 1960 hatte mir Willy nach Norwegen geschrieben:

»Die Berlin-Krise entwickelt sich mit einer gewissen Planmäßigkeit, aber ich glaube nicht, daß sie zu wirklich ernsten Konsequenzen führen wird. Das bedeutet nicht, daß ich mir keine Sorgen mache: Es besteht die Gefahr, daß nicht nur die Sektorengrenze in eine Art Staatsgrenze umgewandelt, sondern auch West-Berlin zu etwas anderem als Westdeutschland gemacht wird, ohne daß die Westmächte daran etwas ändern wollen oder können. Es sind Versäumnisse früherer Jahre, die sich rächen.«

Aber hatten wir uns das so vorgestellt?

Was würde mit Berlin geschehen? Und was würde mit all denen geschehen, die im Westen der Stadt arbeiteten und im Osten wohnten? Wir waren mit so vielen von ihnen auf die eine oder andere Weise in Kontakt gekommen. Was würde zum Beispiel mit unserem Postboten geschehen? Einige Tage zuvor hatte er erzählt, er habe endlich die Genehmigung erhalten, nach West-Berlin überzusiedeln. Er hatte sich seit Jahren darum bemüht.

Jetzt war es zu spät.

Bis zu diesem Sonntag war es verhältnismäßig einfach, von Ost nach West zu gelangen. Freunde und Verwandte besuchten sich. Die Ostberliner gingen ins Kino nach West-Berlin, und wir konnten im Ostsektor ins Theater gehen. Junge Leute aus Ost und West verliebten sich ineinander.

Aber jetzt?

Willy fuhr vom Flugplatz direkt zum Potsdamer Platz und zum Brandenburger Tor, zwei der wichtigsten Übergangsstellen an der Sektorengrenze und Brennpunkte an diesem Tage. Tausende Berliner hatten sich im Lauf des Morgens auf beiden Seiten der Absperrungen versammelt. Sie konnten nur zusehen, wie Betonpfeiler in den Boden gerammt wurden und Stacheldraht zwischen ihnen gezogen wurde. Ost-Berlin glich einem Heerlager.

Willy war natürlich den ganzen Tag eingespannt, aber er kam zum Flugplatz, um meiner Schwester Auf Wiedersehen zu sagen. Als sie an Bord war, gingen wir ein wenig in der Halle herum, so daß es nicht falsch verstanden würde: Wir beide wollten Berlin nicht verlassen ... Im Osten brachten sie trotzdem die Meldung im Radio und im Fernsehen, daß wir abgereist seien. Aber sie hatten übersehen, daß ich auf ihren alten Fotos einen Pelzmantel trug, und es war ein warmer Sommertag.

Es dauerte 48 Stunden, bevor die Westmächte durch ihre Stadtkommandanten den Sowjets offizielle Protestnoten übersandten. Adenauer brauchte über eine Woche, um nach den Absperrungsmaßnahmen Berlin zu besuchen. Am 13. August ging er wie gewohnt zur Morgenmesse, und tags darauf sagte er, es gebe keinen Grund zur Beunruhigung. Er setzte seinen Wahlkampf fort und auch seine Angriffe auf den Kanzlerkandidaten der SPD, »Herrn Brandt alias Frahm«, unehelich geboren, vaterlandsloser Emigrant.

Für den 16. August rief der Senat zu einer Protestdemonstration vor dem Schöneberger Rathaus auf. Die Berliner waren tief enttäuscht über die Westmächte, über Bonn und über Adenauer. Sie hatten das Gefühl, im Stich gelassen zu werden. Es war eine Vertrauenskrise entstanden, der man ein Ventil schaffen mußte.

Aber drei Tage später sandte John Kennedy seinen Vizepräsidenten nach Berlin. Lyndon Johnson brachte die Zusicherung des Präsidenten mit, daß die USA fest zu ihrer Garantie für die Freiheit West-Berlins ständen. Um den Worten Nachdruck zu verleihen, schickten die Amerikaner eine Armee-Einheit von 1500 Mann durch die sowjetisch besetzte Zone nach West-Berlin. Sie konnten ungehindert passieren und wurden vom Vizepräsidenten, Willy und einer halben Million Berlinern willkommen geheißen.

Jetzt glaubten wir wieder an die Amerikaner, West-Berlin jubelte, und Johnson fuhr in der Stadt herum mit einem breiten Lächeln, winkend und händeschüttelnd; er streichelte Kinder und verteilte Kugelschreiber.

Er war ohne seine Frau gekommen, und so gab es auch für mich keinen Platz im offiziellen Programm. Das war nicht etwas, was ich gerade bedauerte, denn ich erwartete mein drittes Kind in gut einem Monat. Doch spät abends, als ich schon im Bett lag, rief Bürgermeister Amrehn mich an und bat mich, ins Hilton-Hotel zu kommen. Johnson wollte unbedingt Frau Amrehn und mich kennenlernen. Ich war nicht davon begeistert, mich wieder zurechtzumachen, aber Amrehn meinte, das müsse ich nun wohl tun.

Frau Amrehn war auch nicht besonders begeistert über die nächtliche Einladung, und wir mußten noch mehr als eine Stunde auf den Vizepräsidenten und sein Gefolge warten.

Endlich kamen sie, lachend und gut gelaunt. Es wurde eine lange, anstrengende Nacht. Johnson war glücklich und fröhlich wegen der stürmischen Begeisterung der

Berliner, und er schenkte Frau Amrehn und mir Kugelschreiber mit seinem Namenszug.

Unterwegs waren ihm Willys schwarze Schuhe aufgefallen. Sie gefielen ihm gut, und er wollte die gleichen haben. Aber am Sonntag ist es schwierig, Schuhe zu kaufen, und Willy konnte Johnson auch nicht seine eigenen anbieten. Johnsons rechter Fuß war viel größer als der linke. Er mußte stets zwei Paar Schuhe kaufen.

Auf dem Hoteltisch standen kleine Aschenbecher, die ebenfalls den ungeteilten Beifall des Vizepräsidenten fanden. Solche wollte er mit nach Hause nehmen. Es wurde herumtelefoniert, um jemanden zu finden, der in der Nacht zum Sonntag diese Bestellung entgegennehmen könnte. Johnson war an einer größeren Menge interessiert. Er meinte, sie würden sich ausgezeichnet als Geschenke eignen: »Sie sehen aus, als wären sie einen Dollar wert, und kosten nur 25 Cents.«

Willy brach seinen Wahlkampf ab. Jetzt, während der Krise, war sein Platz in Berlin. Er war niedergeschlagen und müde nach der gemeinen Kampagne gegen ihn.

Was mich am meisten wütend machte, waren die Verdächtigungen gegen ihn, weil er emigriert war. Als Adenauer in der ihm eigenen Art von »Herrn Brandt alias Frahm« sprach, gab er den Ton für ein Thema an, das andere bis zu einem Übermaß an Unanständigkeit durchspielten: Er war nicht nur im Exil gewesen, er hatte seine Haut, seine Heimat und sein Vaterland gewechselt. Er hatte den Nazismus nicht nur mit der Feder bekämpft, er war offenbar auch gegen das Deutschland Hitlers mit der Waffe angetreten. Jedenfalls hatte er eine norwegische Uniform getragen, als er vor den vorrükkenden deutschen Truppen im April 1940 floh, und er hatte wohl auf deutsche Soldaten geschossen, auf seine eigenen Landsleute. In Wirklichkeit war er also eine Art Landesverräter, der sich jetzt nach vorne drängte und um Stimmen bei seinen Landsleuten warb, auf die er geschossen hatte.

Es war eine üble Stimmungsmache. Und aus heutiger Sicht kann ich nicht verstehen, daß die Sozialdemokraten sie nicht offen beantworteten. Sie wollten die Kampagne totschweigen; so meinten sie die Gerüchte am besten unterdrücken zu können. Wäre das nicht möglich, sollten die schlimmsten Anschuldigungen durch Einstweilige Verfügungen unterbunden werden. Meinten sie, daß eine breite und offene Debatte über die Rolle der Emigranten in der deutschen Politik zu riskant wäre? Befürchteten sie, daß die Wähler keinen Bundeskanzler haben wollten, der die Uniform eines anderen Landes getragen hatte? Begnügten sie sich lieber damit, den Schaden zu begrenzen, den die Verleumdungen anrichteten, statt sie zurückzuweisen?

Willy hatte keinen Grund, sich zu rechtfertigen. Die Uniform, die er getragen hatte, als er interniert wurde, hatte er von dem norwegischen Maler Paul René Gauguin erhalten. Jahre später, nachdem wir uns einmal in Norwegen trafen, schickte er mir seine genaue Schilderung.

Paul René Gauguin, ein Neffe des französischen Malers mit nordischen Wurzeln, kannte Willy aus der sozialistischen Jugendbewegung seiner frühen norwegischen Jahre. Sie hatten sich auch während des Spanischen Bürgerkriegs in Barcelona getroffen, wo Willy

Korrespondent war, und dann wieder in Mitterdal bei Åndalsnes, an einem westnorwegischen Fjord, wo die Norweger bereits Anfang Mai 1940, drei Wochen nach dem deutschen Angriff, kapitulieren mußten. Willy kam von Oslo, auf der Flucht nach Norden, und Gauguin war in einer militärischen Einheit, die ins Gefangenenlager sollte. Um Willy gegenüber den Deutschen zu decken – die Gestapo war schon unterwegs –, wurde er in Gauguins Abteilung und in seiner Uniform versteckt. Im Tal waren nur wenige Einwohner zurückgeblieben, Zivilisten wurden nach ihren Papieren gefragt. Als Soldat würde Willy nach seiner Gefangennahme wieder »ordnungsgemäß« entlassen werden. Die Kampfhandlungen in diesem Tal waren schon vorbei und die Front mehr als hundert Kilometer entfernt. Es wurde nicht mehr geschossen und erst recht nicht von Willy, der sich unauffällig machen sollte, schrieb Paul René.

Ich muß aber sagen: Selbst wenn Willy norwegischer Soldat gewesen und 1940 im Krieg in Norwegen dabeigewesen wäre, hätte er sich dessen nicht schämen müssen. Es war ja Hitler-Deutschland, das Norwegen überfallen hatte, nicht umgekehrt. Man hätte damals offen über diese Fragen sprechen sollen, schließlich waren sie ein wichtiger Aspekt der Auseinandersetzung der Deutschen mit sich selbst.

Willy mußte es aber hinnehmen, und nicht nur das, was ihm auf seinen Wahlveranstaltungen begegnete, zählte dazu. Auch die Kinder und ich in Berlin blieben nicht verschont. Anonyme Briefe und Drohungen gegen die Kinder und Bombendrohungen gehörten dazu. Eine Umzugsfirma erhielt den »Auftrag«, unsere Möbel nach Westdeutschland zu transportieren. Ein Verlag in Passau schickte mir Auszüge aus intimen Briefen und Erinnerungen, die eine Bekannte von Willy angeblich zum Druck angeboten hatte. Und schließlich: während der ganzen Schwangerschaft behaupteten böse Zungen, daß sie dem Stimmenfang diene; auch in diesem Punkt würden wir es genau wie die Kennedys machen.

Es war fast nicht auszuhalten. Und es wurde dadurch nicht besser, daß die Leute sorgfältig vermieden, irgendetwas zu erwähnen, was mit dem Wahlkampf zu tun hatte, wenn ich in der Nähe war. Das war beinahe peinlich. Niemand sprach mit mir darüber, auch Willy nicht.

Ich versteckte alles, was in den Augen der Kinder einen Schatten auf Willy hätte werfen können. Sie sollten es nicht sehen. Aber natürlich bekamen sie etwas mit und machten sich sicher ihre Gedanken. Wieviel besser wäre es gewesen, wenn ich – oder besser noch Willy – mit ihnen gesprochen hätte. Ich vertraute mich einem Tagebuch an, und später konnte ich lesen, daß ich niemals in meinem Leben so unglücklich gewesen war. Ich habe mich gefragt, ob diejenigen, die Verleumdung als politische Waffe benutzen, daran denken, was sie den Familien antun, nicht nur, welches Unheil sie anrichten zwischen Mann und Frau, sondern auch zwischen Eltern und Kindern.

Der Lichtblick in dieser ganzen Zeit war unser neues Kind, dessen Geburt bevorstand. In den letzten Wochen war ich unruhig und fragte den Arzt, ob er meinte, daß es ohne Komplikationen abgehen würde – Peter war eine Steißgeburt gewesen und Lasse durch einen Kaiserschnitt zur Welt gekommen.

»Das muß gar nichts bedeuten«, sagte der Arzt.

Ich sollte Anfang Oktober gebären. Ich war enttäuscht, daß Willy wieder nach Amerika fahren sollte. Er war zuletzt im März dort gewesen und hatte begeistert über seine Gespräche mit Kennedy und dessen Ratgebern nach Hause geschrieben. Hätten die Amerikaner in Deutschland Stimmrecht, schrieb er damals, dann würde ich mir um das Ergebnis im September keine Sorgen zu machen brauchen. Jetzt nach der Wahl tat es ihm gut, etwas »Rückenwind zu spüren«, ein Gefühl, das er oft von seinen Amerikareisen aus mir gegenüber ausdrückte. Anfang Oktober sollte er einen Vortrag halten, und außerdem winkte noch ein Ehrendoktorhut. Willy hatte nicht den Eindruck, daß die bevorstehende Geburt für mich riskant sein würde, und so fuhr er.

Am Tag danach wurde ich im Morgengrauen in aller Hast ins Krankenhaus gebracht, und der Arzt ordnete einen sofortigen Kaiserschnitt an. Mangels mündiger Angehöriger gab eine der Sekretärinnen im Bürgermeisterbüro die Einwilligung zu dem Eingriff, und Matthias war gerettet.

In Washington wurde Willy als frischgebackener Vater gefeiert, und um ihn nicht zu sorgen, bekam er nur die Meldung, daß »Mutter und Kind wohlauf« seien.

Jetzt waren wir eine große Familie mit drei Kindern, zwei Hunden, einer Katze, Vögeln, Fischen und mehreren Schildkröten.

Ich war wieder glücklich. Der Wahlkampf war vorbei, und wir würden in Berlin wohnen bleiben. Gott sei Dank!

Die Mauer wuchs vom Stacheldrahtverhau zu einer um ganz West-Berlin gezogenen, hohen Gefängnismauer. Ihre massive Brutalität wurde die Ursache für viele menschliche Tragödien.

In der ersten Zeit gelang es manchen zu flüchten. Sie sprangen aus Fenstern, die an die Westsektoren grenzten. Sie durchschwammen Flüsse und Kanäle. Aber die Fenster wurden zugemauert und die Schlupflöcher gestopft. Es gab verzweifelte Versuche durchzubrechen, mit Lastwagen und sogar mit einer Lokomotive, oder einfach über die Mauer zu klettern und durch den Kugelregen zu laufen. Einigen glückte es, andere kamen zu Tode. Längs der Mauer, auf ihrer Westseite, lagen Kränze und Blumen als Erinnerung an diejenigen, die es nicht geschafft hatten.

Junge Menschen, meist Studenten, gruben Tunnels von West nach Ost und lotsten Fluchtwillige hindurch, bis der Weg entdeckt wurde.

Berlin war um eine widerliche Attraktion bereichert worden. Touristen und Schulklassen kamen zuhauf und betrachteten die Mauer mit Verwunderung und Grauen. Wurstbuden schossen aus dem Boden, und die mauernahen Kneipen gingen gut.

Ausländische Staatsmänner und Politiker führten wir auf einen Aussichtsturm, der sofort errichtet worden war. Dort standen wir mit Ferngläsern und sahen den Volkspolizisten in die Augen, die auf der anderen Seite auf den Wachtürmen mit ihren Feldstechern standen.

Ein halbes Jahr später, an einem kalten Februartag 1962, kamen Ethel und Bob Kennedy, der Bruder und Justizminister des Präsidenten. Wir empfingen sie auf dem Flugplatz Tempelhof, Robert fror in seinem dünnen Mantel. Der Zettel zitterte in seiner Hand, als er seine kurze Rede auf Deutsch vortrug.

»Haben Sie sie verstanden?« Er wandte sich uns zu und zog eine Grimasse. Ich muß zugeben, daß ich sie nicht verstanden hatte. Aber wir sagten Ja und zeigten Begeisterung.

Als die Gäste das vollgepackte Programm vorgelegt bekamen, sagte Ethel sogleich: »Ich will kein Damenprogramm haben. Ich möchte mit meinem Mann gehen. Warum sollte ich nicht genauso interessiert sein, eine Fabrik zu sehen, wie mein Mann?« Aber Protokoll ist Protokoll, und Programm ist Programm. Alles war seit langem geplant und vorbereitet worden, und im Programm stand, daß Mrs. Kennedy und ich vom Flugplatz über die Amerika-Gedenk-Bibliothek und den Potsdamer Platz zum Rathaus Schöneberg fahren sollten, wo wir uns Reden von Robert F. Kennedy und Herrn Regierenden Bürgermeister (ca. 15 Minuten) anhören sollten. Danach sollten sich die Damen auf den Rathausturm begeben; vor der Freiheitsglocke – einem Geschenk der Amerikaner – sollte ich Mrs. Kennedy eine »Herzvase« überreichen, in die eine Widmung eingebrannt war.

Ethel Kennedy nahm das Ganze gut auf. Sie war offen und impulsiv, unkompliziert und anspruchslos. In einer beinahe freundschaftlichen Atmosphäre gehorchten wir dem »Damenprogramm« am nächsten Tag: Bernauer Straße mit sechs Hinterhöfen, die Oper, die Spielzeugabteilung im KaDeWe (Spielzeug für ihre sieben Kinder); schließlich – vor dem Damenlunch – besuchten wir die deutsch-amerikanische Schule. Als wir uns am Abend wiedertrafen, erzählte Ethel Kennedy, daß sie am Nachmittag das Flüchtlingslager in Marienfelde besucht habe. Danach hatte sie mit Studenten an der Uni diskutiert.

Wir hatten zu einem frühen Abendessen in die alte Tietz-Villa in der Königsallee eingeladen, die als Repräsentationsgebäude diente. Nach dem Essen fuhren wir alle zur Freien Universität, wo Kennedy einen Vortrag hielt. Damit war der Tag aber noch nicht zu Ende. Im Harnack-Haus gab es einen Empfang, wo wir mit den Kennedys zusammen eine »Empfangslinie« bildeten, um eine Unzahl von Menschen zu begrüßen.

Während des Abendessens am nächsten Tag saß Robert neben mir. Ohne Umschweife sagte er, daß er alles wissen wolle über meine Kindheit, meine Jugend, die Besatzungszeit in Norwegen, die Flucht nach Schweden, Berlin ... Es war unverkennbar, daß er eine ganze Menge über mich wußte. Wir sprachen auch ausführlich über unsere Kinder. Robert sagte: »Morgen wollen wir Peter und Lasse Guten Tag sagen.«

Ich meinte wohl, das könnte schwierig werden. Die beiden gingen ja zur Schule, und das Flugzeug der Kennedys startete schon am Vormittag.

»Ich schreibe eine Entschuldigung für die Schule«, sagte Bob.

Am nächsten Morgen kamen Peter und Lasse mit zum Flugplatz, um die Kennedys zu begrüßen. Darüber waren die Jungen sicher froh und stolz, aber sie waren vielleicht genauso glücklich darüber, einige Schulstunden freizubekommen.

Wir traten in Reih und Glied an, um Abschied zu

nehmen. Robert klopfte mir freundschaftlich auf den Arm.

»Bob, Sie haben die Entschuldigung vergessen.« – »Her mit einem Stück Papier«, rief er.

Man reichte ihm einen Zettel, und er schrieb »An die Zuständigen«, daß das Fernbleiben von Peter und Lasse »heute und vielleicht am Montag« entschuldigt werden sollte. »Sie haben an sehr wichtigen Unterredungen teilgenommen, die die Freiheit der Vereinigten Staaten und Berlins betreffen. Ich hoffe, wir können auch später mit ihnen rechnen. Es war sehr nützlich. Vielen Dank! R. F. Kennedy.«

Im Sommer 1963 kam dann endlich auch Präsident John F. Kennedy nach Berlin. Wir waren zum Empfang auf dem Flugplatz, als das Flugzeug uns entgegenrollte. Die Tür ging auf, und da stand er, wie wir ihn unzählige Male im Fernsehen gesehen hatte: jugendlich, im grauen Flanell, mit einem breiten Lächeln. Als er auf der Plattform erschien, erklingt der Salut und Hail-To-The-Chief, die Präsidenten-Fanfare.

Adenauer war da, und Willy Brandt war da, und Außenminister Schröder. Im Gefolge des Präsidenten befanden sich Außenminister Dean Rusk und der Gewerkschaftsvorsitzende George Meany.

Das übliche Zeremoniell wurde durchgezogen; die Wagenkolonne setzte sich in Bewegung. Ich war im vierten Wagen plaziert worden, zusammen mit Mrs. Shriver, einer von Kennedys Schwestern, und Jackies Schwester, Lee Radziwill. Mrs. Polk, die Frau des Stadtkommandanten, mußte vorne sitzen. Bevor Kennedy vor dem Rathaus seine Rede halten würde, sollte die Mauer besichtigt werden. Vor den Durchfahrten des Brandenburger Tors waren auf der östlichen Seite dunkle Decken aufgehängt worden.

Es war ein warmer Junitag, und die Leute waren aus dem Häuschen. Sie standen in langen Reihen am Straßenrand; Fenster und Balkone waren »ausverkauft«, die Luft war weiß von Papierschnipseln – eine richtige »tikker-tape-parade«. Kennedy, Adenauer und Brandt standen im offenen Wagen und freuten sich. Die Menschen durchbrachen die Absperrungen, um zum Auto zu gelangen und dem Präsidenten die Hand zu schütteln. Als er auf der Rathaustreppe vor einer unübersehbaren Menschenmenge stand, wollte der Jubel nicht mehr enden. Hunderttausende hatten stundenlang auf dem Platz vor dem Schöneberger Rathaus gewartet, um Kennedys Rede zu hören.

»Vor 2000 Jahren lautete der stolzeste Satz, den ein Mensch sagen konnte: ›Ich bin ein römischer Bürger.‹ Heute lautet der stolzeste Satz, den man in der freien Welt aussprechen kann: ›Ick bin een Berliner.‹

»Ich bin ein Berliner«, übersetzte der Dolmetscher.

Kennedy: »Ich bin dem Dolmetscher dankbar, daß er mein Deutsch noch besser übersetzt hat!«

600 000 Berliner hatten ihn verstanden.

Kennedy endete: »Alle freien Menschen, wo immer sie leben, sind Bürger West-Berlins, und deshalb bin ich als freier Mann stolz darauf, sagen zu können: Ich bin ein Berliner!«

Er sprach später vor Studenten und Gewerkschaftern, er besuchte Checkpoint Charlie und das Brandenburger

Tor, aß Mittag im Rathaus und begrüßte die amerikanischen Truppen. Nach knapp sieben Stunden wurde am Flugplatz Tegel zum Abschied gewunken.

Es war, als ob ein Wirbelsturm über die Stadt gerast wäre. Wir wateten bis zu den Knöcheln in Papierschnipseln, Fahnen und Blumen. Aber es war ein herrlicher Tag gewesen, auch wenn ich kein einziges Wort mit dem Präsidenten hatte wechseln können.

John F. Kennedy wurde am 22. November 1963 ermordet, ungefähr fünf Monate nach seinem Berlin-Besuch. Bob Kennedy erlag fünf Jahre später, am 5. Juni 1968, einem Attentat; er starb am nächsten Tag. Ethels elftes Kind, ein Mädchen, wurde wenige Monate nach seinem Tod geboren.

Das Protokoll

Das offizielle Bonn, das sonst nicht viel von unserer Zeit in Anspruch nahm, war gern zur Stelle, wenn wichtiger Besuch kam.

Oftmals nahm die Rivalität groteske Formen an und machte es dem Protokoll schwer, alle zufriedenzustellen. Als Königin Elizabeth 1965 auf Staatsbesuch in Deutschland war, kam sie auch nach Berlin. Nach Adenauer war Ludwig Erhard Kanzler geworden. Im Herbst gab es Wahlen, und Willy Brandt war wiederum Kanzlerkandidat der SPD. Uns war mitgeteilt worden, daß Erhard nicht nach Berlin kommen wollte, und dann erhielten wir Bescheid, daß er doch käme. Dadurch geriet das ganze Plazierungsprogramm durcheinander. Am liebsten wollte er mit der Königin im Auto sitzen, aber da sollte und wollte Willy sitzen. Das Einfachste war, mich hinauszuschubsen und Erhard neben Prinz Philipp zu setzen. Ich hatte damit keine Probleme. Als »Trost« erhielt ich die Aufgabe, die Königin nach dem Essen ins Charlottenburger Schloß zum »powder room« zu geleiten.

Mit dem Protokoll bin ich nie ganz vertraut geworden;

ich fügte mich, wenn es notwendig war – und das Protokoll ist nötig –, aber oft war es richtig komisch in Berlin.

Als wir die Königin vom Flugplatz abholten, waren für uns weiße Striche markiert, wo wir warten sollten, und weiße Striche, wo wir sie begrüßen sollten. Wir hatten Anweisung erhalten, nicht in gelber Kleidung zu kommen, denn die Königin war in gelb. Eine unwissende Seele kam zu unserem großen Erschrecken dennoch im gelben Kostüm, aber zum Ausgleich sank sie zu einem vollendeten Hofknicks nieder. Das tat keine der anderen, und es schien auch nicht so, als ob die Königin das erwartet hätte.

Aber einmal hatte ich es getan. Das war vor der Großherzogin von Luxemburg – es muß gegen Ende der Fünfziger gewesen sein. Wir sollten zur Audienz. Willy trug einen Cut, und ich sollte einen Knicks machen.

Graf Spreti, der deutsche Botschafter in Luxemburg, holte mich vom Hotel ab und sagte, vor der Großherzogin müsse ich einen Hofknicks machen.

»Sehen Sie her«, sagte Spreti, »so wird es gemacht.« Er nahm die Rockschöße seines Cuts und hielt sie nach außen, setzte das rechte (linke?) Bein hinter das linke (rechte?), beugte die Knie und zeigte einen graziösen Knicks. Wir übten es immer wieder, bis er einigermaßen mit mir zufrieden war.

»Sie müssen verstehen«, sagte er, »niemand nimmt Protokoll und Etikette so genau wie die ganz kleinen Staaten.«

Streifzüge der Politik auf das Gebiet des Protokolls konnte man häufig beobachten. In der Regel steuerten sie direkt auf das Ziel zu, und selten nahmen sie so verschlungene Wege wie bei unserem Besuch in Rom.

Nachdem Willy im Spätsommer 1960 Kanzlerkandidat geworden war, sollte der Papst uns zu einer Audienz empfangen. Obwohl mir nicht ganz klar war, was wir dort zu suchen hatten, verstand ich, daß es wichtig war, was man anhatte. Von der deutschen Botschaft beim Vatikan hatte ich Bescheid bekommen, daß Willy Frack tragen sollte und ich ein langes schwarzes Kleid, hochgeschlossen mit langen Ärmeln. Außerdem sollte ich einen Schleier tragen. Ich ging zu Hermann Schwichtenberg, der damals meine Kleider nähte. Er meinte, wir sollten ein Kleid nähen, das man später ändern könnte. Und das war gut! Wir waren nicht weit gekommen, als ein neuer Bescheid eintraf: ein kurzes, schwarzes Kleid sollte ich tragen, hochgeschlossen, mit langen Ärmeln. So wurde es genäht und in den Koffer gepackt.

In Rom bekam ich zu hören, daß ich beim Papst ein langes schwarzes Kleid tragen sollte. Mein langes Schwarzes war ein Abendkleid und gewiß nicht für einen Papstbesuch geeignet. Aber ich konnte ja meinen schwarzen Seidenmantel darüberziehen. Unser Protokollchef in Berlin, Walter Klein von der CDU, zur Unterscheidung von dem SPD-Senator auch »Pro-Klein« genannt, konnte nicht verstehen, daß der Vatikan in diesen Sachen keine bessere Ordnung hielt.

Am Nachmittag waren wir beim deutschen Vatikan-Botschafter, van Scherpenberg, zum Tee eingeladen. Als wir über die Audienz am kommenden Tag sprachen, kam einer seiner Mitarbeiter herein und flüsterte ihm etwas ins Ohr. Scherpenberg hatte ein Gipsbein, aber er kam hoch und humpelte in einen Nebenraum.

Als er zurückkam, merkte ich sofort, daß ihm etwas unangenehm war. Ein Abgesandter des Vatikans sei gekommen, sagte er, der die Mitteilung überbracht habe, daß meine Teilnahme an der Audienz leider nicht möglich sei. Der Papst empfange keine Protestanten in Privataudienz, und er empfange keine Geschiedenen. Aber Willy sei doch derjenige, der geschieden sei, und nicht ich, warf ich ein. Jetzt begann es mir endlich zu dämmern, daß Eulen im Moos saßen. Willy sagte zu Scherpenberg, dann käme er allein.

Den nächsten Zug machte der Vatikan am Nachmittag. Der Termin wurde auf die früheste Morgenstunde verlegt. Aber Willy war nicht zu stoppen. Während ich noch schlief, zog er seinen Frack an und machte sich zum Vatikan auf, wo er zu guter Letzt seine Audienz bei Papst Johannes XXIII. erhielt.

Ich bekam am selben Morgen Besuch im Hotel von einer Schwedin, die Willy aus seiner Stockholmer Zeit kannte. Sie sei mit einem Italiener verheiratet, der über gute Verbindungen zum Vatikan verfüge, sagte sie. Von ihm hatte sie erfahren, daß die Bonner alles Mögliche unternommen hatten, damit die Audienz nicht stattfände. Sie konnte nicht begreifen, daß ich das so gelassen aufnahm. Sie und ihr Mann seien aufgebracht über das, was geschehen sei.

Pro-Klein war ebenfalls empört und wütend, als ich ihm erzählte, was die Frau berichtet hatte. »Unerhört!« sagte er, »unerhört!«. Ich versuchte zu trösten: »Dr.

Klein, meinetwegen brauchen Sie es nicht so schwerzunehmen. Sie können Ihre Freunde in Bonn grüßen und ihnen sagen, daß ich nicht das Gefühl habe, als ob mir ein Zacken aus der Krone gebrochen wäre. Im Grunde ist es doch eine unglaublich gute Geschichte.«

In Wirklichkeit war es ein Vorgeschmack auf den Wahlkampf. Einige Jahre später kam Fritz Erler zu uns zu Besuch, nachdem er bei Papst Paul VI. eine Audienz gehabt hatte: »Ich soll dir Grüße aus dem Vatikan ausrichten. Sie bedauern zutiefst die ›Mißverständnisse‹, denen du ausgesetzt warst.«

Im November 1963 machten wir uns zu einem dreiwöchigen offiziellen Besuch mehrerer afrikanischer Staaten auf. Ich hatte mir den Kinderglauben an die schillernde und dunkle Mystik Afrikas bewahrt und sah jetzt Hauptstädte, die den europäischen glichen. Die Menschen, die wir trafen, waren meist europäisch gekleidet, aber in der Markthalle von Lagos standen die Frauen in farbigen Trachten und mit kunstvoll um den Kopf gebundenen Kopftüchern. Wie immer bei solchen Reisen waren die Tage mit offiziellen Mittagessen, Cocktailparties und Abendessen vollgestopft. Bei einem Damenlunch traf ich die hübschesten und selbstbewußtesten afrikanischen Frauen: Rechtsanwältinnen, Journalistinnen und Ärztinnen. Eine Journalistin war im Vorjahr in Berlin gewesen, wie sie erzählte, aber das sei das erste und letzte Mal gewesen. Im Hotel habe sie nicht das Appartement erhalten, um das sie gebeten habe, sondern nur ein einzelnes Zimmer. Ich fragte sie nicht, ob sie sonst noch etwas in Berlin erlebt habe.

Die Flugreisen dauerten lange und waren beschwerlich, oft zehn, zwölf Stunden. Auf dem Flug nach Kenia erhielt der Pilot den Funkspruch, daß Kaiser Haile Selassie uns bei der Zwischenlandung in Addis Abeba zu einer Audienz empfangen wolle. Ich müsse Hut und Strümpfe anhaben, hieß es. Nichts davon hatte ich in Reichweite, abgesehen von einem riesigen Sonnenhut in einer Tasche.

Vor dem Eingang zum Kaiserpalast standen Wachtposten, und ein Leopard lag friedlich schlafend auf einem Sockel. Wir wurden in den Audienzraum geführt und aufgefordert, uns zu setzen. Ich setzte mich in die zweite Reihe, den Sonnenhut auf dem Kopf, und verbarg die Füße unter dem Stuhl. Wir erhoben uns, als der Kaiser eintrat, ein kleiner, dünner Mann in dunklem Anzug, begleitet von zwei kleinen Hunden. Auf einer Erhöhung am Ende des Raums stand ein kleines Sofa mit gelbem Seidenbezug. Dort ließ sich der Kaiser mit seinen Hunden nieder. Zwischen Willy und dem Kaiser wurden einige Höflichkeitsfloskeln ausgetauscht – dann war die Audienz beendet.

Vom Flugzeug aus konnten wir Hüttendörfer sehen, und in Kenia fuhren wir in den Busch. Wir sollten den Amboseli-Park besuchen – ein großes Tierpark-Gelände, das zum Gebiet des Massai-Volks gehörte. Zu unserer Verblüffung holte uns auf dem Flugplatz ein Norweger ab und fuhr uns in seinem Jeep in ein Camp. Jan erzählte, daß er seit 1946 in Afrika lebe, zuerst einige Zeit in Serengeti, und jetzt als Verwalter hier in Amboseli. Nein, er sei nicht mehr in Norwegen gewesen. Ich wunderte mich ein wenig, aber fragte nicht weiter nach.

Am Abend saßen wir zusammen unter einem schwarzen afrikanischen Himmel. Die Boys rösteten Fleisch über einem Loch in der Erde. Außerhalb des Camps heulten die Hyänen, und große Insekten klatschten auf unsere Köpfe nieder. Jan sprach über die Tiere als seine Freunde; einigen von ihnen hatte er Namen gegeben. Einmal hatte er ein Löwenjunges ein halbes Jahr bei sich gehabt und setzte es dann wieder im Busch aus. Es erkannte ihn immer noch, wenn er auf seinen Streifzügen nach ihm rief.

Wir schliefen in kleinen primitiven Hütten unter Moskitonetzen, und am nächsten Morgen frühstückten wir in strahlendem Sonnenschein. Kleine farbige Vögel hüpften um uns herum und pickten die Krümel auf. Jan nahm uns mit in den Busch und zeigte uns Herden von Elefanten, Zebras, Giraffen, Löwen – alles, was er vorzuweisen hatte. Das war Jans wunderbares Afrika.

Auf dem Flugplatz, bevor wir nach Nairobi weiterflogen, erhielt ich einen Brief von Jan. Er schreibt: »Nachdem Sie abgefahren waren, fiel mir plötzlich ein, daß Sie mich gefragt hatten, warum ich aus Norwegen fortgegangen sei. Zugleich hatte ich Ihnen wohl erzählt, daß ich seit 1946 nicht wieder dort gewesen war. Ihre und Ihres Mannes Einstellung zu den Verhältnissen in Norwegen ist so wohlbekannt, daß Sie möglicherweise glauben werden, daß es einen anderen Grund für meine Ausreise im Jahre 1946 gebe. Da ich dieser Zeit gefühlsmäßig immer noch sehr nahe bin, fand ich, es sei am besten, Ihnen zu sagen, daß ich seit 1941 Mitglied der Kompanie Linge war.«

Die Kompanie Linge bestand aus jungen Norwegern,

die bei den Special Forces in Schottland für den Einsatz hinter den feindlichen Linien ausgebildet wurden. Sie wurden in Norwegen an Land gesetzt oder sprangen mit dem Fallschirm ab, um die Heimatstreitkräfte – die sogenannten »Jungs im Wald« – anzuleiten. Sie erhielten auch den Funkkontakt zwischen Norwegen und England aufrecht und führten Sabotageakte gegen militärische Ziele durch. Am bekanntesten wurde die Aktion gegen die Schwerwasseranlage bei Rjukan, die für die deutsche Arbeit an der Atomwaffe von Bedeutung war.

Unser letzter Aufenthaltsort vor der Heimreise war Algier. Willy wollte ein Gespräch mit Ben Bella, dem Vorsitzenden des Revolutionsrats, führen. Ich hatte anderes zu tun, stand hier in Algier mit einem kleinen Affen und einem großen Problem in einer Tragetasche. Wo sollte Pixi hin? Wir würden im »Volkspalast« wohnen, und der war nicht für Affen da.

Im tiefen Afrika war Pixi eine Art Haustier beim deutschen Presseattaché. Er lief frei herum, raus und rein, kletterte auf Bäume und wieder herunter und fühlte sich wohl. Er war wirklich putzig. Willy meinte, daß »so etwas« ein witziges Geschenk für die Kinder zuhause wäre. Also bekam er ihn geschenkt – und dachte nicht mehr daran. Es gab keinen anderen Ausweg in Algier – Pixi mußte beim Botschafter untergebracht werden, und benutzte sein Zimmer dort nach Affenart. Später hörte ich, daß die Gattin des Botschafters mit dieser Regelung mehr als unzufrieden gewesen war, was ich sehr gut verstehen konnte.

Pixi liebte mich über alles, und mehr als zwei Monate

nach der Rückkehr nach Hause litt ich unter dieser Hingabe. Die Kinder durften nicht in meine Nähe kommen, und die Hunde und die Katze zischte sie an. Es war ein reines Terrorregime.

Da war nichts zu machen: Entweder mußte eine bevorstehende Reise ohne mich stattfinden, oder Pixi mußte weg. Er kam in den Zoologischen Garten Berlins. Ich besuchte ihn dort, aber da hatte er mich vergessen, und das war ein Trost.

Nicht nur hohe Staatsmänner und wichtige Politiker besuchten die geteilte Stadt. Wir konnten auch die Repräsentanten vieler kleiner Staaten willkommen heißen. Ich erinnere mich an den Besuch des Königs und der Königin von Nepal. Man sagte mir, sie sei nahezu heilig, ich dürfe sie nicht zuerst ansprechen und keine Fragen stellen. Aber da war es schon passiert, und sie zeigte sich sehr menschlich. Wir hatten bei unserer Fahrt durch die Stadt eine nette Unterhaltung.

Präsident Olympio von Togo, der früheren deutschen Kolonie, kam als alter Freund. Am Abend – nach dem offiziellen Essen – saßen wir zusammen und sangen bis weit in die Nacht deutsche Volkslieder. »Sah ein Knab ein Röslein steh'n« und »Ich weiß nicht, was soll es bedeuten«. Wußten wir nicht weiter, dann er. Er kannte sie alle.

So einfach war es nicht mit Präsident Park von Südkorea. Obwohl wir sozusagen Schicksalsgenossen waren und über vieles hätten sprechen können, war es nicht möglich, seine ernste Miene aufzuhellen. An der anderen Seite des Tisches saß Willy und quälte sich durch ein Gespräch mit Frau Park. Ich mußte auf Willys berühmte Haarlocke zurückgreifen und sagte zu Park: »Sehen Sie die kleine Haarlocke? Das ist Berlin. Dahinter kommt gar nichts, und dann kommt Westdeutschland – die Situation Berlins auf dem Kopf des Bürgermeisters!«

»Ich habe ihn seit Jahren nicht so lachen sehen«, sagte seine Frau.

Unter unseren politischen Freunden überragte Professor Carlo Schmid die meisten – nicht nur an Größe und Umfang, sondern auch an Wissen und Beredsamkeit gab es nicht viele, die sich mit ihm messen konnten. Er war auch bekannt als Feinschmecker, und das beste Essen erhielt man bei ihm zuhause. Er war unterhaltsam und charmant gegenüber Frauen, und alle mochten es gern, von ihm geküßt zu werden. Keiner konnte Erlebnisse von anderen so lebendig erzählen wie Carlo. Willy hatte ihm einmal von einem Gespräch mit einer Lehrerin berichtet, die aus Ostberlin geflüchtet war – sie hielt es nicht mehr aus, den Kindern den Kommunismus beibringen zu müssen. Einige Zeit später erzählte Carlo mit Tränen in den Augen von seinem Zusammentreffen mit der Lehrerin, ihrer dramatischen Flucht und ihren Gewissensqualen gegenüber den Kindern. Es war ausgerechnet Willy, dem er das erzählte.

Carlo Schmid sollte natürlich in Berlin der Redner sein beim Festakt zum 200. Geburtstag von Friedrich Schiller. Aus irgendeinem Grund hatte man die Veranstaltung in den Sportpalast gelegt, wo sonst das Sechstagerennen stattfand. Das Symphonische Orchester spielte; danach ging Carlo ans Rednerpult. Die Leute klatschten begeistert. Er legte ein dickes Manuskript vor sich und setzte weit in der Vergangenheit an. Es verging eine Viertelstunde, es verging eine halbe Stunde, und Schiller war immer noch nicht erwähnt worden. Aber die Leute klatschten, und Carlo schien erfreut über das Interesse an seinem Vortrag. Er führte seinen Gang durch die Geschichte weiter, und jetzt kam der Beifall häufiger und hielt länger an. Hier stimmte etwas nicht. Ich konnte sehen, daß Carlo sich wunderte, aber er machte weiter. Jetzt wurde jeder Satz beklatscht, und am Schluß hörte der Beifall nicht mehr auf. Es war schrecklich.

Er stand einen Moment da, wartete und blickte in den Saal. Dann nahm er sein Manuskript, stürzte vom Rednerpult und lief hinaus. Wir liefen hinterher und bekamen ihn dazu, mit uns zum Kurfürstenkeller zu fahren. Carlo war eher empört als niedergeschlagen, er hatte seine Perlen vor die Säue geworfen, und selbst das beste Essen konnte ihn nicht besänftigen. Aber er kam niemals auf die Episode zurück.

Der Filmball und der Presseball waren die gesellschaftlichen Höhepunkte des Jahres. Zu den Filmfestspielen kamen viele Berühmtheiten, und die Berliner waren wie immer interessierte Zuschauer. Sie standen vor den Kinos und benoteten lautstark die Starkavalkade: Schönheiten wie Sophia Loren, Gina Lollobrigida und Jayne Mansfield, eine hübscher und vollbusiger als die andere.

Sie wurden auch ins Rathaus eingeladen, trugen sich ins Goldene Buch ein und wurden mit Willy fotografiert. Ich saß zuhause in Schlachtensee und grübelte darüber, warum in aller Welt ich niemals zu dieser Art Feierlichkeiten mitkommen sollte. Aber mir wurde erlaubt, mit dem Mann von Rita Hayworth, ihrem vierten, am Tisch zu sitzen. Als wir gegenseitig herausgefunden hatten, wer wir waren, fragte er mich, warum ich Willy geheiratet hätte:

»War er berühmt?«

»Nein.«

»War er reich?«

»Nein, reich ist er nicht.«

»Weder berühmt noch reich?«

Er konnte nicht fassen, daß man einen Menschen heiraten konnte, der weder berühmt noch reich war.

Es gab einmalige Erlebnisse. Mir passierte es auf einem Presseball in Berlin: Ich gewann als Hauptgewinn ein Auto. Ich war so benommen und glücklich, daß ich gar nicht hörte, wie einige »Schiebung« und »Betrug« riefen. Die Frau des Bürgermeisters, meinten sie, dürfte einen solchen Gewinn nicht behalten. Ich aber wußte aus meiner Kindheit, daß man nicht weggeben darf, was man gewonnen hat; dann wird man nie mehr etwas gewinnen. Außerdem waren die Lose mir geschenkt worden. Shepard Stone, der alte amerikanische Freund Berlins, legte sie mir auf den Tisch und sagte: »Jetzt mußt du selbst dafür sorgen, daß du gewinnst.«

Ich behielt den roten Karman Ghia zur Bestürzung vieler und verschenkte statt dessen meinen eigenen neuen »Käfer« an ein Rotkreuz-Kinderheim in unserer Straße. Später gewann ich einmal eine Reise nach Helgoland, hin aber nicht zurück. So kann es auch gehen.

Theater und Konzerte mußte ich allein besuchen. Willy hatte dafür entweder keine Zeit oder keine Ruhe. Ich liebte beides, und es war nicht schwer, Begleitung zu finden. Aber als Louis Armstrong nach Berlin kam, ging ich mit Willy zusammen in sein Konzert. In der Pause besuchten wir ihn und seine Frau in der Garderobe. Wir sprachen nicht viel über Jazz und schon gar nicht über Politik, sondern über Bier und Wurst – deutsches Bier und deutsche Wurst. Das sei das Beste an der ganzen Deutschlandreise.

Als Marlene Dietrich nach Berlin kam, das erste Mal nach dem Krieg, war es anders. Das war Politik. Marlene Dietrich war während des Krieges in Amerika gewesen, sie hatte für die Soldaten der Alliierten gesungen und mit Kritik an ihren Landsleuten nicht gespart. Die Begeisterung über den Besuch war bei den Berlinern geteilt – es wurde gedroht, daß Eier und Tomaten fliegen würden.

Marlene sang im Titaniapalast. Willy und ich wollten ihr unsere Bewunderung und unseren Respekt zeigen und setzten uns in die erste Reihe. Sie trat auf die Bühne, in einem rosa-beigen Kleid, das sich dem Körper anschmiegte. Darüber trug sie einen Weißfuchsmantel mit einer langen Schleppe, die sie nach hinten warf, wenn sie sich umdrehte. Was sang sie? Ich weiß es nicht mehr genau. Aber sie könnte gesungen haben: »In den Kasernen, da warten sie«, und »Wenn die Soldaten durch die Stadt marschieren«. Bestimmt sang sie zum Schluß: »Mutter, kannst du mir vergeben, Mutter, denkst du noch daran, Mutter, kannst du mir vergeben, was ich dir angetan ... Heimat, kannst du mir vergeben, Heimat, denkst du noch daran, Heimat, kannst du mir vergeben, was ich dir angetan ...«

Sie sang auf deutsch, auf englisch, auf französisch. Wir erhoben uns spontan, und alle standen auf. Der Beifall brach los, und eine gerührte Marlene nahm die Huldigung entgegen.

Am nächsten Vormittag brachte jemand einen großen Ast, der mit Orchideen in allen Formen und Farben behängt war. Ein handgeschriebener Brief mit einem Dank dafür, daß wir ins Konzert gekommen waren, lag bei. Es habe ihr viel bedeutet. »In herzlicher Zuneigung, Ihre Marlene Dietrich.«

Einigermaßen regelmäßig besuchte ich Berlins jüdisches Altersheim. Private Besuche ohne Presse und Fotografen. In der Regel nahm ich einige Pfund Kaffee und Blumen mit, und wenn ich zu Weihnachten gebacken hatte, bekamen sie eine Kostprobe von norwegischen Weihnachtsplätzchen.

Die meisten der Alten waren Überlebende aus Theresienstadt, aber darüber sprachen sie nicht viel. Am Tage dächten sie kaum daran, aber nachts in den Träumen könne es zurückkehren, sagten sie. Dann wache man auf und könne nur schwer wieder einschlafen.

Anna Schwersens war meine besondere Freundin, eine muntere kleine Dame von knapp 100 Jahren. Mit Sehen und Hören hatte sie keine Schwierigkeiten, und geistig wach war sie wie ein junges Mädchen. Ab und zu kam es vor, daß sie sagte: »Heute bin ich etwas schwindelig, heute muß ich mich am Tisch festhalten ...«

Anna war Hausdichterin. Sie schrieb Prologe und Gedichte, die sie selber vortrug, wenn Festlichkeiten im Heim stattfanden. Als Matthias 1961 geboren wurde, kamen von meinen alten jüdischen Freunden Blumen und Briefe, und Anna hatte ein langes Gedicht geschrieben, wo er auf das herzlichste auf dieser Welt willkommen geheißen wurde. Später nahm ich ihn immer mit, wenn ich meine Besuche machte.

Anna Schwersens hatte keine Verwandte mehr in Deutschland, aber sie hatte Enkel, Urenkel und Ururenkel in Israel. Ob es nun Schicksal oder der Wille des Protokolls war – auf unserer Reise nach Israel 1960 landeten wir bei einem Helikopter-Rundflug gleich neben deren Kibbuz. Auf beiden Seiten war die Freude groß. Ich konnte gute Neuigkeiten aus Berlin erzählen.

Als Anna im Alter von 102 Jahren starb, war ich wieder einmal auf Reisen und konnte sie auf ihrem letzten Weg nicht begleiten. Aber ich habe sie nicht vergessen. Ich behielt in Erinnerung, wie sie mir stolz erzählte, daß sie sich als zehnjähriges Mädchen vor dem Kaiser verneigt hatte, als er ihre Schule besuchte. Ich habe auch nicht vergessen, daß sie, schon eine alte Frau, nach Theresienstadt deportiert wurde.

Im Rathaus hatte ich einen kleinen Fonds zur Verfügung, der eingerichtet worden war, als ich ein Schiff getauft und dafür einen Scheck über 10 000 Mark erhalten hatte. Später habe ich mir zusätzliches Geld erbettelt. Aber es gab auch Leute, die von dem Fonds hörten und ein Scherflein beitrugen. Ich war niemandem verpflichtet und konnte wohltätig sein, wie ich es wollte. Zu Weihnachten besuchte ich ein Altersheim und ein Kinderheim. Die Kinder und die alten Menschen konnten sich für eine bestimmte Summe etwas wünschen. Ein alter Mann vom Wedding wünschte sich eine Armbanduhr – er hatte niemals eine Uhr besessen. Seine Freude war unbeschreiblich. Ein Kinderheim wünschte sich Musikinstrumente, und einer der Jungen wünschte sich sehnlich ein Paar Lederhandschuhe. Immer sprang ein kleiner Funken der Erinnerung an die eigene Kindheit: der Wunsch nach einem Hauch von Luxus.

Das letzte Weihnachten in Berlin, bevor ich nach Bonn umzog, bat ich die Sozialverwaltung um Adressen von 50 wirklich Bedürftigen. Von jedem Einzelnen bekam ich einen Dankesbrief, mit einer kleinen Blume oder Zeichnung verziert, mit rührenden Auskünften darüber, was sie für das unverhoffte Geld gekauft hatten. Vielleicht sind das Kleinigkeiten, aber sie gehören zu meinen schönsten Erinnerungen an Berlin.

Jenseits der Mauer

Alle Berliner Jahre hindurch hatten wir besondere Freude an unseren skandinavischen Freunden und Kollegen. Das war selbstverständlich. Wir beide hatten die Jugendzeit in der norwegischen Arbeiterbewegung und die Flüchtlingsjahre zusammen in Stockholm verbracht. Nach Berlin reichten viele Verlängerungen und Verzweigungen der Freundschaften aus dieser Zeit.

Es verstand sich von selbst, daß Willys Nachfolger als Presseattaché der Norwegischen Militärmission sich eng an uns anschlossen, besonders weil sie alte Freunde waren. Per Monsen, der wie ich aus Hamar stammte, kam von »Arbeiderbladet«, für das Willy Korrespondent gewesen war. Und seine Frau Poppi war bei »Aktuell«, wo ich arbeitete. Oddvar Ås und seine Frau Hjørdis kamen beide ursprünglich aus der Jugendbewegung in Drammen, südlich von Oslo. Oddvar war wohl so etwas wie unser Vorgesetzter in der Presseabteilung des norwegischen Außenministeriums gewesen, als Willy Presseattaché war und ich als seine Sekretärin in der Uhlandstraße saß. Er kehrte als Chef der Militärmission nach Berlin zurück, als Per Monsen als Direktor des

International Press Institute nach Zürich ging. Aber wenn sie in Berlin waren, hielten sich die Männer an Willy, und wir Mädchen kamen zusammen in Freude und Leid.

Sowohl das norwegische als auch das schwedische Auswärtige Amt trugen in den Nachkriegsjahrzehnten die gesunde Prägung langjähriger sozialdemokratischer Leitung. Schwedens Botschafter in Bonn, Ole Jödal, hatte früher als Redakteur bei dem sozialdemokratischen Wochenblatt »Folket i bild« gearbeitet, und der Generalkonsul in Berlin, Sven Backlund, kam aus guter sozialdemokratischer Familie. Er war ein ganz besonderer Generalkonsul, mit breiter journalistischer und politischer Erfahrung als Presseattaché auf beiden Seiten des Atlantiks. Er besaß ein diplomatisches Geschick, das bei dem allerersten ostpolitischen Tauwetter in Berlin 1966 zur vollen Entfaltung kam, während Willys letzten Jahres als Bürgermeister.

Nach der Wahl im September 1965, die so deprimierend gegen den schwachen Bundeskanzler Erhard verloren ging, hatte Willy versucht, in die verkrampfte Berlin-Situation etwas Bewegung zu bringen. Er sprach davon, daß Berlin ein Treffpunkt zwischen Ost und West werden sollte, ja, vielleicht ein ökonomischer Knotenpunkt mit Freihandelszone für den Ost-West-Handel. Die erste Reaktion kam kurz vor Weihnachten als Verlautbarung aus Ost-Berlin, daß eine Einladung an Willy zu einem Moskau-Besuch unterwegs sei. Das wäre die erste Öffnung gewesen, seit er 1963 ein Gespräch mit Chruschtschow in Ost-Berlin kurzfristig absagen mußte. Um die Jahreswende bekam er dann einen Neujahrswunsch vom sowjetischen Botschafter in Ost-Berlin, Pjotr Abrassimow. Er schrieb, es wäre wünschenswert, daß sich eine Gelegenheit für ein Treffen ergäbe.

Willy hätte Abrassimow gern getroffen, aber das war damals nicht so einfach. Der Westberliner Bürgermeister konnte nicht ohne weiteres nach Ost-Berlin fahren, selbst wenn er eingeladen war, solange andere Westberliner nach fünf Jahen immer noch keine Passierscheine zum Besuch der anderen Seite der Mauer erhielten. Er konnte Abrassimow nicht als Botschafter in der DDR treffen, weil die DDR nicht als selbständiger Staat anerkannt war, und Bonn wollte nichts akzeptieren, was auch nur eine Andeutung von Anerkennung beinhaltete. Wenn Willy als Berliner Bürgermeister Abrassimow treffen sollte, mußte das in dessen Eigenschaft als Vertreter der UdSSR im Alliierten Kontrollrat sein, der seit langem nicht arbeitete und praktisch nicht mehr existierte.

In seiner diplomatischen Not wandte Willy sich an Sven Backlund. Als Schwede war er neutral genug, um einem beiderseits unverbindlichen Treffen als Wirt und Vermittler zu dienen; als Diplomat war er wohl pfiffig und diskret genug, um so etwas zu arrangieren. Sven nahm sich gern der Sache an und einigte sich mit Willy darauf, daß der erste Kontakt im Rahmen eines größeren Empfangs im Haus von Backlunds Ende Februar aufgenommen werden sollte. In einem komplizierten Verhandlungsmenuett zwischen Abrassimow, seinem Protokollchef und seinen politischen Ratgebern einerseits, Willy und seinen politischen Ratgebern Klaus

Schütz, damals Berliner Senator für Bundesangelegenheiten, und Egon Bahr, damals Senatspressesprecher, andererseits – vermittels zahlreicher Besuche, die durch Empfänge, Essen und Konzerte getarnt waren –, bekam Backlund die Bausteine beinahe zusammen. Aber als es dann soweit war, gab es weitere Klippen. Die Russen werteten das zufällige Treffen zu einem Arbeitsessen mit einer Art Tagesordnung auf, und so mußte Sven es platzen lassen. Doch zwei Monate später, Ende April, wurde der Faden wieder aufgenommen.

Backlund schlug jetzt den Empfang zum schwedischen Nationalfeiertag, dem »Tag der Schwedischen Flagge« am 6. Juni, als Ort eines informellen Gesprächs vor. Doch nun konnte es den Russen nicht schnell genug gehen, wenn die Themen nicht »veralten« sollten, und so kam am Sonntag, dem 8. Mai, um die Mittagszeit bei Sven zuhause ein heimliches Treffen zustande. Abrassimow passierte im Dienstwagen seines Protokollchefs anonym Checkpoint Charlie, parkte bei Sven um die Ecke und ging das letzte Stück zu Fuß. Willy kam aus der anderen Richtung, ebenfalls zu Fuß.

Abrassimow machte aus dem zweistündigen Gespräch einen Gedankenaustausch zwischen zwei Politikern; Sven servierte Aquavit, Wein und Kaffee. Seine Einladungen, die folgten, hatten nichts Drängendes an sich. Abrassimow wollte Willy gern zu sich nach Hause einladen, hatte aber Verständnis dafür, daß das schwierig sein könnte. Willy sollte wissen, daß er jederzeit in Moskau willkommen sei; aber er müsse selbst entscheiden, wann es passe.

Einige Tage später fuhren Kristina Backlund und ich als normale Touristen nach Prag – zusammen mit Karin Jödal, der Frau des schwedischen Botschafters in Bonn. Wir wollten zu den Festspielen »Prager Frühling« – unter anderem mit den Berliner Philharmonikern unter Karajan. Nicht nur politisch lag Frühling in der Luft – es waren schöne, warme Tage mitten im Mai.

Unser Hotel lag nicht weit vom Wenzelsplatz und war bekannt. Vor beinahe zwanzig Jahren, im Sommer 1947, hatte ich schon einmal dort gewohnt. Damals war ich erst einige Monate in Berlin, und Willy wollte mir etwas von der Welt zeigen. Er war zum SPD-Parteitag in Nürnberg gewesen; danach fuhren wir nach Prag weiter. Es waren sehr heiße Junitage. Ein Verkehrspolizist auf seiner Tonne erlitt einen Hitzschlag. Wir konnten fast nur abends auf die Straße gehen. Spannung lag in der Luft. Die Leute standen in erregten Menschentrauben zusammen und diskutierten, während wir zwischen ihnen in der Sommernacht umhergingen. Damals endete es im kommunistischen Staatsstreich. Jetzt lagen Erwartung und Frühling in der Luft, und abends waren Gesang und Musik in den Straßen. Wir gingen in der Stadt herum und konnten uns nicht satt sehen.

Der Schauspieler Valter Taub, den wir aus Schweden kannten – ich hatte ihn auch 1947 in Prag getroffen – zeigte uns die alte jüdische Synagoge und den Friedhof mit den dicht beieinanderstehenden Grabsteinen. Im Häuschen nebenan gab es ein kleines Zimmer mit Kinderzeichnungen, die ihre Träume und Wirklichkeit in den Konzentrationslagern zeigten. Da bleibt man stehen.

Die Menschen waren nett und gastfreundlich. Wir fragten uns zu den wirklich volkstümlichen Lokalen durch, wo sonst nur Soldaten und Bauern saßen, die dort ein kleines Stück Fleisch mit vielen Knödeln aßen. Es waren drei schöne Tage, mit einer Fülle von Eindrükken. Kleinigkeiten, die uns irritierten, waren vergessen – Karin wurde in der Nacht angerufen, und niemand meldete sich, meine Tür ließ sich nicht schließen. Aber auch dieser Frühling endete ja zwei Jahre später in der Niederlage.

Wir waren mit Kristinas rotem SAAB unterwegs, einem schicken Sportwagen, der in der DDR Aufsehen erregt, und fuhren wohl etwas zu schnell im Vertrauen darauf, daß das CD-Schild uns beschützte. Auf der Hinfahrt wollte Kristina einen Abstecher nach Dresden machen, um den Zwinger anzusehen, jenes alte, berühmte Museum, das während des Krieges zerstört worden war. So mißachteten wir alle ostdeutschen Verbote und wichen von der Transitstrecke ab. Die beiden konnten es leichtnehmen, weil sie ihren Diplomatenpaß hatten, ich aber nur meinen »behelfsmäßigen« Westberliner Personalausweis. Ich wußte, daß man besonders auf der Transitstrecke nicht zu schnell fahren und nicht zu lange unterwegs sein durfte. Der Zwinger war noch nicht wiederaufgebaut, aber im Mittelflügel war auf langen Tischen altes Meißener Porzellan ausgestellt. Wir sahen uns das schnell an und gelangten auf unsere Route zurück, ohne in eine Polizeikontrolle zu geraten.

Auf dem Heimweg verfuhren wir uns unabsichtlich und landeten an einem Schlagbaum und einem Wegweiser nach Potsdam. Unser Benzintank war fast leer, und als ein Polizist auftauchte, fragten wir brav nach einer Tankstelle. Er konnte uns eine Tankstelle zeigen, aber da gab es kein Benzin. Statt dessen tauchte ein ganzer Lastwagen mit Volkspolizisten auf. Sie sahen sich Kristinas Diplomatenpaß an, hievten sie auf die Ladefläche und verschwanden mit ihr. Wir anderen erhielten strenge Order, im Wagen sitzen zu bleiben und die Fenster geschlossen zu halten. Um das Auto sammelten sich Menschen, machten aber keinen Versuch, mit uns in Kontakt zu kommen. Nach einer Weile endete der Vorfall denkbar gut: Die Vopos kehrten mit Kristina zurück – und mit einem Kanister Benzin, das sie in den Tank füllten. Nein, das würde nichts kosten. Sie fuhren vor uns her, brachten uns auf die richtige Straße nach West-Berlin und verabschiedeten uns an einer Seitenstraße mit einem Winken.

Während wir verreist gewesen waren, hatte Abrassimow Sven wissen lassen, daß er zum Empfang am »Tag der Schwedischen Flagge« kommen würde, falls Willy auch käme. Er war vor uns da. Sven hatte zehn Russen mit ihren Ehefrauen eingeladen, und es kamen acht ohne Frauen in acht Autos. Willy nahm mich am Arm und führte mich gleich auf den Rasen zu einem Mann im dunklen Anzug, mittelgroß, schlank und mit auffallend dichtem, gewelltem grauen Haar. Abrassimow war über unsere Ankunft deutlich erleichtert, überschüttete mich mit Komplimenten, lachte und scherzte. Er lud uns in seine Datscha nördlich von Berlin ein. Das könne man ganz diskret arrangieren, wir könnten in seinem Auto abgeholt werden. Dort könnten wir uns auf dem See erholen und in aller Ruhe über die Probleme sprechen.

»Nein«, sagte Willy, »solange die Westberliner daran gehindert werden, Ost-Berlin zu besuchen, kann ich das nicht machen.«

»Aber Sie könnten doch kommen, allein oder mit Backlunds«, sagte Abrassimow zu mir. Doch was Willy gesagt hatte, galt ja auch für mich.

Und Moskau? In Moskau seien wir herzlich willkommen. Wenn es Willy nicht paßte, könne ich doch kommen. Ich sei doch allein in Prag gewesen, dann könne ich auch nach Moskau reisen, um Musik zu hören. Willy fragte, ob etwa beabsichtigt sei, mich zu entführen.

Wir standen mit Abrassimow und dem Dolmetscher allein. Keiner der Vertreter der Westalliierten näherte sich uns, und merkwürdigerweise wurde Abrassimow an diesem Tag von keinem der alliierten Diplomaten und Offiziere begrüßt. Er war sonst ja mehr ihr Kollege als Willys. Backlund schloß sich uns nach einer halben Stunde an, um seine schöne blonde Tochter Karin vorzustellen, die gerade ihr Abitur gemacht hatte. Sie bekam von Abrassimow das ungewöhnliche Kompliment: »Sie sind ja fast so groß wie Ihr Vater!« Ich benutzte die Gelegenheit, mich davonzumachen und den anderen Gästen Guten Tag zu sagen, während Willy noch eine Stunde in lebhaftem Gespräch mit Abrassimow verblieb, bis wir die Veranstaltung verließen.

In den folgenden Wochen bemühte sich Abrassimow über Sven darum, daß zumindest ich, zusammen mit Backlunds, in das Sommerhaus nördlich von Berlin zu

Besuch käme. Willy lehnte für mich dankend ab. Er fand es klüger, sich bei direkten Kontakten nicht übermäßig zu beeilen.

Mit Genugtuung stellte er fest, daß die Russen ihm in einem Punkt entgegengekommen waren, den er in seinem ersten Gespräch mit Abrassimov aufgeworfen hatte. Während des Frühlings waren sowjetische Düsenjäger in lästigen Tiefflügen über West-Berlin hinweggedonnert. Sie fegten über die Hausdächer und durchstießen mit ohrenbetäubendem Krach die Schallmauer. Fensterscheiben klirrten und gingen entzwei. Nicht nur den Alten und Gebrechlichen ging das gehörig auf die Nerven. Im Sommer ließ das nach, und Abrassimow fragte über Sven nach, ob es bemerkt worden sei. Natürlich war es nicht unbemerkt geblieben, aber Willy wollte allein aufgrund dessen nichts übereilen. Er ließ den Sommer mit Reisen und Ferien vorübergehen. Erst als wir im September aus Norwegen zurückkamen, war er – angetrieben von Herbert Wehner – bereit, den Russen mit einem Besuch in Ost-Berlin im Spätjahr und vielleicht einer Reise nach Moskau in seiner Eigenschaft als Parteivorsitzender irgendwann im Frühjahr entgegenzukommen.

Die Gelegenheit, das loszuwerden, kam beim nächsten »zufälligen« Zusammentreffen während der Westberliner Festspiele Ende September. Nach einem russischen Konzert in der Philharmonie waren Honoratioren aus Ost und West zusammen mit dem Dirigenten der Moskauer Philharmoniker, Kiril Kondrasjin, zum Abendessen ins Hotel Zellermeyer eingeladen worden. Abrassimow war dort mit seinen Leuten, und wir waren da mit

Egon Bahr und Backlunds, dem Kultursenator und verschiedenen anderen Senatsmitgliedern.

Es wurde ein ungewöhnlich feuchtfröhlicher Abend. Die russischen Trinksitten nahmen rasch überhand, und die Atmosphäre wurde immer herzlicher. Nikolai Nabokow, der russisch-amerikanische Leiter der Festspiele, und Abrassimow stammten aus derselben russischen Stadt und verbrüderten sich als Söhne ihrer Heimatstadt ungeachtet unterschiedlicher Staatsangehörigkeit. Wir prosteten uns zu, tranken Brüderschaft, und bald hieß es »Pjotr« und »Willy«. Unter dem Eindruck dieser »Brüderlichkeit« meinte Nabokow spöttisch, jetzt sei die Zeit für einen Toast auf den Vorsitzenden Mao gekommen. Aber das ging Abrassimow zu weit. »Habt ihr denn Hitler vergessen?« Woraufhin wir uns einigten, Nabokow zum Provokateur zu erklären. Egon Bahr hielt – etwas an der Stimmung vorbei – eine kleine Ansprache über ernsthafte Fragen wie die Russenangst in Deutschland und die Deutschenangst in Rußland. Anscheinend hörte ihm niemand zu.

Aber als ich später mit einigen Russen an einem kleineren Tisch zusammensaß, kam einer von ihnen auf Egons Bemerkungen zurück. Er könne diese Angst nicht verstehen. Ich sagte: »Ich verstand sie erst, als ich nach Berlin kam. Meine Angst gründet in Vorfällen, die ich in meinen ersten Berliner Jahren gehört und erlebt habe.« Ich erzählte von Ingrid – dem jungen Mädchen im Nachbarhaus. Sie war von russischen Soldaten vergewaltigt worden, die immer wieder in das vergeblich verbarrikadierte Haus eingefallen waren. Sie fanden sie auf dem Boden, und sie fanden sie im Keller. Zusammen mit ihrer Mutter flüchtete sie in die Kirche, aber auch da waren sie nicht sicher.

Ich erzählte über Entführungen, über meine Sorge um Willys Schicksal, nachdem Heinz gekidnappt worden war. Heinz war Mitarbeiter im »Ostbüro« der SPD gewesen. Unser Fahrer sollte ihn zu einem Treffen im französischen Sektor Berlins fahren. Es zeigte sich, daß es eine Falle war. Heinz wurde überwältigt, und nachdem man ihm eine Spritze gegeben hatte, wurde er in eine Wolldecke gepackt und in den Ostsektor verfrachtet.

(Einige Zeit später standen seine »Geständnisse« in den ostdeutschen Zeitungen. Er wurde zu 25 Jahren Zuchthaus verurteilt und kam nach Sibirien. Nach siebenjähriger Gefangenschaft wurde er freigelassen, und wir trafen ihn später im Harz. Es gab viele Entführungsfälle in den ersten Nachkriegsjahren. Wir wußten, daß unser Haus beobachtet wurde, jedenfalls zeitweilig.)

Die Russen hörten mir zu, ohne zu protestieren oder mich zu unterbrechen. Einer von ihnen sagte, daß ich bei allem, was ich über Vorfälle in der ersten Zeit nach dem Einmarsch gehört hätte, nicht vergessen dürfe, wie die Russen unter den Deutschen gelitten hätten: die Brutalität und die Morde, die Deportationen in die Konzentrationslager, wo sie schlimmer mißhandelt wurden als andere Völker, die Belagerung von Leningrad und alles andere.

Nein, ich hätte nie ein Hehl aus meiner Bewunderung für ihren mutigen und schweren Kampf gemacht. Es war Stalingrad – in all seiner Grausamkeit –, das uns wieder Mut gegeben hatte, als alles hoffnungslos aussah. Ich erzählte von einem Wintertag in Stockholm. Ich stand auf dem Stureplan und las die Anschläge, die in großen Lettern den Fall von Stalingrad verkündeten. Neben mir stand ein alter, vornehmer Herr. Wir sahen uns an, und er sagte: »Diesmal hat Rußland die Welt gerettet.«

An diesem Abend hatte Willy Pjotr freigestellt, zu uns zum Abendessen zu kommen oder uns zu sich zu bitten. Die Einladung zum Abendessen am 12. Oktober an uns und an Backlunds ließ nicht lange auf sich warten. Sonst sollte niemand dabei sein. Die Bundesregierung war unterrichtet, die Alliierten waren informiert. Sobald wir in Ost-Berlin wären, würde eine Presseerklärung herausgehen. Wir würden den Ausländerübergang am Checkpoint Charlie benutzen, wo einer von Abrassimows Mitarbeitern stehen würde, um zu gewährleisten, daß wir von den Ostdeutschen nicht kontrolliert würden.

Die Mauer stand jetzt fünf Jahre, und ich war das erste Mal wieder in Ost-Berlin. Die Straßen waren dunkel und sahen trist aus, aber die russische Botschaft Unter den Linden war – vielleicht zu diesem Anlaß – strahlend erleuchtet. Es war ein kolossales Gebäude, das nach dem Krieg um- und ausgebaut wurde, es breitete sich über das Terrain der alten Botschaft aus, schluckte das Hotel Bristol und den früheren Amtssitz des katholischen Bischofs von Berlin. Ungefähr 500 Zimmer sollte der Bau haben.

Abrassimow empfing uns unten in der Vorhalle, und als Backlunds hinzukamen, fuhren wir zusammen mit dem Fahrstuhl in die Privaträume. Dort traf ich zum ersten Mal Frau Abrassimow, die bei den anderen Zusammenkünften nicht dabeigewesen war. Sie war eine dunkelhaarige, etwas mollige Frau mit einem blassen Gesicht und knallroten Lippen. Die Wohnung wirkte düster – mit schweren Möbeln, wie vor Jahrzehnten. Frau Abrassimow sprach nicht viel, sie konnte nur Russisch; aber selbst wenn ein Dolmetscher zur Stelle war, hielt sie sich zurück.

Bei dieser Gelegenheit trafen wir auch – ganz überraschend – zum ersten Mal den russischen Cellisten Mstislaw Rostropowitsch. Er hatte am Vorabend in West-Berlin bei einem Konzert unter Leitung des amerikanischen Dirigenten Lukas Foss im großen Sendesaal des Senders Freies Berlin Triumphe gefeiert. Er hatte das Herz des Publikums im Sturm erobert – nicht nur mit seinem unvergleichlichen Spiel, sondern auch mit seinem ganzen Auftreten: Er hatte den einen Blumenstrauß bekommen, den es gab, und darauf bestanden, ihn mit den Dirigenten zu teilen. Daraus wurde eine richtige kleine Extravorstellung, die alle mitzureißen schien. Die Blütenblätter flogen, und das Lachen wechselte zwischen ihm und dem Saal, bis er Foss mit einer Umarmung den ganzen Rest überreichte.

Rostropowitsch ist ein Mensch, der in jedem Kreis zum natürlichen Mittelpunkt wird. Seine grenzüberschreitenden Eigenschaften machten ihn damals zu einem der wirksamsten Kulturbotschafter im Westen. Er genoß eine Freizügigkeit wie nur wenige und dehnte sie in einem Maße aus, daß es den sturen Russen zu viel wurde, ihm als Ausgebürgertem zur Trauer und uns anderen zur Freude. An dem Abend in Ost-Berlin war er souverän und wurde eine heitere und witzige Hauptperson bei einer Zusammenkunft, an der er überhaupt nicht hatte teilnehmen sollen.

Im Speisezimmer mit roten Seidentapeten war der Tisch auf russische Art gedeckt, mit weißer Tischdecke und Servietten. Das gab dem Ganzen ein festliches Gepräge. Die Mahlzeit war ebenfalls echt russisch. Es wurden roter und schwarzer Kaviar serviert und mit Ei gefülltes Hackfleisch. Als Zwischengericht Forellen und als Hauptgericht Kalbsrouladen à la Kiew, die mit crème fraiche und Petersilie gefüllt waren. Der Nachtisch war eine Mousse aus Früchten. Es war ein köstliches Essen, aber nicht das Richtige für meine Gastritis. Ich hatte deshalb im voraus darum gebeten, nur Wasser zu bekommen – aber ich bekam zum Vorgericht Cognac statt Wodka und dann Rotwein. Man trank sich häufig zu. Willy hatte aus der letzten Begegnung gelernt und zuhause eine ganze Dose Ölsardinen gegessen.

Abrassimow hieß Willy mit einer sehr freundlichen Rede willkommen, der eher formell und in der üblichen Form des Siezens antwortete. Aber als Abrassimow buchstäblich die Ohren spitzte, flocht Willy einige Male »Pjotr« ein, und von da ab duzten sich die beiden. Abrassimow führte Rostropowitsch als einen Mann ein, der ebenso gut trinkt wie er spielt. Slava, wie wir ihn bald nannten, war bester Laune und erzählte am laufenden Band Anekdoten. Er liebkoste sein Glas, sprach liebevoll über Wodka und sorgte dafür, daß sein Glas und das von Willy, der neben ihm saß, ständig aufgefüllt wurden. Beinahe so sehr wie Wodka liebte er Autos und erzählte freudestrahlend von dem neuen, dunkelroten Mercedes 300 SL, den er sich in London gekauft hatte. Der Wagen stand unten im Hof; um halb vier Uhr morgens wollte er damit zurück nach Minsk fahren. Wir bekreuzigten uns.

Nach dem Essen spielte Slava für uns im Salon zu Kaffee und Cognac Bach und Händel. Als die Männer sich zum politischen Gespräch zusammensetzten, wurden wir Frauen und Slava eingeladen, Filme anzusehen. Wir unternahmen eine lange Wanderung durch Gänge, Säle und Zimmer – ich vermute, wir ließen sowohl die Botschaft als auch das Hotel Bristol und den bischöflichen Amtssitz hinter uns, bevor wir uns in der ersten Reihe eines großen Kinosaals zurechtsetzen konnten. Wir waren nur fünf. Zwei Stunden lang sahen wir Filme über russisches Ballett und russische Natur, und obwohl es schön war, waren Kristina und ich erleichtert, als wir wieder aufstehen durften.

Die Männer waren immer noch ins Gespräch vertieft, als wir nach unserem langen Rückmarsch wieder eintrafen. Frau Abrassimow versuchte, den Fernseher einzustellen, es war aber schon zu spät. Doch wir hatten ja Slava. Es blieb nicht nur eine flüchtige Bekanntschaft. Er wurde zum Freund, und wir hielten Kontakt.

Lange nach Mitternacht tauchten die Männer endlich auf und wir konnten nach Hause fahren. Kristina und ich bekamen einen Mini-Samowar zum Abschied. Der Schlagbaum war hochgezogen, als wir an den ostdeutschen Grenzbeamten am Checkpoint Charlie vorbeifuhren, wo die Volkspolizisten stramm standen. Auf der westlichen Seite wartete ein großes Aufgebot an Fotografen und Journalisten, ohne etwas herauszubekommen. Wir hatten mit Backlunds verabredet, daß sie mit zu uns kommen sollten. Sobald wir dort waren, begann das Telefon zu läuten. Der Abend wurde durchgesprochen; die Männer waren mit den Gesprächen in der Botschaft erkennbar zufrieden.

Einen Monat später luden wir ins Senatsgästehaus im Grunewald. Das Haus in der Menzelstraße war ein großer Klotz, aber der Garten auf der Rückseite mit vielen seltenen Bäumen war schön. An seinem Ende, zur Taubertstraße hin, lag ein kleineres Haus, in das wir einige Jahre davor eingezogen waren. Um Gäste zu empfangen, brauchte ich nur durch den Garten zu gehen.

In Bonn war einiges geschehen. Die FDP war aus der Regierung Erhard ausgetreten. Willy saß in Verhandlungen in Bonn und hatte uns wissen lassen, daß er sich verspäten würde. Backlunds, Heidi und Klaus Schütz sowie Egon Bahr waren bereits gekommen, als ich allein das äußerst pünktliche Ehepaar Abrassimow in Empfang nehmen mußte. Sie überreichten mir einige Flaschen russischen Parfüms – Heidi und Kristina murmelten, daß es mir von Herzen gegönnt sei.

Aber schneller als erwartet tauchte Willy auf, und Abrassimow wurde sofort offiziell. Willy war so unvorsichtig gewesen, bei Abendessen in Ost-Berlin ein einigermaßen genaues Datum für eine eventuelle Moskau-Reise anzusetzen: entweder kurz vor Weihnachten oder Ende Januar. Jetzt überbrachte Abrassimow stehenden Fußes noch vor dem Essen eine offizielle Einladung der sowjetischen Regierung. Er wandte sich an mich, und auch ich erhielt eine persönliche und formelle Einladung. Willy bedankte sich artig, aber mit Vorbehalt, da sich die Situation seit dem letzten Treffen schließlich geändert habe. Es sei ihm unmöglich, die Einladung zu beantworten, bevor sich die Lage geklärt haben würde. Ich sagte, daß es für mich spannend wäre, Moskau zu sehen, und daß ich mich freute.

Abrassimow versuchte, die Spannung aufzulösen. Er sagte, daß die Einladung zwar an den SPD-Vorsitzenden gerichtet sei, aber daß sie ohne weiteres auf ein neues Amt übertragen werden könne. Wir würden willkommen sein – in welcher Eigenschaft auch immer.

Das Essen war gut, ebenso der Wein, die Stimmung jedoch irgendwie gedrückt und die Unterhaltung langweilig. Als die Männer in der Bibliothek verschwanden und Kristina, Heidi und ich mit den russischen Damen zurückblieben, wußten wir nicht recht, worüber wir sprechen sollten. Es half ein wenig, daß der Dolmetscher erzählte, Frau Abrassimowa sei während des Krieges Fallschirmspringerin gewesen. Wir erfuhren auch etwas über die Familie: Sie hatten drei Kinder – einer der Söhne war Historiker, einer Ingenieur und die Tochter mit einem Diplomaten verheiratet, der in den USA Dienst tat.

Die Russen gingen gegen Mitternacht. Als sie die übliche Ansammlung von Fotografen sahen, die vor dem Haus aufgestellt war, ließen sie ihre Geschenke liegen, um sie später abholen zu lassen: KPM-Schalen für die Damen und Aschenbecher für die Herren.

Es war mein letztes Zusammentreffen mit Abrassimow. »Aller Anfang ist schwer«, hatte er in einem Toast an dem ersten, feucht-fröhlichen Abend gesagt. Später, während der Viermächte-Verhandlungen über Berlin, sah ich ihn im Fernsehen. Als das Werk vollendet war, sagte er sein: »Ende gutt – alles gutt!«

Zwei Tage zuvor, es war ein Sonntagabend, hatten wir mit Kristina und Sven Backlund und Heidi und Klaus Schütz bei uns zuhause gesessen und die bayerischen Wahlen verfolgt. Aber was uns am meisten beschäftigte, waren selbstverständlich die Möglichkeiten in Bonn: Würde es eine große Koalition mit der CDU oder eine Kleine mit der FDP geben, oder würde die FDP am Ende zur CDU zurückkehren? Klaus machte daraus ein Frage- und Antwortspiel um »groß oder klein«. Sven wollte eine »große« und Lasse eine »kleine« Koalition; Kristina wollte überhaupt keine. Ich antwortete, daß ich am liebsten eine Kleine Koalition gehabt hätte, aber da mir nun klar geworden sei, daß das nicht mehr möglich sei, sei ich jetzt für eine Große Koalition.

Willy war noch diplomatischer. Er ließ seine Meinung nicht erkennen, auch nicht am Dienstagabend, als Abrassimow ihm dieselbe Frage stellte: Als Parteivorsitzender könne er jetzt noch nichts sagen. Seine Aufgabe müsse es sein, sich autoritativ für die Lösung auszusprechen, die sachlich zwingend sei – und zwar in dem Moment, da eine Entscheidung gefällt werden müsse.

Abschied von Berlin

Auch 1965 erreichte die SPD nicht die Stimmzahl, die sie erhofft und erstrebt hatte – jene 40 Prozent plus der Stimmen, die nötig sind, um eine deutsche Wahl zu gewinnen. Trotz anhaltender Zugewinne wurde es wie eine Niederlage aufgenommen. Es war nicht das, was man bei der ersten Wahl ohne Konrad Adenauer als Kanzlerkandidaten erwartet hatte. Die Mehrheit der Bevölkerung wollte keinen Kanzler, der Emigrant gewesen war. Willy erklärte tief verletzt und niedergeschlagen, daß er nicht noch einmal als Kandidat zur Verfügung stehen würde.

»Es ist ein Trost«, schrieb er mir, »daß wenigstens *Dir* bescheinigt wird, von politischem Ehrgeiz frei zu sein ...«

Der Wahlkampf war nach demselben unangenehmen Muster verlaufen wie 1961 – mit dem kleinen Unterschied, daß auch ich jetzt hineingezogen worden war. Willy hatte Prozeß über Prozeß geführt, um zu beweisen, daß er in Norwegen nicht auf deutsche Soldaten geschossen hatte. Jetzt hieß es, ich hätte einer dänischen

Zeitung gegenüber gesagt, daß er Schulter an Schulter mit den norwegischen Truppen gegen die deutsche Wehrmacht gekämpft habe.

Natürlich hatte ich das nicht gesagt. Gab ich einmal ein Interview, hielt ich mich – wahrscheinlich bis zur Langeweile – an Haus und Kinder. Daß trotzdem das geschrieben wurde, was die Leserschaft zu erwarten schien, habe ich – und nicht nur ich – mehr als einmal erlebt. Die Redaktion entschuldigte sich; sie hatte das selbst hinzugefügt.

Am Wahlkampf hatte ich kaum teilgenommen. Manche meinten, daß mein Platz an Willys Seite sei, wie man es aus den amerikanischen Wahlkämpfen kannte, aber das war nichts für mich. Willy machte in seinen Wahlreden damit einen kleinen Scherz. Die Sozialdemokraten hatten auf ihren Plakaten die neue, solidarische WIR-Parole entdeckt, die sie bis heute beibehalten haben – WIR in Niedersachsen, WIR in Nordrhein-Westfalen. Willy deutete die drei Buchstaben, und eine der Auflösungen lautete: »Wo ist Rut?« Durch diesen Witz war ich also nun dabei.

Ein Grund dafür, daß ich mich fernhielt, war, daß ich während dieses Wahlkampfs wieder an Magengeschwüren litt. Der Arzt gab mir Tabletten, empfahl mir ein ruhiges Leben und sagte allen Ernstes, daß ich mich nicht so viel ärgern sollte.

Willy machte nach der Wahl Urlaub, während ich zuhause blieb. Einige gute Freunde besuchten mich. Aber ansonsten war es still und friedlich. Keine anonymen Briefe, keine Drohungen. Doch eines Tages kam ein Blumenstrauß mit einem handgeschriebenen Brief:

»In den Wochen vor der Wahl und nach dem 19. September gingen meine Gedanken manchmal zu Ihnen, ahnend, welche Spannungen Sie zu ertragen hatten. Mit diesem Gruß möchte ich Sie dies wissen lassen. Ihr Axel Springer.«

Obwohl meine Verwunderung über seine Anteilnahme groß war, freute ich mich.

Ich war am Nachmittag des 25. November zum Kaffee bei Kristina Backlund, als Willy aus Bonn anrief. Er berichtete, daß er Außenminister und Vizekanzler geworden sei in einer Koalitionsregierung aus CDU/CSU und SPD mit Kurt-Georg Kiesinger als Bundeskanzler.

»Du siehst nicht besonders froh aus«, sagte Kristina. Nein, glücklich war ich nicht. Aber natürlich kam es für mich nicht ganz überraschend. Willy hatte mehrfach davon gesprochen, daß er wohl nicht umhin käme, in die Regierung einzutreten; er könne sich denken, Forschungsminister zu werden oder Minister ohne Portefeuille. Und dann Vizekanzler, das sei am wichtigsten. Dann könnten wir in Berlin wohnen bleiben, und er käme am Wochenende.

Aber das Außenministeramt bedeutete, daß wir nach Bonn umziehen mußten – weg aus Berlin, wo ich zuhause war. Hier waren meine Kinder geboren, hier hatte ich meine Freunde. Peter hatte nur noch ein Jahr bis zum Abitur und weigerte sich schlicht, den Umzug mitzumachen. Er bekam Unterkunft bei den Eltern seines besten Freundes, einer Arztfamilie in Wannsee. Dort wurde er wie ein Sohn aufgenommen. Lasse mußten wir überreden und ihm versprechen, daß er jeden Monat nach Berlin reisen dürfe, um seine Freunde zu besuchen. Eine Zeit lang tat er das, dann wurde es seltener. Er fand in der Schule neue Freunde und fühlte sich in seinen beiden kleinen Dachstuben in Bonn schließlich sehr wohl. Matthias hatte einige Monate die deutsch-amerikanische Schule in Dahlem besucht. Für ihn gab es keine Probleme; vielmehr empfand er es als ein wenig spannend. Für den Fünfjährigen war es doch das Beste, bei der Mutti zu sein.

Das Haus in der Taubertstraße verließ keiner von uns gern. Anfang der sechziger Jahre hatte der Senat es als Dienstwohnung für den Bürgermeister gekauft. Wir hatten dort drei Jahre gewohnt. Es war unser Zuhause geworden – so wie es uns gefiel, mit unseren eigenen Möbeln, praktisch und nicht zu groß. Die offiziellen Veranstaltungen fanden im Gästehaus statt, das am anderen Ende des Gartens zur Menzelstraße hin lag. Es war möbliert übernommen worden – nicht sehr schön, aber trotzdem ganz gemütlich altmodisch. Ethel und Robert Kennedy wohnten dort während ihres zweiten Berlin-Besuchs, und auch Ellinor Dulles – sie schwamm jeden Morgen ihre Runden in dem kalten Schwimmbassin im Garten. Mit Martin Luther King saßen wir in den riesigen Sesseln vor dem Kamin.

Jetzt mußte ich wieder zu packen beginnen.

Heinrich Albertz, Willys Nachfolger als Bürgermeister, wollte mit seiner Familie in die Taubertstraße einziehen.

In Bonn sollten wir die Außenministerwohnung auf dem Venusberg von Gerhard Schröder übernehmen, der Verteidigungsminister geworden war und auf die Hardthöhe umziehen mußte. Die langgestreckte, weiße Villa am Kiefernweg lag etwas ab von der Straße. Hinter dem Haus reichte ein parkähnlicher Garten bis an den Wald. Es hatte ursprünglich einem Geschäftsmann gehört, dann hatte die SPD es als Wohnung für Kurt Schumacher gekauft, und später wurde es ans Auswärtige Amt verkauft als Dienstwohnung und Repräsentationsgebäude für den Minister.

Frau Schröder lud mich ein, das Haus zu besichtigen. Sie war freundlich und zeigte mir alles, aber dennoch hatte ich das Gefühl, daß ich mich in ihr Heim hineindrängte. Später, als wir uns eingerichtet hatten, luden wir Schröders zum Abendessen ein; sie nahmen aber nicht an. Vielleicht war es wie bei Willy, der seine Füße ebenfalls nicht ins Palais Schaumburg setzte, nachdem Helmut Schmidt Kanzler geworden war.

Die Villa war zweckmäßig – die Repräsentationsräume unten in einem strengen und konsequent sachlichen Stil und die private Wohnung oben. Zu Zeiten Schröders war das Haus erweitert und teilweise verändert worden. Im Arbeitszimmer war eine Wand aus sehr edlem Holz mit so perfekten Maserungen, daß es auf mich unecht wirkte. Ich war an norwegische Holzwände gewöhnt. Das Vornehmste im ganzen Haus war die Damentoilette.

Ich sagte Willy, wenn ich hier leben und repräsentieren sollte, müßten die Räume mehr Farbe und Wärme haben. Ich ging zu Döhlers Einrichtungshaus in Berlin-

Tiergarten; er hatte mir mehrfach geholfen. Wir planten zusammen, rechneten nach, und als wir im Frühjahr einzogen, war es uns gelungen, eine warme Atmosphäre zu schaffen, mit den begrenzten Mitteln, die damals zur Verfügung standen. Im Salon behagliche Sofas und Stühle in dunkelrot und sonnengelb, im Arbeitszimmer gelb und grün, im Eßzimmer rote Stühle, die auch in den Salon paßten, wenn dort Sitzplätze fehlten. Von der Münchener Pinakothek hatten wir einen Gobelin geliehen bekommen, der den größten Teil der langen, tragenden Wand im Salon bedeckte. Man lieh uns auch Bilder. Es wurde schön.

Willy war schon einige Monate in Bonn, als ich mit Kindern und Tieren aus Berlin ankam. Nusse, unsere Siam-Katze, hatte aus Anlaß des Tages ihren Wohnsitz in einem Papphaus genommen, so daß wir sie mit ins Flugzeug nehmen konnten. Matthias hielt Oskar, die kluge Schildkröte, in einer Schachtel auf dem Schoß. Husar, unser weißer ungarischer Hirtenhund, war zu groß und mußte mit einem Transportflugzeug in einem speziellen Behälter nachgeschickt werden. Der Tierarzt hatte ihn mit einer hohen Dosis Librium ruhiggestellt, damit er den Schrecken ohne dauerhaften Schaden überstünde. Als wir ihn am nächsten Tag vom Flugplatz abholten, war er immer noch etwas benommen und verwirrt – bis er nach Hause zu Nusse kam, die ihn im Garten umherjagte – und so war alles fast wie früher. Unser Pudelfräulein, Julchen, blieb in Berlin bei Frau Gutsmann, der Hausmeisterin im Senatsgästehaus. Da war sie sowieso meistens gewesen.

Vom Amtsvorgänger hatten wir das Hausmeister-Ehepaar übernommen, das die untere Etage betreute. Hausmeister Noack wohnte mit seiner Familie in einer winzigen Wohnung im oberen Stockwerk, wo auch wir unsere Privaträume hatten; später wurde für sie im Garten ein eigenes Haus gebaut.

Die älteste Tochter war bei Frau Schröder als Stubenmädchen in eine gute Schule gegangen; ich übernahm sie gerne. Sie war verantwortungsbewußt und gut gelaunt, und das war wichtig. Sie wies die norwegischen Mädchen ein, die bei uns waren. Ich hatte schon seit den frühen Sechzigern immer ein norwegisches Mädchen im Haus gehabt; für uns war es angenehm und nett, für sie war es nützlich. Einige Abende in der Woche gingen sie zur Volkshochschule, um Deutsch zu lernen.

Die erste Zeit im Kiefernweg servierte Hausmeister Noack mit weißen Handschuhen und nannte mich »Gnädige Frau«. Aber eines Tages sagte ich ihm »Frau Brandt« reiche vollkommen aus. Vielleicht fand er das auch, denn er hatte natürlich meine norwegische Else vom Balkon rufen hören: »Rut, Te-le-fon!« Die Handschuhe wurden ebenfalls abgelegt.

Oben in den Privaträumen herrschte eine entspannte Atmosphäre. Die Mädchen durften selbst Arbeit und Freizeit über den Tag verteilen. Kein einziges Mal gab es deswegen Probleme. Meist ging ich einkaufen, Frau Heyse kochte, und wir aßen alle zusammen. Wir lebten ein ganz normales, alltägliches Leben, wie wir es in Berlin auch gemacht hatten.

Zu meiner Verwunderung entdeckte ich bald, daß ich mich in Bonn wohlfühlte. Natürlich fehlten mir Berlin und Peter, der dort lebte, und die Freunde, Theater und Konzerte. Aber ich flog dann einfach für einen oder zwei Tage hinüber.

Klaus Schütz, der in Berlin Senator für Bundesangelegenheiten gewesen war, wurde Staatssekretär im Außenministerium. Mit Familie Schütz waren wir gut befreundet, und es war tröstlich, daß sie in Bonn unmittelbare Nachbarn blieben. Sie hatten ein Haus gleich neben unserem Garten. Das war nicht nur für mich gut, sondern auch für Matthias. Sebastian war gerade ein Jahr älter als er, so daß eine enge Freundschaft programmiert war.

Schon Ostern fuhr ich mit Matthias nach Norwegen. Es war ein herrliches neues Freiheitsgefühl, den Wagen vollpacken zu können, ohne zu fürchten, daß man Sachen dabeihätte, die vor den Augen der Volkspolizisten keine Gnade finden würden. Das konnte ja etwas so Harmloses wie eine Westzeitung sein. Man brauchte nicht den irritierenden Laufzettel, auf dem angegeben war, wann man den Kontrollpunkt verlassen hatte. Man durfte nicht zu schnell fahren, aber auch nicht zu langsam. Beides war gleich schlimm.

Frau Schröder war eine sehr aktive Frau und hatte im Außenministerium eine Frauengruppe eingerichtet, die sich »Frauen- und Familiendienst« nannte. Die Absicht war, den Mitarbeitern die Eingewöhnung zu erleichtern, wenn sie von auswärtigen Posten zurückkehrten. Es ging um Wohnungen oder Schulen für die Kinder: wirklich eine nützliche Institution, die in vielen praktischen Dingen half.

Jetzt wollten sie mich zur neuen Vorsitzenden machen, aber ich wollte nicht; auch Heidi Schütz mochte nicht. Wir waren gern bereit mitzuarbeiten, aber sie müßten eine andere Vorsitzende finden. Also wurde ich Ehrenvorsitzende. Das hörte sich gut an, bedeutete aber nichts anderes, als daß ich bei mir Sitzungen abhielt und dabei half, Weihnachtspakete für die DDR zu packen. Ich lernte viele dieser Frauen kennen und freundete mich auch mit einigen von ihnen an. Sie waren sehr hilfreich, gaben mir gute Ratschläge, und später hatte ich bei ihnen einen Anhaltspunkt, wenn ich sie draußen in der Welt auf unseren Reisen wiedertraf.

Schon in den ersten Tagen besuchte ich im Amt Willys engere Mitarbeiter. Etliche von ihnen hatte ich vorher getroffen, einige kannte ich etwas näher. Im Vorzimmer saßen die beiden Frauen, die mir in den kommenden Jahren vielleicht am meisten geholfen haben – Marga Sprenger und Gerda Landerer.

Gerda kannte ich seit Beginn der fünfziger Jahre in Berlin, als sie die Sekretärin von Günter Klein war, Senator für Bundesangelegenheiten und für die Familie »Onkel Klein«. Sie hat wohl in ihrem langen Arbeitsleben niemals einen Achtstundentag gekannt, und ihre unglaubliche Hilfsbereitschaft und Freundschaft ist mir die ganzen Jahre hindurch reichlich zugute gekommen.

Eines Nachmittags saß Horst Ehmke bei uns im Kiefernweg zusammen mit Klaus und Heidi Schütz. Er war bei Heinemann im Justizministerium Staatssekretär geworden, und es war das erste Mal, daß ich ihn traf. Zwei Jahre zuvor hatte ich ihn auf dem Dortmunder Parteitag gesehen. »Den muß man im Auge behalten«, sagte Willy und zeigte auf einen jungen Mann mit kurzgeschnittenem grauen Haar, der so unbefangen und witzig in die Debatte eingriff, daß die Leute lachen mußten. Es war Horst Ehmke, Juraprofessor in Freiburg.

An diesem Nachmittag hatten Heidi und ich das Unsere zu besprechen und setzten uns beiseite. Horst versuchte ein paar Mal, unsere Aufmerksamkeit auf sich zu lenken. Schließlich rief er uns zu: »Mädchen, guckt doch *mich* an! Keine Frau kann meinen Augen widerstehen.«

Horst hatte etwas Erfrischendes, und man konnte ihm nicht böse sein. Einige Jahre danach, als er Minister im Kanzleramt war, saßen wir wieder zusammen, und jetzt hatte ich vergeblich versucht, mich in das Gespräch einzumischen. »Willy«, sagte Horst, »hör auf Lieschen Müller!«

Einmal verbrachte ich Weihnachten und Neujahr mit ihm und Maria auf der Hütte. Wir unternahmen lange Skiwanderungen. Für Maria, die in ihrer Heimat, der Tschechoslowakei, Jugendmeisterin gewesen war, gingen wir viel zu langsam. Sie lief wie ein Hund hin und her, um zu sehen, wo wir blieben. Aber Horst war jedenfalls morgens der erste in der Küche. Mit einer Schürze um den Bauch machte er Maria und mir das Frühstück. Sie sind meine Freunde geblieben bis zum heutigen Tag.

Unsere Nachbarschaft mit Familie Schütz währte knapp ein Jahr. Klaus wurde nach Heinrich Albertz Berlins Regierender Bürgermeister. Albertz war zurückgetreten, nachdem Benno Ohnesorg bei den Unruhen während des Besuchs des persischen Schahs im Juni 1967 getötet worden war.

Egon Bahr war Chef der Planungsabteilung des Auswärtigen Amtes geworden, und seine Frau Dorothea und ich konnten unsere Freundschaft aus Berlin fortsetzen. Es ist leicht, Freunde zu gewinnen, wenn man in einer hohen Position ist; ich war also skeptisch und verhielt mich abwartend, wenn mir allzu überströmende Herzlichkeit entgegengebracht wurde. Aber ich brauchte gute Freunde in all dem Neuen, das mich umgab.

Und mit Heilwig entstand eine Freundschaft, die durch alle Jahre gehalten hat. Ihr Mann war Pressesprecher von Willy und der Bundesregierung: Conrad Ahlers, der frühere Redakteur des »Spiegel«. Als Heilwig von der Mehden ist sie selbst eine bekannte Journalistin und Publizistin mit Büchern in Millionenauflage. Sie war aktiv und voller Energie, aber sie hatte immer Zeit, wenn ich sie brauchte. Wir gingen zusammen zu Ria, der Wirtin im Weinhaus Maternus, dem berühmten Lokal in Bad Godesberg. Dorthin kamen Politiker aller Parteien, und was sonst nicht möglich war, ließ sich bei Ria machen: Man setzte sich zusammen. Nicht nur deutsche Spitzenpolitiker verschiedenster Couleur haben im Laufe der Jahre bei Ria ihren Wein getrunken und Karneval gefeiert, sondern auch Regierungsmitglieder aller möglicher Länder und Botschafter aus Ost und West fühlen sich »wie zuhause« unter dem Bild der »Omma«, Rias Mutter.

Ria weiß das meiste früher als die meisten. Und weil alle das wissen, geht man natürlich auch hin, um das

Neueste zu hören. Fragt man, ob es etwas Neues gibt, kann man am Mienenspiel und vielsagenden Handbewegungen ablesen, daß gerade jetzt eine große Sache gärt. Endlich beginnt sie mit einer langen Vorgeschichte. Sie bekräftigt: »Das wißt ihr doch«, aber wirft ab und zu einen Blick auf mein unwissendes Gesicht und seufzt: »Jetzt stellt Rutchen sich wieder dumm ...«

Wenn es spannend wird, steht Ria auf, um einen neuen Gast zu begrüßen, mit einem Kuß auf eine Wange oder beide, je nachdem. So geht man so klug, wie man gekommen ist.

Aber so lieben wir Ria, ihre Klugheit, ihre Loyalität und ihre Freundschaft durch zwanzig Jahre hindurch.

Matthias kam in den Kindergarten und fühlte sich dort so wohl wie zuhause. Er lernte im Bassin im Garten schwimmen, er hatte die Tiere zum Spielen, und er hatte auch Freunde, die zu Besuch kamen. Bevor er zu Bett ging, durfte er etwas fernsehen. Wie für die meisten Kinder war das natürlich nicht genug. Als einmal am frühen Abend einige Damen vom Außenministerium zum Kaffee kamen, hielt er das offenbar für eine günstige Gelegenheit, den Abend für sich auszudehnen. Er kam zu uns herein und fragte, ob er etwas länger fernsehen dürfte. So viele Augen auf mich gerichtet, glaubte ich, ich müßte entschieden sein, und sagte streng Nein. Mit einem verachtenden Blick zu mir verschwand er. Kurz danach kam er im Schlafanzug wieder herein, blieb stehen und sah jede der Damen an, ohne mich eines Blickes zu würdigen. »Nicht mal Deutsch kann sie!« knurrte er und schlug die Tür hinter sich zu.

Auf dem Venusberg wohnten wir Garten an Garten

mit dem Bundespräsidenten Lübke. Eines Tages kam Frau Lübke und sagte, daß sie jetzt die Pforte zwischen den beiden Gärten habe öffnen lassen. Ob Matthias sie nicht ab und zu besuchen könnte. Matthias kann sich noch daran erinnern, wie er gewaschen und gekämmt wurde, bevor er durch die Pforte ging und reizend empfangen, zusammen mit den beiden ins Wohnzimmer gebracht wurde und Brause und Kuchen erhielt.

Beide Lübkes hatten menschliche Qualitäten, die ich schätzte. Ich konnte mich nicht daran beteiligen, wie er als Präsident lächerlich gemacht wurde, und im Familien- und Freundeskreis wurde ich selbst zum Gespött, weil ich versuchte, ihn zu verteidigen. Schon aus Berlin kannte ich so viele Beweise für ihre Freundlichkeit und Güte. Frau Lübke war ein ungewöhnlicher Mensch; mit ihren 80 Jahren lernte sie Russisch. In Bonn konnten wir sie im Garten sehen und hören, wenn sie hin- und herging und ihre Lektion auswendig lernte.

Lübke litt in seinen späteren Jahren an cerebraler Parese, aber schon in den sechziger Jahren war es spürbar. Bei der Eröffnung einer Grünen Woche in Berlin, kann ich mich erinnern, wich er zu einem bestimmten Zeitpunkt von seinem Manuskript ab und fand den Faden nicht wieder. Er suchte und suchte in seinen Papieren, sagte einige zusammenhanglose Worte. Frau Lübke neben mir rang die Hände und murmelte verzweifelt: »Ach, Heini, Heini . . .« Er mußte aufhören, ohne die Rede zu vollenden, setzte sich neben seine Frau und sagte: »Das war wohl nicht so gut.«

Nein, das war nicht gut. Das war traurig und tragisch.

Schon in der Nachkriegszeit reiste Willy gern. Als Bürgermeister und jetzt als Außenminister gab es natürlich genügend Möglichkeiten.

Er schrieb fast täglich von seinen Reisen: über die Empfangszeremonien auf dem Flugplatz, wen er getroffen hatte, wie das Wetter war. Aber die Reisen waren immer anstrengend, so daß er oft einige Ferientage anhängte.

Im März 1968 hatte er eine Konferenz mit »seinen« Botschaftern in Afrika. Er schrieb aus Abidjan: »Es war gut, von der Koalition wegzukommen. Ich hoffe, daß die Tage nach der Konferenz zum physischen und psychischen Gleichgewicht beitragen werden.« Und einige Tage später aus Dakar: »Die Beschwerden beim Luftholen sind nicht ganz weg, aber ich hoffe, das gibt sich, wenn ich eine Woche ausspanne. Die Neuigkeiten aus Bonn und der großen Welt (inklusive Johnson) sind mir ziemlich gleichgültig.«

Im Spätherbst kamen in der Regel seine Depressionen. Das war nicht nur für ihn schlimm, sondern auch für mich, die Kinder und seine Mitarbeiter. Eines Tages konnte er sich plötzlich unwohl fühlen, das Büro mußte informiert, und alle Termine mußten abgesagt werden. Er war für niemanden zu sprechen, nicht einmal für die Familie. Ich rief in der Regel Egon Bahr an. Er scheute sich nicht, zu ihm zu gehen. Die Zeitungen schrieben, Willy leide an einer »fiebrigen Erkältung«.

Das konnte einige Tage gehen, vielleicht eine Woche, während der er im Bett blieb. Eines Tages stand er auf, und alles war wie zuvor. Ich weiß nicht, wo die Ursache lag. Einmal sagte er zu mir, daß er sich psychisch und physisch unwohl fühle, wenn er mit Kiesinger zusammen sei. So waren die Reisen oft eine Erleichterung, nicht nur für ihn, auch für uns.

Im November 1968 fand wieder eine Botschafter-Konferenz statt, diesmal für Lateinamerika. Er schrieb aus Santiago de Chile, daß er sich bedeutend besser fühle, zumal die Konferenz gut gelaufen sei: »Es gibt viel Deutschfreundlichkeit hier, aber nicht so schlimm, wie man glauben könnte.« Der chilenische Außenminister habe in seinen Toast beim Mittagessen einen Trinkspruch auf »unsere rebellierenden Söhne« eingeflochten.

Buenos Aires beeindruckte Willy: »Es ist eine riesengroße und sehr schöne Stadt. Vieles erinnert an Paris, einiges an Rom. Es gibt viel Freundlichkeit, und man merkt nicht besonders, daß das Militär die Macht hat.« Er habe mehrere hundert Vertreter deutscher Vereine getroffen. Sowohl in Buenos Aires als auch in Santiago hätten zum ersten Mal wieder Juden deutscher Abstammung an einem deutschen Empfang teilgenommen.

Im Februar 1969 fuhr er mit dem Schiff nach Amerika: »Ich kann mich hier reichlich ausruhen. Das hängt auch damit zusammen, daß die erste Klasse an ein Altersheim erinnert. Das Essen ist fantastisch – das wäre etwas für Lasse.«

Auch wenn er zuhause keine Zeit für die Jungen hatte, waren sie doch, wenn er auf Reisen war, in seinen Gedanken. Er schickte ihnen allen Ansichtskarten.

In demselben Brief schrieb er: »Das wird ein schwieriges Jahr. Meine Arbeitslust ist um einiges reduziert. Aber es hilft nichts. Ich sehe keine Möglichkeit, mich aus meinen diversen Aktivitäten zurückzuziehen.«

Das Jahr 1968

Für einen Jungen, der in Berlin während der Blockade zur Welt kam, fiel die Studentenzeit in die Jahre der unruhigen Jugend um 1968.

Peter wurde im Oktober 1948 geboren und machte sein Abitur Anfang 1968. Als Junge war er, wie Jungen eben sind, voll von Gelächter und Streichen, aber auch besorgt um andere, die es nicht so gut hatten wie er.

Im Alter von acht bis zehn Jahren interessierte er sich stark für Albert Schweitzers Arbeit unter den Eingeborenen in Lambarene (wir mußten ihnen Pakete schicken). Er hatte sich gründlich mit der Situation der Indianer in Amerika vertraut gemacht; er kannte die verschiedenen Stämme, wußte, woher sie kamen und wo sie sich aufhielten. Von meiner ersten Amerika-Reise brachte ich ein Exemplar eines Friedensvertrags zwischen Sioux-Indianern und Weißen mit. Das hatte er sich gewünscht, und die Amerikaner taten alles, um es zuwege zu bringen.

Er hatte einen Brieffreund in Afrika, in Kamerun, der Fritz hieß und auf Deutsch schrieb. Fritz erzählte über die Schwierigkeiten in seinem Land; er war arbeitslos und wünschte sich lange Unterhosen und einen weißen Wollpullover. Er hatte eine deutsche Briefträgermütze aus der Kolonialzeit an der Wand seines Zimmers hängen, schrieb er. Wir konnten das besser verstehen, als er sich für das Paket bedankte und enthüllte, daß er über 70 Jahre alt war. Nun wollte er gern wissen, ob Peter Geschwister habe, ob seine Eltern noch lebten und was sein Vater tue. Peter antwortete kurz und bündig: »Ich habe einen Bruder, mein Vater ist Bürgermeister, und meine Mutter lebt auch noch.«

Sein Hauptinteresse galt jedoch der Geschichte. Die peinlichsten Fragen über die alten Griechen und Römer, über Könige und Jahreszahlen brachten mich häufig in große Verlegenheit, aber ich sagte, wie es nun einmal war: »Peter, ich weiß es nicht. Du mußt deinen Vater fragen.« Der Vater war ein Experte darin, die Dinge von der einen Seite und von der anderen Seite zu betrachten, so daß immer etwas herauskam. Aber die Mutter sollte nicht wesentlich dümmer dastehen als der Vater, und so setzte Peter sich hin und verfaßte sein erstes Buch, ein Schulheft, von Kinderhand mit Bleistift geschrieben und illustriert. Der Titel des Buches: »Geschichte aller Länder«. Ich habe es immer noch; es geht bis zum Zweiten Weltkrieg. »Danach«, sagte er, »mußt du selbst Bescheid wissen.«

Er war ein begabter Junge, von Kindesbeinen an belesen in Geschichte. Er arbeitete einmal einen Vortrag für die Schule über das »Rittertum im Mittelalter« aus und hielt ihn zuerst zuhause vor mir – ich mußte ihn unterbrechen: »Die Stunde ist längst vorbei, Peter!« Aber er ist bei der Sache geblieben und arbeitet heute als Universitätsprofessor für Geschichte.

Peter war früh politisch bewußt und selbstverständlich Sozialist. Tätig wurde er zuerst bei den »Falken«, der sozialdemokratischen Jugendorganisation. Er hatte seine festen Ansichten, die dem Vater nicht immer gefielen. Ich erinnere mich an eine Diskussion, wo Willy aufbrauste und ultimativ verlangte:

»Entweder mußt du mit deinen Aktivitäten aufhören, oder ich muß als Bürgermeister zurücktreten!«

»Willy«, sagte ich, »hast du deine eigene Jugend vergessen?«

Er trat nicht zurück.

Selbstverständlich stand Peter als junger Sozialist in den sechziger Jahren in scharfer Opposition zum Sozialismus seines Vaters, der nicht mehr so radikal war, wie er in den Zwanzigern und Dreißigern gewesen war. Wir erkannten uns selbst wieder, wir konnten unsere eigene Jugend wiedererkennen, aber unsere radikalen Ansichten waren im Widerstand gegen Hitler und im Kalten Krieg um Berlin abgeschliffen worden. Peters Politik war kompromißlos – wie sie sein sollte –, und sie mußte deshalb in eindeutigen Gegensatz zu dem Weg des Vaters geraten, der von Kompromiß zu Kompromiß führte.

In Berlin hatte Willy eine Tugend daraus gemacht, mit mehreren Koalitionsparteien zu regieren, und in Bonn hatte er die Große Koalition als Notwendigkeit geschluckt, um nach zwei verlorenen Bundestagswahlen an die Macht zu kommen. Für Peter war das ein schändliches Spiel. Die beiden diskutierten mit gegenseitigem

Respekt, und es hätte ein schöner Generationsstreit werden können, wenn man ihnen erlaubt hätte, ihn in Ruhe zu führen. Aber ihre politischen Gegensätze wurden zu einer öffentlichen Angelegenheit gemacht, weil sie sich in der Parteipolitik gegen Willy gebrauchen ließen. Und sie wurden so auch gegen Peter mißbraucht.

Das war für keinen von ihnen angenehm, weil die Selbstachtung des Jüngeren sich den politischen Notwendigkeiten des Älteren nicht beugen durfte.

Und es war auch nicht so einfach, Mutter zu sein. Die Jungen sagten einmal, daß ich es leichter hätte als Willy, weil ich ohne Rücksicht sagen könne, was ich meinte. Aber es gab ja mindestens zwei, auf die ich Rücksicht nehmen mußte. Ich versuchte zu vermitteln, wenn ich es notwendig fand, und ich versuchte, für beide eine Stütze zu sein. Aber ich fand wohl, daß Peter am meisten meiner Unterstützung bedurfte.

Peter und Lars erhielten 1966 das Angebot, in dem Film »Katz und Maus« nach einer Novelle von Günter Grass mitzuspielen. Das Projekt wurde von der Stiftung »Kuratorium Junger Deutscher Film« unterstützt, und es war eine so harmlose Sache, daß man keine politischen Irritationen befürchten mußte. Berühmte Schauspieler wie Berta Drews und Michael Hinz sollten mitwirken. Peter sollte den älteren und Lars den jüngeren Mahlke spielen, den Gymnasiasten, der sich kriegsfreiwillig meldete – mit dem einen Ziel, ein Ritterkreuz zu erwerben, um damit seinen großen Adamsapfel zu verdecken.

Willy unterschrieb den Vertrag mit einigen Bedenken; er gab ihm einen Zusatz, daß die Aufnahmen nicht über die Schulferien hinausgehen dürften und daß die Gage nur eine Art Anerkennungsprämie sein dürfe. Der Film sollte in Danzig gedreht werden.

Als er in die Kinos kam, brach in den Zeitungen ein kleiner Sturm los. Leserbriefe wurden spaltenweise veröffentlicht, und nach Hause kamen anonyme Briefe. Was war geschehen? Ich hatte im voraus den Film gesehen und fand ihn gut. In der Szene, die die unglaubliche Verärgerung auslöste, sah ich nur Lasse, der zu meiner Erleichterung vom Boden eines Schiffswracks auftauchte: Mahlke hatte endlich sein Ritterkreuz gefunden und hängte es sich um den Bauch. Aber nein, das Ritterkreuz sei entehrt worden; dieser Lümmel habe es an sein Geschlechtsteil gehängt, hieß es.

Es hatte begonnen, wieder modern zu werden, das Ritterkreuz an der richtigen Stelle zu tragen, und so gab es jetzt eine willkommene Gelegenheit, eine Kampagne zu starten. Nun hatten sowohl Willy als auch ich gewiß ein anderes Verhältnis zum Ritterkreuz als ein Teil des deutschen Volkes, aber wir schluckten das wie so vieles andere.

Im Gymnasium arbeitete Peter in der Redaktion der Schülerzeitung »Roter Turm« mit, die nach dem Wahrzeichen der Schule benannt war, und in dieser Eigenschaft führte er sein erstes längeres Gespräch mit Rudi Dutschke.

Als er nach dem Interview abends nach Hause kam, brannte er darauf, mir von diesem Dutschke zu erzählen, von dem ich bis dahin kaum gehört hatte.

Peter wurde wohl auch von Dutschkes radikalen

Standpunkten beeinflußt, ein kritikloser Bewunderer ist er aber niemals gewesen. In seiner Besprechung über das Rudi-Dutschke-Buch »Mein langer Marsch« schrieb er 1980: »Rudi Dutschke war zwar nicht mein Freund im engeren Sinne, aber ich hegte ihm gegenüber eine außergewöhnlich herzliche Sympathie.«

Peter war Anfang 1968 mit der Schule fertig, und ich fuhr nach Berlin, um bei der Abschlußfeier dabei zu sein.

Es war üblich, daß die Klassenbesten der jeweiligen Fächer sich von der Schule und der Schulzeit mit Ansprachen in den klassischen und in den modernen Sprachen verabschiedeten: Latein, Altgriechisch, Französisch und Englisch. Peter war gebeten worden, die Rede auf deutsch zu halten, die nun jeder verstand. Ich erinnere mich genau an die Unruhe und die Abneigung, die ihm entgegenschlug. Frau Knoche, bei der er in Wannsee wohnte, kam und setzte sich zu mir: »Heute muß ich bei Ihnen sein«, sagte sie. »Es wird nicht leicht für Peter.« Es war eine gute Rede, in der er die Unruhe der Jugend, nicht nur der Studenten, sondern auch die Opposition unter Gymnasiasten zu erklären versuchte, und er sprach über die Notwendigkeit einer Demokratisierung der Schule. Lauthals schlug ihm seitens der Eltern Entrüstung entgegen: »Unerhört!«, »Skandal!«, »Pfui!« Ich wußte nicht recht, ob es eine Demonstration gegen das war, was er sagte und wofür er stand, oder gegen seinen Vater.

Die Verbindung zu Dutschke reichte schon damals aus, um in der aufgeheizten Stimmung Berlins einen offenen Konflikt herbeizuführen. Ein gutes halbes Jahr vorher hatte die Polizei Demonstranten gegen den Schah vor sich her getrieben. Der Tod Benno Ohnesorgs schuf das erste Blutopfer der Studentenbewegung. Einige Monate danach demonstrierte Peter vor dem Landgericht Moabit. Rudi Dutschke führte den Demonstrationszug an, und es wurde Peter später vor Gericht zur Last gelegt, daß er infolge der Polizeibilder hinter Dutschke gestanden hatte.

Alles, was Peter tat – und mehr als das –, wurde publizistisch ausgeschlachtet. Das führte zu Überschriften und Leitartikeln und nicht zuletzt zu Unruhe und Ängstlichkeit innerhalb der SPD. Man riet uns, ihn außer Landes zu schicken. Gerüchte gingen um, daß Peter und Lars in Moskau oder Peking studierten. Eine Zeitung schrieb sogar, daß sich Peter in Kuba zum Guerillakämpfer ausbilden lasse. Es ist fraglich, ob er als Trotzkist dort besonders willkommen gewesen wäre. Solche Gerüchte hielten sich bis weit in die siebziger Jahre.

Eines Morgens überreichte mir Hausmeister Noack eine Notiz über Telefongespräche, die er im Laufe der Nacht geführt hatte. Man hatte aus Berlin angerufen: Peter liege verletzt im Westend-Krankenhaus und bitte um Kontakt mit seiner Mutter. Noack hatte sowohl im Krankenhaus als auch bei der Polizei versucht, wo nichts darüber bekannt war. Ich rief sofort Peters Nummer an; er war da und hatte das ganze Spektakel glücklicherweise nicht mitbekommen. Aber die Angst nahm mich wieder gefangen, und ich fuhr nach Berlin. Ich kaufte ihm einen gebrauchten Volkswagen für die Fahrten von und nach Wannsee, um ihm etwas Schutz zu verschaffen und um mich selbst zu beruhigen.

Mitte März 1968 hielt die SPD ihren Parteitag in Nürnberg ab. Vor dem Eingang hatte sich eine Gruppe Demonstranten versammelt, die Herbert Wehner und Willy grob anrempelten.

Willy rief mich am Vormittag an und sagte aufgebracht, daß er mit seiner Geduld jetzt bald am Ende sei: Peters »Gesinnungsgenossen« hätten ihn und Wehner angegriffen, als sie in die Versammlungshalle gehen wollten; Wehner sei dabei die Brille von der Nase geschlagen worden.

Auch wenn es sich keineswegs um Peters »Gesinnungsgenossen« handelte, rief ich ihn am Nachmittag an und erzählte ihm, was geschehen war und wie ungehalten sein Vater sei. Peter war sehr betroffen und wollte etwas tun. Ich schlug vor, daß er Willy im Nürnberger Grandhotel anrufen könnte. Er wollte es sich überlegen und mir Bescheid geben. Etwas später rief er an und las mir ein Telegramm vor, das er aufgesetzt hatte. Ich ermutigte ihn, es abzuschicken, ohne mich zum Inhalt zu äußern. »Ich bin empört über die gewaltsamen Angriffe gegen Dich vor dem Parteitag. Dadurch wurde die – wie ich meine – berechtigte Demonstration gegen die Politik der SPD entwertet und diskreditiert. Der Marxismus unterscheidet sich von Anarchismus nicht zuletzt dadurch, daß er den individuellen Terror ablehnt. Abgesehen von den tiefgreifenden und grundsätzlichen Gegensätzen, die uns politisch trennen, finde ich es ungerecht – wenn schon falsche Methoden angewandt werden –, gerade gegen den liberalsten SPD-Führer vorzugehen. Die in Nürnberg aufgetretene Minderheit von Provokateuren ist der außerparlamentarischen Opposition, der sozialistischen Opposition innerhalb der SPD, besonders aber der revolutionär-marxistischen Tendenz in den Rücken gefallen. Alles Gute – Peter.«

Am nächsten Tag rief mich Willy an und berichtete stolz über Peters Telegramm. Er hatte es zum Parteitag mitgenommen und es den anderen in der Parteiführung gezeigt.

Während des Wahlkampfs in Baden-Württemberg im April, wo »Peter unsichtbar anwesend war«, wie geschrieben wurde, mußte »Brandt zugeben, daß man vielleicht einen Fehler gemacht hatte, sich nicht genug Zeit genommen zu haben, um mit den jungen Leuten zu sprechen«.

Rudi Dutschke, in dem die meisten den Anführer der Jugendrevolte sahen, wurde in der Öffentlichkeit als ein Halbverrückter dargestellt, mit wilden Augen und aufgerissenem Mund. Man stellte ihm nach, und er mußte mehrmals den Wohnsitz wechseln. Stinkbomben wurden durch den Briefschlitz geworfen, und neben die Eingangstür schrieb jemand mit roter Farbe: »Vergast Dutschke!« Gegen ihn wurde eine unglaubliche Hetze entfacht.

Am Gründonnerstag 1968 fuhr Rudi Dutschke mit dem Fahrrad zum Kurfürstendamm. Er hatte Medizin für seinen kleinen Sohn Hosea Che geholt und befand sich auf dem Heimweg, als ein Mann auf ihn zustürzte und drei Schüsse abfeuerte. Dutschke wurde in die rechte Schulter, in die rechte Wange und in den Kopf getroffen. Er konnte gerettet werden. Auch der Attentäter, Josef Bachmann aus Peine, wurde bei der Festnahme verletzt, und beide wurden in das selbe Krankenhaus eingeliefert. Es gehört wohl auch zu dem Bild Dutschkes, daß er Bachmann später im Gefängnis besuchte.

Peter schreibt über Dutschke: »Am stärksten beeindruckte mich sein Charakter. Seine Unbestechlichkeit, seine Aufrichtigkeit, seine persönliche Bescheidenheit, seine Sanftmut waren unübertrefflich. Es gab wohl niemanden, der persönlich mit ihm in Kontakt kam und ihn nicht mochte.«

Nach dem tragischen Mordversuch fühlte ich einen starken Drang, mein Mitleiden praktisch zu zeigen. Über Peter bot ich an, mich Dutschkes Babys anzunehmen, solange Gretchen Dutschke es wünschen würde. Aber natürlich wollte Frau Dutschke nicht ihr Kind weggeben; es war ihr Trost in dieser Zeit.

Peter war in Paris, als Rudi Dutschke niedergeschossen wurde. Er nahm den Nachtzug nach Berlin und erreichte eine Protestversammlung in der Universität, im Gepäck eine Grußadresse seiner Freunde von der Vierten Internationale.

Es gab fast Aufruhr in Berlin. Die Studenten klagten die Springer-Presse an, Dutschke gejagt und die aufgeheizte Stimmung gegen ihn erzeugt zu haben, die den Hintergrund für das Attentat abgab. In der Nacht zum Freitag und auch in der Nacht zum Sonnabend versuchten sie das Springer-Hochhaus zu blockieren. Autos wurden umgeworfen und in Brand gesteckt.

Für Sonnabend-Vormittag hatten sie eine friedliche Demonstration auf dem Ku'Damm verabredet, eine Gesprächs-Demonstration ohne Gewalt. Eine Gruppe, zu der auch Peter gehörte, sollte in kurzen Abständen den Verkehr zum Erliegen bringen – dreimal zehn Minuten –, um mit den Menschen über den Hintergrund der Osterunruhen ins Gespräch zu kommen. Die Polizei stand am Olivaer Platz. Die Demonstranten blieben auf dem Bürgersteig und folgten den Signalen der Fußgängerampeln. Sie wurden in die Meinekestraße dirigiert; dort stürmten Polizisten von allen Seiten ein, umringten sie und drängten sie zusammen.

Sie wurden ohne Grund und Erklärung verhaftet. Es hatte keine Zusammenstöße und keine Gewalt seitens der Demonstranten gegeben. Sie wurden auf Lastwagen verfrachtet und zur Polizeiwache gefahren. Man nahm ihnen Fingerabdrücke ab und machte Fotos von ihnen. Was man ihnen vorwarf, erfuhren sie die ganze Zeit über nicht.

Peter wurde nach dreißig Stunden freigelassen. Ich fuhr nach Berlin, um zu hören, was sich abgespielt hatte. Er wurde des »Auflaufs« beschuldigt. Die Anklageschrift von 21 Seiten handelte größtenteils darüber, inwieweit die Demonstranten und Peter die polizeilichen Warnungen und die Aufforderungen, die Straße zu räumen, gehört hatten oder gehört haben konnten. Die Verhandlung fand hinter geschlossenen Türen beim Landgericht Moabit statt. Der Ankläger präsentierte sechs Polizisten als Zeugen, die sich nicht einigen konnten, was wann geschehen war. Auch wenn der Zeitpunkt nicht mit Sicherheit festgestellt werden konnte, entschied sich »das Gericht, von den Tatsachen auszugehen«, wie die Richterin, Frau Veith, in ihrem Urteilsspruch vom 6. Juni 1968 sagte. Es war ein Urteil mit »den merkwürdigsten und bedenklichsten Prämissen, die man jemals in Moabit gehört hat«, schrieb eine Zeitung. Und es verdient, ein wenig zitiert zu werden:

»Der Angeklagte ist ein körperlich zarter, mittelgroßer junger Mann, der während der Verhandlungstage höflich und bescheiden auftrat. Er ist sehr intelligent und hat ein gutes Abitur gemacht. Seit die Eltern nach Bonn umgezogen sind, hat der Angeklagte selbständig in Berlin gelebt.

Er ist politisch sehr interessiert und hat sich eine ganz feste Meinung über das gebildet, was nützlich ist und was in politischer Hinsicht nicht gut ist. Diese Auffassung ist für ihn unumstößlich, obwohl sie rein theoretisch ist und dem Angeklagten begreiflicherweise aufgrund seiner Jugend jede praktische Erfahrung fehlt. Seine theoretische, feste, politisch linksorientierte Auffassung liefert ihn den Informationen gleichgesinnter Erwachsener aus, ohne daß er den vorhandenen Verstand benutzt, selbst zu urteilen.

Diese seine einseitige und noch nicht abgeklärte und nicht durch die Praxis nachgeprüfte Einstellung bringt es auch mit sich, daß er in einer Protesthaltung zum Vater steht. Faktisch hat sich der Vater nur wenig um die Erziehung seiner Kinder kümmern können, weil er in steigendem Maß von seiner politischen Tätigkeit beansprucht war. Besonders für den intelligenten Angeklagten wäre es ratsam gewesen, wenn sich der väterliche Einfluß auf passende Weise geltend gemacht hätte.«

Aufgrund all dessen erkannte die Richterin somit, daß der Angeklagte nicht auffallend unvorteilhaft gewirkt habe und daß seine Verfehlungen nicht so schwer wögen, daß er notwendigerweise verurteilt werden müsse. Dennoch befand das Gericht, daß dem Angeklagten nachdrücklich klargemacht werden müsse, daß Störungen der gesellschaftlichen Ordnung nicht hingenommen werden könnten. Er mußte gezüchtigt werden, und zwei Wochen Jugendgefängnis würden dem Angeklagten eine gute Gelegenheit geben, »in Ruhe über alles nachzudenken«.

Willys öffentlicher Kommentar von Bonn aus lautete: »Wenn ein Richter die vermutete Protesthaltung eines Sohnes gegen seinen Vater als kindliche Unreife betrachtet, dann frage ich mich, wie wir bei solcher Weltfremdheit zu einem besseren Verständnis der Jugend kommen können.«

Auch in dieser Zeit bekam ich den Beweis dafür geliefert, daß die Deutschen ein schreibendes Volk sind, und ich erhielt nicht nur bösartige Briefe. In einem Teil der Briefe wurde die Meinung vertreten, daß die politische Diskussion zwischen Willy und Peter gesund und echt sei. Es sei praktische Demokratie und handele sich um einen normalen Konflikt zwischen zwei Generationen.

»Wir sehen«, schrieben ein Pfarrer und seine Frau an mich, »ein Vorbild und ein Zeichen für Format darin, daß Sie – trotz der Belastungen, die es mit sich bringt – an der Freiheit in dem Maß festhalten, wie Sie es tun.«

Aber es gab auch einzelne, die meinten, bei uns in der

Familie gäbe es zu viel Demokratie. »Ein Mann, der keine Ordnung in seiner Familie halten kann, hat nichts in der Politik zu suchen.« Und: Bei uns müßten »merkwürdige Familienverhältnisse« herrschen. »Peter opponiert gegen seinen Vater, und die Mutter schenkt ihm dafür ein Auto.«

Was Peter an Drohbriefen erhielt, weiß ich nicht – er zeigte sie mir nicht –, aber das, was ich bekam, war genug, daß die Angst jeden Tag wuchs. Daß er in der »Nationalzeitung« als »Staatsfeind Nr. 1« bezeichnet wurde, war – so meinte Peter – zuviel der Ehre. Aber die anonymen Briefe, die ich erhielt, mit verschmierten Bildern von ihm auf dem Polizeiwagen, mit sadistischen Drohungen, ihn zu kreuzigen – »Schweinehund, aber nicht mehr lange« –, nahm ich ernst.

Natürlich hatten wir Meinungsverschiedenheiten in der Familie. Willy, konfliktscheu, überließ es mir, Peter klar zu machen, was der Vater meinte. Aber wir verbaten ihm niemals etwas, und auf seinen Versammlungen verteidigte Willy Peter in einer exemplarischen Weise, die den jungen Leuten damals zu der Auffassung verhalf, ihn als einen vorbildlichen Vater anzusehen.

Im Juli lag Peter im Krankenhaus und schrieb von dort einen Brief an seinen Vater:

»Vielleicht schulde ich Dir einige Bemerkungen persönlich-privater Art. Ich denke, der Zeitpunkt ist gerade jetzt günstig, weil wir im Augenblick keinerlei Konflikte haben. Da wir uns in der nächsten Zeit nicht sehen werden und ich in dieser Hinsicht etwas befangen bin, mache ich es schriftlich. Ich möchte so gern, daß Du verstehst, wie unglücklich ich über diesen familiären Konflikt bin. Meiner Meinung nach könnten wir ja eine Musterfamilie sein.

Heute kann ich sagen – und ich finde, das ist ein großes Lob für Eltern –, daß ich das Empfinden habe, richtig erzogen worden zu ein, sozusagen etwas antiautoritär.

Ich möchte Dir auch gerne sagen, und ich finde, das ist wichtig für die Beziehung zwischen uns, daß ich Dich als aufrichtig und ziemlich konsequent betrachte. Ich war nicht immer davon überzeugt, aber heute weiß ich, daß Du niemals – oder fast nie – aus reinem Opportunismus handelst. Auf der anderen Seite steht meine politische Überzeugung als Leitfaden für mein Handeln. Mutti wird wohl niemals verstehen, wie weit politische Pflicht reicht – Du weißt es. Ich hoffe von Herzen, daß es niemals zum persönlichen Bruch zwischen uns kommt und daß ich in der Zukunft alles vermeiden kann, was Dir schaden könnte.«

Am nächsten Tag bekam auch ich einen Brief. Peter dachte wohl, daß er mich mit den Bemerkungen über mein mangelndes Verständnis für eine politische Bindung gekränkt hätte und schrieb: »... das ist vielleicht nicht ganz richtig. Als politisch denkender Mensch verstehst Du es sicher, aber als Mutter und Ehefrau kannst Du nicht gutheißen, daß zwei Menschen sich auseinanderleben.«

Er kam auch auf das Gerichtsurteil zu sprechen, das von beiden Parteien angefochten worden war: »Wenn ich einen neuen Richter bekomme, der überhaupt begreift, worum es geht, sieht die ganze Sache schon viel besser aus.« Im Dezember kam er vor ein gewöhnliches

Gericht, wo er sagte: »Ich möchte gleich klarstellen, daß ich in regelmäßigem Kontakt mit meinen Eltern stehe und mein persönliches Verhältnis zu ihnen vielleicht besser ist als bei den meisten jungen Leuten.«

Andere Mitdemonstranten wurden in der Berufung freigesprochen. Peter bekam eine Geldstrafe von 250 Mark anstelle des Gefängnisses. Später gab es für diese Kleinigkeiten eine allgemeine Amnestie.

1973 machte er seinen Doktor in Geschichte und arbeitete ab 1975 als Wissenschaftlicher Assistent bei seinem Doktorvater, Professor Reinhard Rürup, im Institut für Geschichtswissenschaft an der Technischen Universität Berlin. Bei der Anhörung über die politische Einstellung des Bewerbers, wie sie bei entsprechenden Verdachtsmomenten damals im Rahmen der Regelüberprüfung verlangt wurde, sagte er über sich selbst unter anderem: »Einige Dinge sehe ich wesentlich anders als damals. Ich würde heute auch anders formulieren. Aber das Freiheitliche im Sozialismus ist für mich immer das bestimmende Handlungsmotiv gewesen ...«

In Peters letztem Schuljahr sollte er einmal nach Bonn kommen. Ich erwartete ihn nachmittags, aber er kam nicht – am Abend nicht, und auch die Nacht verging, ohne daß er auftauchte.

Ich wurde beinahe hysterisch und wollte zur Polizei gehen, aber Willy sagte, wir sollten bis zum nächsten Tag warten.

Er kam dann auch im Lauf des Tages und erklärte uns sein Treiben: Statt das Geld für die Zugfahrt bei der Berliner Sekretärin von Willy abzuholen, stellte er sich an die Autobahn, um zu trampen. Nach längerer Zeit kam er mit einem Lastwagen bis Hannover mit. Es wurde zehn Uhr, ohne daß er weiterkam, und da stand er mit acht Mark in der Tasche. Vergeblich versuchte er bei der Polizei Geld zu leihen; man konnte ihm nur raten, zur Bahnhofsmission zu gehen.

Dort wurde er freundlich aufgenommen und bekam ein Bett zwischen den anderen, festen Obdachlosen. Diese wunderten sich etwas über den Neuen, der sich die Zähne putzte, bevor er schlafen ging.

Am Morgen mußte er seinen Personalausweis zeigen und bezahlte die eine Mark, die es kostete.

»Peter Brandt?« wunderte sich die Missionsschwester, »Peter Brandt? Sind Sie mit Willy Brandt verwandt?«

Nein, das sei er nicht.

»Aber Sie ähneln ihm«, beharrte sie.

Ja, meinte Peter, das habe er schon öfter gehört.

Königin und Marschall

Wie waren sie, bin ich oft gefragt worden, alle diese berühmten Menschen, die du trafst, die man immer im Fernsehen sieht, über die man immer liest. Und meine Antwort lautete: Sie sind ungefähr wie du und ich, vielleicht mit einzelnen Ausnahmen.

Das entdeckt man, wenn man die Königin von Griechenland auf dem Schloß herumeilen und Frischluft sprühen sieht, während schon die Gäste kommen, und wenn die Königin von England mit zwei Fingern über das Wandgetäfel streicht, um zu sehen, ob Staub darauf liegt, und wenn die Kaiserin von Persien darüber klagt, daß ihre Kinder zu viele Geschenke erhalten. Daß Königinnen auch Hausfrauen sind, macht ihre königlichen Schlösser mit livreegekleideten Dienern und Goldtellern nicht zum gewöhnlichen Alltag, aber es nimmt ihrer Märchenwelt ein wenig von der Verzauberung.

Trotzdem war ich gespannt, als ich mit Willy auf offiziellen Besuch im April 1972 nach London reiste. Wir waren von Königin Elizabeth auf Schloß Windsor zur Tafel gebeten, der Burg hoch über der Themse westlich Londons, seit 900 Jahren Sitz der englischen Monarchen. Und es wurde uns eine Ehre erwiesen, die nicht einmal Adenauer zuteil geworden war: Wir sollten dort übernachten.

Schon spät am Nachmittag, einige Stunden nach der Ankunft in London, landeten wir mit dem Hubschrauber vor dem Schloß. Dort stand Prinz Philipp, um uns in Empfang zu nehmen. Wir bekamen gleich unsere Zimmer zu sehen und machten uns frisch, bevor wir zu einem kurzen Gespräch zur Königin geführt wurden.

Unsere Kleidung für das Abendessen, die mit einem weiteren Hubschrauber geschickt worden war, war ausgepackt und fertig zum Anziehen. Ich hatte ein rosa Kleid mit einem lila Cape gewählt – in der Hoffnung, daß die Königin eine andere Farbe ausgesucht hätte.

Ungefähr zehn Jahre früher war ich in Griechenland in Schwierigkeiten gekommen, als wir bei König Paul und Königin Friederike Mittag essen sollten. Extra für diese Gelegenheit hatte ich mir ein schwarzweißes Kleid und einen schwarzen Mantel mit weißem Seidenfutter anfertigen lassen, um korrekt und festlich angezogen zu sein. »Um Gottes willen«, sagte der Botschafter, »auf dem Schloß darf man nicht schwarz tragen. Schwarz ist die Trauerfarbe, und weiß ist die Farbe der Königin.« Ernste Telefongespräche wurden zwischen Botschaft und Schloß geführt, aber sie endeten tatsächlich damit, daß ich in meinem Schwarz-Weißen kommen durfte.

Wir waren 28 Personen auf Windsor Castle; Willy saß zwischen Königin und Prinzessin Anne. Ich hatte Prinz Philipp auf meiner linken Seite und Außenminister Douglas-Home rechts. Gegenüber saß Premierminister Heath. Prinz Philipp war nicht nur unterhaltsam, er sprach auch fließend Deutsch. Unsere Unterhaltung drehte sich weder um Großbritannien, noch um Deutschland, noch um Norwegen, sondern um Island und isländische Ponys. Nach einer halben Stunde wandten sich alle, wie auf Kommando, zu dem anderen Tischnachbarn, und, was mich angeht, wurde der Rest des Abendessens anstrengender. Nach dem Kaffee führte uns die Königin durch den familiären Teil des alten Schlosses, wo ihre ferne Vorgängerin vor 600 Jahren ihr Hosenband verloren hatte. In der Bibliothek hatten sie uns zur Freude einige schöne Dürer-Zeichnungen herausgesucht. Es war zu dieser spätabendlichen Zeit, als Elizabeth feststellen wollte, ob Staub gewischt worden war.

Ich schlief gut in einem großen königlichen Bett und hatte ein traditionsreiches Badezimmer. Das Frühstück wurde auf dem Zimmer serviert; wir bekamen jeder ein Ei, zwei kleine Kugeln Butter, zwei Stück Toast, Marmelade und Tee. Das war's.

Es war der Geburtstag der Königin, und wir durften ihr gratulieren, bevor wir abreisten. Willy überreichte ihr ein Fernglas – vielleicht für's Galopprennen. Sie freute sich und probierte es gleich am Fenster aus. Wir nahmen Abschied, stiegen in den Hubschrauber und landeten kurz danach beim Buckingham Place.

Mit gemischteren Gefühlen fuhr ich 1972 nach Teheran mit. Der Besuch in Persien sollte helfen, wie eine deutsche Zeitung schrieb, »die Freundschaft zu erneuern«, die durch die Studentenunruhen beim Schah-Besuch in Berlin ziemlich ramponiert worden war.

Das hätte leicht ein wenig unbehaglich für mich werden können. Doch ich wurde mit einer Offenheit und einem Verständnis aufgenommen, die mich freuten. In der deutschen Schule in Teheran begrüßte mich der Lehrer als »Mutter geratener Söhne«; das bekam ich sonst nicht häufig zu hören.

Und ich traf eine Kaiserin, für die ich Respekt und Sympathie gewann. Farah Diba war natürlich, sie war klug, und sie war stark engagiert für die Modernisierung des Iran, in dem die Frauen auf dem Lande mehr Rechte erhalten sollten.

Beim Essen im Kaiserpalast kam die Rede auf die Demonstrationen, die es in Paris gegeben hatte. Es wurde der Name eines Mädchens erwähnt, das verhaftet worden war, und Farah Diba rief aus: »Ah, das ist eine Freundin von mir aus der Pariser Studentenzeit!« Der Schah sagte: »Sie ist Kommunistin, und das wärest du auch geworden, wenn ich dich nicht geheiratet hätte.« »Nein«, lächelte Farah, »dafür habe ich zu großen Respekt vor meinem Herrscher.«

Der russische Maler Ilja Glasunow hatte zu wenig Respekt vor seinen Herrschern, um Kommunist zu sein. Trotzdem war er einer der wenigen sowjetischen Künstler, die zwischen Ost und West hin- und herfahren durften, ohne ihre Unabhängigkeit zu verlieren.

Zu Chruschtschows Zeiten hatte er Glück gehabt und sich mit seinen Porträts an den richtigen Orten in Westeuropa durchgeschlagen. Die ausländische Anerkennung machte ihn für den Staat nützlich, und das schützte ihn, als in Breschnews Zeit der Kurs gegenüber den Künstlern, die ihre eigenen Wege gingen, wieder verschärft wurde.

1976 stellte Glasunow in Düsseldorf seine starken und klaren, aber auch düsteren Bilder aus. Als er fragte, ob er mich malen dürfte, war ich erstaunt und geschmeichelt. Um mich zu überzeugen, zeigte er mir Bilder von anderen, die ihm Modell gesessen hatten: der schwedische König, der finnische Präsident, Gina Lollobrigida, Federico Fellini. Ja, selbst Indira Gandhi hatte er gemalt, und sie war so angetan von dem Bild, daß Breschnew es ihr als »Geschenk des russischen Volkes« überreichte. Bevor ich die Ausstellung verließ, hatte ich zugesagt. Er benötigte nur einige Tage, meinte er, höchstens eine Woche. Er malte direkt mit Ölfarbe auf Leinwand.

Sechs Tage saß ich einem russischen Maler gegenüber, der nicht nur zu klassischer Musik malte, sondern auch offenherzig und kritisch über das System und die Herrscher in der Heimat sprach. Die Kulturfunktionäre in Moskau boykottierten ihn. Sie kritisierten den Mangel an »sozialistischem Realismus« in seinen Bildern, und seine kirchlichen und altrussischen Motive bezeichneten sie als »Dekadenz«. Er hatte sich ursprünglich damit durchgeschlagen, schöne und schnelle Porträts westlicher Botschafter in Moskau und ihrer Frauen zu malen, und dadurch bekam er seine Chance. Der dänische Ministerpräsident Jens Otto Krag öffnete ihm den Weg nach Westen. Er schrieb an Ministerpräsident Kosygin und bat ihn, Glasunow nach Kopenhagen kommen zu lassen. Er sollte dort seine Bilder zeigen und

Krag und seine Frau, die Schauspielerin Helle Virkner, malen. Kosygin wischte die Proteste des Kulturministeriums vom Tisch.

»Dieses Bild«, er zeigte auf das Porträt von mir, »wird in der Botschaft überreicht werden.«

Ich glaubte zu wissen, daß Botschafter Falin und seine Frau Galina große Kunstliebhaber waren.

»Falins sowjetisches Gewissen in Angola, Falins Herz bei Porzellan«, sagte er nur.

Und das Bild wurde mir in der neuen russischen Residenz oben auf dem Godesberg überreicht. Falin und seine Frau waren dort und Angestellte der Botschaft und natürlich Glasunow (in dunkelblauer Samtjacke) und seine Frau Nina. Auch Journalisten und Fotografen waren nicht vergessen worden. Ich wurde zusammen mit Glasunow und dem immer noch nicht ganz trockenen Porträt fotografiert. Man servierte Tee und Krim-Sekt. Falin hielt eine Rede, und Glasunow hielt eine Rede, und das wirkte wie Florettfechten.

Falin lobte das Bild und die Kunst Glasunows; mehr ironisch als herzlich pries er ihn aber als »Meister des Wortes« – Glasunow sagte in seiner kleinen Ansprache, für ihn sei es gleichgültig, ob die Seele, die er male, kommunistisch, sozialistisch oder kapitalistisch sei.

Er lud mich ein, sein »Lebenswerk« anzusehen, ein sechs Meter breites Kolossalgemälde, das er aus Moskau mitgenommen und in Deutschland fertiggestellt hatte. Er hängte es in seinem Kölner Hotel auf. Dort sahen wir dann das »Mysterium des 20. Jahrhunderts« mit dem letzten Zaren, Trotzki mit gespaltenem Kopf, Stalin in einer Blutlache auf einer Bahre, mit Hitler,

Churchill und Roosevelt hinter sich, Adenauer, Kennedy, Solschenizyn, die Beatles, das Hakenkreuz und das Brandenburger Tor. Wir versuchten, ihm zu helfen, es zu verkaufen, aber ohne Erfolg. Er mußte es wieder mit nach Hause nehmen; erst unter Glasnost und Perestroika konnte er es in Moskau zeigen.

Wenige Tage nach meinem Besuch in der Botschaft brachte der »Bayern-Kurier« das Foto von Glasunow und mir vor dem Porträt und berichtete, daß dieser »Maler« Glasunow in Wirklichkeit KGB-Agent sei. Ein Amerikaner namens John Barron hatte ein Buch über den KGB geschrieben, das auch auf Deutsch herausgekommen war. Dort stand, daß Glasunow auffallend oft mit ausländischen Diplomaten Umgang habe. Er habe eine große Wohnung in Moskau und es sei ihm erlaubt auszureisen. Es könne also nicht überraschen, daß er sich dieser Privilegien würdig erweise, indem er sowjetische Intellektuelle und Ausländer ausspioniere.

Ich gab einen kleinen Empfang für ihn bei uns zuhause als Dank für das Bild, über das ich mich sehr freute. Glasunow war wütend über das Buch. In Anwesenheit Falins erklärte er, er wolle vor Gericht gehen, um rehabilitiert zu werden. Frau Falina konnte seinen Zorn nicht verstehen und meinte, eine solche Behauptung müßte doch eine Ehre sein.

»Ehre, Ehre!« schnaubte er.

Bevor er nach Moskau zurückfuhr, brachte er die Sache vor ein westdeutsches Gericht und bekam Recht. Die Passage über seine Agententätigkeit mußte in dem Buch gestrichen werden.

Es war ein eigenartiges Gefühl, zu einem offiziellen

Besuch nach Norwegen zu kommen. Das war Ende April 1970. Wir kamen in einem deutschen Militärflugzeug, und das hätte wohl bei vielen Erinnerungen wekken können. Aber die gesamte norwegische Presse hieß uns einstimmig willkommen. »Verdens Gang« druckte eine Karikatur von Willy, der aus dem Flugzeug stieg und vor den Parteiführern, die am Fuß der Treppe warteten, den Hut lüftete: »Stellt euch vor, ein Deutscher der alle norwegischen Parteien eint!«

Auf der Festung Akershus wurde ein Abendessen gegeben, und ich werde nie das stimmungsvolle Bild vergessen, als wir zwischen brennenden Fackeln zu dem Eingang heraufführen.

König Olav hatte zum Mittagessen auf dem Schloß geladen. Ich hatte die Anweisung erhalten, einige Schritte hinter dem König zurückzubleiben, wenn wir zu Tisch gingen. Aber er kümmerte sich nicht um die Etikette. Er wandte sich um, lächelte und sagte: »Kommen Sie, kommen Sie, kommen Sie!« Also gingen wir zusammen zu Tisch. Aber während wir herrliche Elchsteak bekamen, mußte der König Fischklopse essen. Nach dem Essen nahm er mich mit ans Fenster und zeigte mir Holmenkollen Skischanze. Dort hatte er in seinen jungen Jahren selbst an Skisprüngen teilgenommen.

Drei Jahre später, im Juni 1973, hatten wir die Freude, König Olav während seines Deutschland-Besuchs zum Mittagessen im Palais Schaumburg zu empfangen.

Am letzten Tag gab der König ein Abendessen für Bundespräsident Heinemann. Nach dem Tisch kam der König zu mir. Wir standen lange zusammen und sprachen auf norwegisch über Norwegen. Und Norwegens König fragte *Jenta fra Hedemarken*: »Haben Sie noch Ihre Hütte in Vangsåsen?«

Mitte Juni 1968 fuhren wir auf offiziellen Besuch nach Jugoslawien. Die diplomatischen Beziehungen waren wieder aufgenommen worden, nachdem sie 1957 abgebrochen worden waren, als Jugoslawien die DDR anerkannt hatte.

Marko Nikezic war Außenminister, ein sympathischer Mann, neben dem ich gern saß. Wir hörten, er sei zu liberal, und nicht lange danach wurde er abgesetzt. Auch in Belgrad gab es Unruhe auf den Universitäten; es hieß, sein Sohn hätte an den Demonstrationen teilgenommen. Dieses Problem hatten viele der hohen Herren, die wir trafen. Sie nahmen uns zur Seite und baten uns, Peter von ihren Söhnen und Töchtern Grüße auszurichten.

Nikezic wurde von Mirko Tepavac abgelöst, der uns 1969 in Bonn besuchte. Lebhaft und charmant, wie er war, brachte er den Dolmetscher mit seinen Artigkeiten mehrmals in Schwierigkeiten.

Bevor er zurückfuhr, lud er mich zu einer Nachtwanderung in Dubrovnik ein, seiner Heimatstadt. Aber als wir später dorthin kamen, war auch Tepavac nicht mehr Außenminister.

Der Höhepunkt der Reise 1968 war der Besuch auf Brioni, das wie ein Paradies in der Adria daliegt. Man erzählte uns, es sei ein Geschenk des jugoslawischen Volkes für Marschall Tito. Hier durften nur hohe Parteifunktionäre Ferien machen. Die Insel war wie ein Park angelegt mit riesigen Wiesen, auf denen Rehe und Fasane umherliefen.

In einem umzäunten und bewachten Bereich stand ein großes Haus, das eines Fürsten würdig gewesen wäre. Tito wurde mit Ehrfurcht behandelt, und das ergab sich beinahe von selbst: Er hielt einen auf Abstand. Es gelang mir nie, mit ihm eine richtige Unterhaltung zustande zu bekommen. Ich hatte großen Respekt vor ihm, während Matthias, der 1973 mit war, mit ihm spielte und herumalberte und ihn fast zu einem normalen Menschen machte.

Jovanka, die ausdrücklich darum gebeten hatte, daß ich mitkäme, war die Herzlichkeit selbst. Üppig und kräftig in ihrem eng sitzenden Kleid, schwarzes, hochgestecktes Haar, lächelnd, mit weißen Zähnen im knallroten Mund. Ich bewunderte sie im voraus als Partisanin, und sie war in doppelter Bedeutung eine imponierende Gestalt.

Sie bat zum Tee, als die Männer politische Gespräche führten. Wir sprachen über dieses und jenes und landeten schließlich bei den Studentenunruhen. Ich hatte gehört, daß die Kritik sich auch gegen Jovanka richtete; man meinte, sie lebe wie eine Fürstin und habe vergessen, wo sie herkäme. Willy erzählte, daß Tito Verständnis für die aufrührerische Jugend zeige, doch Jovanka fand, daß die jungen Leute es zu gut hätten; sie bekämen alles geschenkt, und sie verlangten zuviel. »Oftmals haben sie doch recht mit ihren Protesten«, setzte ich an, kam aber nicht weiter, weil die Männer fertig waren, und es ging schließlich nicht an, daß sie auf uns warteten. Jahre später in Bonn fragte sie scherzhaft, ob wir unsere Unterhaltung von Brioni fortsetzen sollten.

Wir kamen wieder nach Brioni 1973; diesmal nahmen uns Tito und seine Frau auf dem Kai in Empfang. Nur Pferdekutschen waren auf der Insel gestattet, aber Tito hatte einen offenen Wagen und fuhr uns eigenhändig zum Gästehaus, in dem wir wohnen sollten. Jovanka führte mich herum und entschuldigte sich, daß das Haus nicht so modern eingerichtet sei, wie sie es gewünscht hätte. Doch alles war da, was wir brauchten, und einiges mehr: Cremes, Sonnenöl, Make-up in allen Schattierungen, französische Parfums, Shampoo und Haartrockner, Bademäntel und Gott weiß was noch.

Nach dem Abendessen, das der Präsident für uns gab, saßen Jovanka und ich noch zusammen. Sie wollte wissen, wen aus königlichem Hause ich getroffen hätte. Sie war sehr angetan von Liz Taylor und Richard Burton, die sie gerade besucht hatten. Burton sollte in einem Film Tito darstellen, sagte sie. Ob ich Burtons getroffen hätte? Nein? Das sei schade, denn er und seine Frau seien äußerst sympathisch, Burton habe über seine Kindheit erzählt. Er war eines von sechs Kindern in armen Verhältnissen. Der Vater war Minenarbeiter und trank, so daß nichts für Essen und Kleidung der Familie übrigblieb.

Alkoholismus unter Arbeitern kannte ich aus meiner Kindheit, sagte ich, und ich konnte mich erinnern, daß die Kinder sich versteckten, wenn der Vater am Zahltag betrunken nach Hause kam. Ich erzählte über meine Kindheit in der Hoffnung, etwas mehr über sie zu erfahren. Ich wußte, sie war die Tochter eines armen Bauern.

Sie könnte gut verstehen, wie schwer vieles in meiner Kindheit gewesen sei; sie ging aber nicht auf ihre eigene ein.

Am nächsten Tag fuhren wir mit der Yacht des Präsidenten nach Vanga, einer Insel mit tropischer Vegetation. Hier hatte Tito eine sogenannte Jagdhütte mit geschnitzten Möbeln und Jagdtrophäen. Im Haus gab es eine kleine Werkstatt, wo er in nostalgischen Stunden bastelte. An den Wänden der Werkstatt hingen Fotos der jungen und hübschen Jovanka. Hier legte er ein wenig von seiner Würde ab.

Tito war nicht nur Großwildjäger, er hielt sich einen eigenen Zoo auf Brioni; Jovanka nahm Matthias mit, um die Affen zu füttern. Unser gemeinsames zoologisches Interesse ließ uns später einmal seine Spur kreuzen: im kenianischen Busch im Tree-Top-Hotel. Das Gebäude stand auf hohen Pfählen, und am Nachmittag konnte man auf der Terrasse sitzen und die Tiere betrachten, die auf die Lichtung kamen. Tito sei auch dort gewesen, erzählte der dänische Besitzer. Frühmorgens, schon gegen sechs, habe er unten sein Frühstück und seinen Morgenwhisky bekommen. Er trank ihn aus der Kaffeetasse, damit Jovanka es nicht entdecken und ihm diesen Genuß wegnehmen würde.

Einige Wochen, nachdem Willy zurückgetreten war, kam Tito mit seiner Frau auf offiziellen Besuch nach Bonn. Wir wohnten noch im Kiefernweg auf dem Venusberg, und sie luden sich selbst an einem Abend zu uns ein. Es war ein schöner Bonner Sommerabend, und nachdem die meisten Gäste gegangen waren, setzten wir uns auf die große Terrasse.

Tito begann, aus seiner Jugend zu erzählen, von seinen Wanderjahren als Zimmermann: »auf der Walz« in Deutschland. Er saß zurückgelehnt im Stuhl in seinem korrekten blauen Anzug, mit einer Zigarre in der Hand und Diamantring am kleinen Finger. Wir merkten, daß die Erinnerungen ihn überkamen. Er sprach deutsch mit einigen englischen Brocken. Jovanka, die nicht deutsch konnte, machte mehrere Versuche, ihren Mann zum Gehen zu bewegen, aber er übersah das. Es war so offensichtlich, daß es ihm gutging, er trank seinen Whisky, die Stunden vergingen, und Jovanka mußte warten.

Breschnew und sein Land

Im Mai 1973 kam Breschnew nach Bonn. Ich war beim offiziellen Essen im Palais Schaumburg dabei. Als wir beim Kaffee waren, ging Breschnew zu Willy und fragte, ob er sich einen Moment mit mir auf das Sofa setzen dürfte. Ich überlegte, ob er mir etwas Besonderes sagen wollte, vielleicht etwas Wichtiges, dachte ich. Er legte in seiner Muttersprache los; als aber der Dolmetscher dazukam, hatte er nur eine Reihe guter Anekdoten zu übersetzen. Breschnew faßte mich am Arm, lächelte, hob seine dichten, schwarzen Augenbrauen und sah mich schelmisch an. Es war deutlich zu merken, daß er Eindruck machen wollte, und ich machte den Spaß mit.

Aus Sicherheitsgründen war er auf dem Hotel Petersberg untergebracht worden, oben im Siebengebirge auf der anderen Rheinseite. Chamberlain hatte hier gewohnt, als er im September 1938 mit Hitler verhandelt hatte, und nach dem Krieg war es Sitz der Hochkommissare. Es war lange nicht benutzt worden, für Breschnews Besuch hatte man es aber etwas renoviert.

Ein paar Tage später sollten politische Gespräche mit

Breschnew und seiner Delegation bei uns auf dem Venusberg stattfinden: zwei Stunden am späten Nachmittag und danach ein Herrenessen. Das Gelände wurde gesichert, als ob ein Angriff zu erwarten wäre. Längs des Zauns waren Spanische Reiter aufgestellt. Soldaten waren im Garten und draußen im Wald postiert.

Wir hatten Bescheid bekommen, daß Breschnew sich verspäten würde, einfach weil er zu lange Mittagsschlaf gehalten hatte. Soweit ich mich erinnern kann, verspätete er sich so sehr, daß die Gespräche ohne ihn stattfanden oder ganz ausfielen. Aber schließlich kam eine Meldung, die den Sicherheitsbeamten die Haare zu Berge stehen ließ: Breschnew war unterwegs, er stand im offenen Auto und winkte den Leuten, die entlang der Straße standen!

Ich saß oben in den Privaträumen und wartete auf Breschnews Ankunft. Wie so oft bei Herrenessen hatte Willy mich gebeten, vor dem Essen auf einen Drink herunterzukommen. Als ich auf die Terrasse hinauskam, stand er mit Willy und einem Dolmetscher unten im Garten. Er kam mir gleich entgegen, griff mit beiden Händen fest meine rechte Hand und küßte sie. Dann fragte er wieder – nicht mich, sondern Willy –, ob er sich ein wenig mit mir unterhalten dürfe. Wir gingen hinein und setzten uns aufs Sofa. Ich nahm einen Sherry, und er bat um einen Whisky. Er ließ sich den Whisky schmecken und rauchte hektisch. Aus seiner Jackentasche nahm er ein Feuerzeug mit einer eingebauten Uhr, das er mir schenkte. Kurz danach kam einer seiner Männer zu ihm, flüsterte ihm etwas ins Ohr und rief den Kellner herbei. Er trug Breschnews Glas weg und kam mit einem sehr hellen Drink zurück. Mich wunderte, daß Breschnew das ohne weiteres geschehen ließ. War er schon damals krank?

Ich konnte Breschnew gut leiden. Er hatte Charme und Humor, war impulsiv und leicht zu Tränen gerührt. Gut angezogen war er nicht in Bonn. Sein Anzug war aus schlechtem Stoff und saß nicht. Aber als wir im Juni 1975 nach Moskau kamen, empfing uns ein eleganter Generalsekretär in modernem blauen Anzug.

Abrassimow hatte im November 1966 eine Einladung überbracht, die an den SPD-Vorsitzenden und seine Frau gerichtet war, gerade als Willy Außenminister wurde. Beinahe ein Jahrzehnt später landeten wir auf dem Sjeremetwo-Flughafen, für mich zum ersten Mal – und ich kam als Frau des Parteivorsitzenden.

In der Zwischenzeit war viel geschehen. Als Frau des Außenministers, und später des Kanzlers, hatte ich spannende Jahre in Deutschland verlebt, reich an Erfahrungen und Erlebnissen. Ich hatte an vielen offiziellen Reisen ins Ausland teilgenommen, aber nicht in die Sowjetunion.

Breschnew stand da in seinem neuen Anzug, und zu meiner Freude war auch seine Frau Viktoria dabei. Im Gegensatz zu der lebhaften Frau Gromyko war Frau Breschnew zurückhaltend und fast schüchtern. Auf dem Weg zum Gästehaus auf dem Leninhügel, wo wir wohnen sollten, zeigte sie auf einen der großen typischen Wohnkomplexe in Moskau und sagte, dort läge ihre Wohnung. Ich dachte, sie wohnten im Kreml.

Breschnew kam gleich auf mich zu, als ich aus dem Auto stieg, nahm mich unter den Arm und führte mich um das Haus zur Rückseite, breitete die Arme aus und sagte: »Frau Brandt, hier lege ich Ihnen Moskau zu Füßen.«

Während des Mittagessens im Kreml fiel uns auf, daß Breschnew nicht viel aß. Man hatte den Eindruck, daß er Schwierigkeiten hatte zu kauen. Er dürfe nicht so viel rauchen, sagte er, und legte ein Zigarettenetui auf den Tisch, das nur jede halbe Stunde geöffnet werden konnte. Er schenkte mir wieder ein Feuerzeug, und ich hatte eines für ihn mitgebracht. Das war eine Art Spaß zwischen uns geworden.

Während Willy Gespräche führte, führte man mich durch die Rüstkammer der Zaren mit der Sammlung ihrer Throne und Gewänder, Ornate und Kutschen. Wir fuhren entlang der 500 Jahre alten Kremlmauer mit ihren neunzehn Türmen bis zum Roten Platz, wo eine lange Menschenschlange geduldig auf den Einlaß ins Lenin-Mausoleum wartete.

Als unser Wagen auf den Platz fuhr, hielten die Soldaten, die vor dem Eingang Wache standen, die Schlange an. Wir gingen allein nach unten in den stillen, kalten Raum, wo ein einbalsamierter, wie aus Wachs wirkender Lenin auf einer Erhöhung aus rotem Marmor lag.

Ich wollte auch gern etwas von dem lebenden Moskau sehen. Ich fragte, ob wir nicht einen Spaziergang machen und einfach das tägliche Leben beobachten könnten oder mit der Metro fahren, über die ich so viel gehört hatte. Das sei aus Sicherheitsgründen nicht möglich, sagte man mir und brachte mich statt dessen zu einem Raumschiff, wo ein Wissenschaftler mir zu erklären versuchte, was es damit auf sich hatte.

Das Kaufhaus GUM konnte man mir auch nicht zeigen, aber dafür ein anderes, in dem wir erwartet wurden. Sie hatten Spielsachen, Kunsthandwerk und Pelze. Wir waren mit dem Verkaufspersonal allein; ich probierte verschiedene Pelze und Pelzmützen zur großen Belustigung der Beschäftigten. Ich kaufte einige Kleinigkeiten und bezahlte mit harten Valuta. Der Leiter, der mich auf deutsch begrüßt hatte, schrieb mir Jahre später aus West-Berlin. Er war herausgekommen und hatte sich in Berlin niedergelassen. Wenn ich mich nicht täusche, war er Schwimmlehrer in einem öffentlichen Schwimmbad geworden.

In einem anderen kleinen Kaufhaus wurden wir an nahezu leeren Lebensmittel-Regalen vorbeigeführt, eine Treppe hoch und hin zu einer Auslage mit Uhren. Ich lobte die Auswahl, und meine russische »Ehrendame« erzählte mir, daß die Russen in dieser Branche viel weiter als die Schweizer seien. Ich dachte an mein Feuerzeug mit Uhr. In der Nähe stand ein älterer Mann und erwog die vielen Wahlmöglichkeiten lange und zweifelnd. Dann kam er zu mir und fragte lächelnd, ob ich ihm helfen wollte, als Geburtstagsgeschenk für seine siebzehnjährige Nichte eine passende Uhr auszuwählen. Wir fanden gemeinsam ein sehr schönes Stück, das sie an einer Kette um den Hals tragen konnte.

Während des Empfangs in der Botschaft für unsere russischen Freunde sprach mich die Redakteurin einer Frauenzeitschrift an: »Besuchen Sie doch unsere Redaktion. Sie sind nämlich die erste Frau im Abendkleid, die wir auf der Titelseite gebracht haben. Bis dahin hatten wir nur Frauen auf dem Traktor.«

Ich hatte gehört, daß große Bilder von Breschnew und mir vom Besuch auf dem Venusberg an verschiedenen Stellen in Moskau ausgehängt waren.

Willy erzählte von einem Gespräch mit Breschnew »unter vier Augen«, in dem Breschnew seinen Ärger darüber nicht verhehlte, daß die DDR einen Spion in Willys Vorzimmer untergebracht hatte. Er war sicher, daß Breschnew davon nichts gewußt hatte.

Es war also wolkenfrei und gute Stimmung, als wir in einem bequemen Sonderzug am Abend Moskau verließen. Wir wurden verwöhnt mit breiten Betten und großem Badezimmer. Im Salon mit schneeweißem Bezug über viel Plüsch bekamen wir Früchte und Nüsse, Wodka und Krim-Sekt serviert.

Am nächsten Morgen kamen wir bei strahlendem Sonnenschein nach Leningrad. Die Stadt an der Newa mit ihren prachtvollen Bauten, Palästen und Museen ist eine der schönsten, die ich gesehen habe. Für den enormen Reichtum der Eremitage an Kunstschätzen war nicht viel Zeit angesetzt, und wir hasteten beinahe im Dauerlauf hindurch. Ich versprach meinem Museumsführer (Willy hatte einen weiblichen und ich einen männlichen Führer bekommen), daß ich mir die restlichen 995 Säle das nächste Mal ansehen würde.

Wir besuchten den Piskarow-Friedhof, eine große Erinnerungsstätte für Leningrads über 600 000 Opfer des letzten Krieges. Die zweijährige deutsche Belagerung brachte damals Hunderttausenden Männern, Frauen und Kindern den Hungertod. Bewegt ging ich die fünfhundert Meter zum Denkmal.

Am Abend waren wir in der Oper und sahen ein Ballett, aber in der Pause sagte Romanow, der Parteichef von Leningrad, daß die Tänzer zweitklassig seien (es war ein Ballett aus Moskau!); wir sollten lieber essen gehen. In einem westlich wirkenden Restaurant war ein langer Tisch für uns gedeckt. Wir aßen und tanzten erstklassig, und die Gastfreundschaft war typisch russisch.

Der dänisch sprechende Intourist-Mitarbeiter, der dabei war, erwies sich als ein unermüdlicher Tänzer. Als er nach einem geglückten Solo-Auftritt wieder zu mir vorgedrungen war, lud er mich zur größten Reise aller Zeiten in die Sowjetunion ein – sie sollte ohne Zeitbegrenzung von meiner Seite sein, und er wollte dafür sorgen, daß sie grenzenlos würde. Ich sollte alles zu sehen bekommen, wozu ich Lust hätte. Leider wurde nichts aus der Reise, denn der Mann ging uns in Nowosibirsk verloren. Er hatte eines Abends wieder zu viel getrunken und sicher auch zu viel geredet. Am nächsten Morgen war er verschwunden.

Wir waren also nach Sibirien gekommen, wo Menschen verschwinden – in meiner Vorstellung hatte dieser Teil der Sowjetunion immer für Deportationen gestanden, für permanenten Frost und Strafkolonien, Schnee und unmenschliche Kälte. Ich blieb stehen und sah mich um: Die Sonne wärmte so sehr, daß ich meine Strickjacke ausziehen mußte; eine grüne Landschaft breitete sich um mich aus. Ich sah Wiesen mit großen Dahlien, farbenreich und fremdartig, und Birken mit weißem Stamm und frischem hellgrünen Laub. Da fühlte ich mich wie auf heimatlichem Boden in Norwegen.

Die Universitätsstadt Nowosibirsk wirkte traurig und wenig ansprechend. Die Universität gab ein Mittagessen mit den Parteifunktionären der Stadt und den Professoren der Hochschule. Die Parteileute saßen oben am Tisch, die Professoren weiter abseits.

Wir wohnten in einem Gästehaus außerhalb der Stadt, nahe dem Ob, der still und breit dahinfließt. In der Nachmittagssonne fuhren wir mit einem Motorboot den Fluß hinauf. Auf beiden Seiten breitete sich eine unendliche Landschaft aus, unbebaut, unberührt. Auf einer kleinen Landzunge war ein Zelt errichtet; dort stand ein Mann und angelte. Ich überlegte, wie er wohl da hingekommen war. Man sah kein Boot und auch kein Auto.

Auf offiziellen Reisen bekommt man eine sogenannte Leibwache, die auf einen aufpassen soll; das wußte ich schon. Aber nicht immer bekam man eine Leibwache wie Wladimir. Er hatte mich vom ersten Tag an begleitet und nahm die Aufgabe sehr ernst. Er achtete darauf, daß die Leute mir nicht zu nahe kamen: er stützte mich galant beim Treppensteigen und fand, daß Sonnenbrille und Jacke eine zu schwere Bürde für mich waren. Er war blond und blauäugig und errötete, als er mir gestand, daß er schon 27 war und immer noch unverheiratet. Er nannte mich Frau Rut.

Heimlich hatte ich ihm eine Uhr geschenkt, die er ausziehen und zusammenklappen konnte. »Frau Rut, Frau Rut«, sagte er nur. Mehr hätte ich auch nicht verstehen können. Nach dem Abendbrot am letzten Abend in Nowosibirsk kam er und gab mir ein Zeichen, daß ich mit ihm hinauskommen sollte. Er nahm ein kleines Abzeichen aus der Tasche, das er mir in die Hand drückte. Es war ein rotes Plastik-Emblem mit einem Bild von Lenin, der Mund und Arme bewegt, wenn man daran wackelte, so als ob er eine Agitationsrede hielt. Ich war richtig gerührt.

Wladimir war der erste, von dem ich mich verabschiedete, als wir die Sowjetunion verließen, und er war auch der letzte. Er stellte sich zweimal auf, an beiden Enden der Reihe.

Bevor wir zu unserer Rundreise aufbrachen, hatte Botschafter Sahm uns geraten, einen Gummistöpsel für Waschbecken und Badewanne mitzunehmen, wenn wir nicht immer die Ferse als Pfropfen verwenden wollten. Aber erst in Samarkand, im sowjetischen Orient, wäre das nützlich gewesen.

Samarkand, die Stadt an der Seidenstraße, mit seiner orientalischen Architektur, mit Moscheen und Koranschule und mit einem Marktplatz voll Gemüse, Obst und Nüssen, Fisch und Fleisch war weit, weit weg von Moskau. Nur die Begrüßungsansprache war dieselbe, die wir überall gehört hatten.

Außerhalb der Stadt gibt es große Kolchosen; eine davon sollten wir besuchen. Wir trafen am Nachmittag ein, als die Sonne niedrig am Himmel stand. Wir wurden von jungen Männern und Mädchen in farbenreichen Trachten mit Gesang und Tanz empfangen. Lachend zogen sie uns in den Tanz hinein, und wir waren eifrig bemüht mitzumachen. Die meisten der jungen

Leute hatten den Mund voller Goldzähne, ein Zeichen von Wohlstand, wie man uns erzählte.

Um einen kleinen Teich war ein langer Tisch in Form eines Hufeisens gedeckt, der sich unter Granatäpfeln, Tomaten, Nüssen, Melonen, Aprikosen und Rosinen bog. Damit die Sonne nicht blendete, waren Teppiche in phantastischen Farben an langen Schnüren zwischen den Bäumen aufgehängt. Es war unglaublich schön.

Mein letztes Treffen mit Breschnew fand während seines Besuchs in Bonn 1978 statt. Willy und ich waren von den Russen zum Mittagessen eingeladen zu Ehren von Bundespräsident Scheel und Kanzler Schmidt und deren Frauen. Seit Willy zurückgetreten war, hatten wir keine offiziellen Einladungen angenommen, und er hatte auch jetzt abgesagt. Er traf Breschnew am späteren Nachmittag.

Ich beschloß, allein hinzugehen. Ich wollte über Rostropowitsch sprechen, dem man die Staatsbürgerschaft entzogen hatte. Ich wollte auch Breschnew treffen, der, wie wir hörten, ernstlich krank sein sollte. Mildred Scheel erzählte mir, daß er während des ganzen Abendessens auf Schloß Brühl Helmut Schmidt mit »Herr Brandt« angeredet hatte. Als ich zum Mittagessen in die Godesberger »Redoute« kam, wurde ich zusammen mit Frau Falina, Frau Genscher und vier, fünf anderen Damen hinter einen Paravent auf der linken Seite der Halle geführt. Breschnew wollte uns Guten Tag sagen, hieß es.

Er wurde hineingeführt; er ging mit langsamen, steifen Schritten. Sein Gesicht war aufgeschwemmt, und er wirkte unbeteiligt an dem, was vorging. Man sagte meinen Namen, er legte seine Hand schwer in meine und sah mir in die Augen ohne das geringste Zeichen, daß er mich wiedererkannte. Er sagte kein Wort. Es war, als ob er durch mich hindurchsah. Bei der folgenden Dame nicht anders.

Mit Bedacht war ich am mittleren Tisch neben Breschnews Ratgeber Alexandrow plaziert worden, einem kleinen, lebhaften Mann, der schwedisch sprach. Während des Krieges war er in der russischen Botschaft in Stockholm gewesen. Lange Zeit sprachen wir gemütlich Skandinavisch zusammen. Dann brachte ich Rostropowitsch zur Sprache. Ich sagte, wir seien bestürzt darüber, daß man ihm und seiner Frau Galina die Staatsbürgerschaft aberkannt hatte, und ich fragte naiv, ob das rückgängig gemacht werden könne.

»Nein, das geht nicht, das wurde einstimmig beschlossen. Es ist auch nicht so sehr wegen Rostropowitsch als wegen Galina. Im Bolschoij-Theater«, sagte er, »ist man mit dem Beschluß sehr einverstanden. Nein, jetzt kann ich gar nichts machen. Vielleicht später einmal.«

»Wie geht es Breschnew?« fragte ich.

»Es geht ihm gut«, antwortete er. Er sah meinen zweifelnden Blick. »Er ist ja ein alter Mann«, fügte er hinzu.

»Hier sitzen 150 Männer und vielleicht ein Dutzend Frauen. Sehr weit sind Sie mit der Gleichberechtigung nicht gekommen in der Sowjetunion«, neckte ich.

»Nein«, meinte Alexandrow. »In der Hinsicht sind wir immer noch Asiaten.«

»Aber wer sind die drei Frauen an dem mittleren, querstehenden Tisch?« fragte ich.

»Das sind Krankenschwestern.«

Auch wenn man nicht Russisch verstand, begriff man, daß Breschnew mit seiner Rede große Schwierigkeiten hatte. Gromyko war an seiner Seite, half ihm vom Stuhl, nahm ihn an der Hand und stützte ihn unter dem Arm, als er hinausging. Von dem vitalen Breschnew war nicht viel übrig.

Helmut Schmidt fragte mich, als wir gingen: »Hat er dich wiedererkannt?«

»Nein«, sagte ich, »überhaupt nicht.«

»Das dachte ich mir«, sagte Schmidt.

Aber Alexandrow schrieb eine schwedische Widmung auf meine feine Menükarte: »Mit herzlichem Dank für all die unvergeßlichen Minuten der Unterhaltung mit Ihnen, derer ich zuteil wurde. Alexandrow. 5. V. 78.«

Galant, das war er.

Zwei Jahre später begleitete Matthias, der achtzehn war, Willy nach Moskau. Er bekam einen neuen Anzug und neue Schuhe, denn er sollte mit in den Kreml. Aber er vergaß die neuen Schuhe zuhause und hatte nur seine Jogging-Schuhe mit. Was macht man, wenn man zum Mittagessen mit dem Generalsekretär soll? Man borgt die Hüttenschuhe des Vaters, zwei Nummern zu groß, und stopft die Spitzen mit grobem russischen Toilettenpapier aus.

Der Nachteil besteht darin, daß man seine Füße nicht richtig steuern kann, wenn sie plötzlich zu groß werden. So fiel er die Kreml-Treppe hinauf und humpelte über die Schwelle zum Politbüro.

Zum Mittagessen bei Breschnew waren fünfzehn Leute anwesend. Sie bekamen gutes Essen und fanden Ruhe, es zu genießen. Matthias erzählte von der drückenden Stille, die über dem Tisch lag. Fünfzehn Männer, die kein Wort sprachen; weil Willy und Breschnew nicht wußten, was sie sagen sollten, durften die anderen auch nicht sprechen.

Endlich gab sich Willy einen Ruck und stellte die tiefsinnige Frage: »Wann machen Sie Urlaub?« Der Dolmetscher übersetzte.

»Ich reise auf die Krim in Urlaub«, antwortete Breschnew. Der Dolmetscher übersetzte.

Die Stille senkte sich wieder über sie.

Machtwechsel und Fackelzüge

»Hurra!« Das war das einzige Wort, das ich den Blumen hinzufügte, die ich Hilda Heinemann schickte. Es war der 5. März 1969. Gustav Heinemann war in Berlin gerade zum Bundespräsidenten gewählt worden.

Es war der Durchbruch zu einer neuen Zeit. Bei seiner Wahl war die FDP mit der SPD zusammengegangen; es war der erste große Vorbote der sozial-liberalen Wende im Herbst. Heinemann selbst sah es als »ein Stück Machtwechsel«, daß er gegen Gerhard Schröder, den Verteidigungsminister und CDU-Kandidaten, gewählt wurde.

Hurra auch, weil Heinemann *mein* Präsident war, ein Politiker mit weitem menschlichen Horizont, mit Verständnis für die 68er Generation. Vor irgendeinem anderen Politiker wurde er eine Art Vorbild der unruhigen Jugend.

Als Justizminister zeigte er während der Osterunruhen 1968 Größe, indem er die Menschen bat, sich mit Verdammungen zurückzuhalten, sondern die Ursachen in Versäumnissen der Gesellschaft zu suchen: »Von der

Hand, die mit dem Zeigefinger auf andere zeigt, zeigen drei Finger auf uns selbst zurück«, sagte er im Fernsehen denen, die etwas ganz anderes hören wollten. Und selbst in den Tagen in Berlin, da die Bundesversammlung ihn zum Präsidenten wählen sollte und er wohl anderes hätte im Kopf haben können, suchte er lange, eingehende Gespräche mit linken Studenten, um zu versuchen, deren Motive zu verstehen.

Als Präsident gab er dem hohen Amt eine neue und andere Bedeutung. Für mich blieb er seine ganze Amtszeit hindurch der ehrliche und glaubwürdige Politiker.

Er blieb Gustav Heinemann, und als Willy Kanzler geworden war, kam er gelegentlich durch den Garten zu unseren Sommerfesten oder zum Abendessen. Wir hatten es immer lustig, wenn wir nebeneinander saßen. Wir gründeten eine »Vereinigung zur Förderung der Salzkartoffel bei offiziellen Abendessen«, doch es glückte uns niemals, sie zu fördern.

Am Wahlsonntag, dem 28. September, rief ich einige Freunde an und sagte, daß ich Hühnersuppe und Fernsehen anbieten könnte. Willy mußte die meiste Zeit im Parteihaus sein. Selbst wenn ich mich auch diesmal gegenüber dem Wahlausgang mit Skepsis gewappnet hatte, konnten doch Dinge geschehen, die es angenehm machten, Menschen um sich zu haben.

Die SPD legte zu, während es immer katastrophaler für die FDP aussah. Sie büßte ungefähr die Hälfte ihrer Stimmen ein. Da saßen wir mit unserer Hühnersuppe und verloren den Appetit. Kiesinger erhielt Glückwünsche von Nixon, und die Junge Union der CDU zog mit

Fackeln in den Garten ihres Kanzlers. Die Wahl war verloren.

Dann aber, gegen elf Uhr am Abend, sahen wir plötzlich einen energischen Willy Brandt auf dem Fernsehschirm: »Ich habe die FDP wissen lassen, daß wir zu Gesprächen mit ihr bereit sind . . .«

Und während die CDU jubelte und den Sieg feierte, begann bei SPD und FDP eine fieberhafte Aktivität, um eine Regierung mit hauchdünner Mehrheit zustande zu bekommen. Als Willy Heinemann am nächsten Morgen anrief, bekam er den Rat: »Willy ran, mach's!«

Und Willy machte es. Zum ersten Mal seit vierzig Jahren würde Deutschland einen sozialdemokratischen Kanzler bekommen. Eine sozialliberale Regierung wurde gebildet mit Walter Scheel als Vizekanzler und Außenminister. Die CDU mußte in die Opposition, und es sollten dreizehn Jahre vergehen, bevor sie wieder an die Macht kam.

Die Wahl des Kanzlers verfolgte ich auf der Diplomatenloge im Bundestag. Der Saal war voll, alle Abgeordneten waren schon da; sie diskutierten in kleinen Gruppen. Es war spannend wie ein Krimi. Die Abstimmung war geheim, und sie nahm Zeit in Anspruch. Würde er gewählt werden, oder würden ein paar Stimmen unter dem Schutz des Wahlgeheimnisses abhanden kommen?

Um 11.22 Uhr fiel die Entscheidung. Kai-Uwe von Hassel, der neue Bundestagspräsident, gab bekannt, daß von 495 Stimmen 251 auf Brandt entfallen waren. Als Willy gefragt wurde, ob er die Wahl annehme, antwortete er: »Ja, Herr Präsident, ich nehme die Wahl an.« Endlich hatte er sein Ziel erreicht; ich mußte eine Träne zerdrücken. Helmut Schmidt gratulierte zuerst, und Herbert Wehners Glückwunsch wurde zu einer Umarmung.

Scheels wollten aus ihrem Privathaus nicht ausziehen, das nur wenige hundert Meter von unserem lag. Dann brauchten wir nicht in den Bungalow im Garten des Palais Schaumburg umzuziehen. Er war für Kanzler Erhard gebaut worden, und die letzten Jahre hatte Kiesinger dort gewohnt. Auf dem Venusberg hatte ich mich an die Nachbarschaft um uns herum gewöhnt. Wir konnten uns zuwinken und einen Plausch halten. Der Wald lag gleich hinter dem Haus und Matthias hatte einen kurzen Schulweg.

Am ersten Tag des neuen Kanzlers wurde beschlossen, den Park um das Kanzleramt unten am Rhein für die Beschäftigten zugänglich zu machen; bis dahin war ihnen das verwehrt gewesen. Und mein erster »Arbeitstag« bestand darin, die Ministerpräsidenten aller Bundesländer bei einem Frühstück willkommen zu heißen. Bei warmem, schönem Herbstwetter hatten wir auf der Terrasse den Tisch gedeckt.

Sonntags kamen Scheel und Ahlers oft zu uns herüber, um etwas mit Willy zu besprechen, und so war es nicht mehr als billig, daß auch die Frauen sich zusammensetzten. Mildred mochte ich vom ersten Augenblick an, obwohl wir sehr verschieden waren. Sie war Röntgenärztin, groß und selbstsicher; sie legte ihre Zunge nie auf die Waagschale, sagte frei heraus, was sie meinte, ohne Rücksicht auf ihre Stellung oder auf ihre Gesprächspartner. Ich für meinen Teil war viel zu vorsichtig und ängstlich, Dinge zu sagen, die mißverstanden und mißbraucht werden könnten.

»Rut«, sagte Walter Scheel einmal zu mir, kurz bevor er Präsident wurde, »können Sie sich diesen skurrilen Menschen in der Villa Hammerschmidt vorstellen?«

Im Grunde paßte Mildred besser in Sportkleidung als in ein Abendkleid, obwohl sie nicht im mindesten sportlich war. Sie kam ein paar Mal mit dem Fahrrad zu mir, aber auf meine täglichen Waldspaziergänge pfiff sie: »Mach' drei, vier Kniebeugen am Tag, dann hast du genug Bewegung«, sagte sie, die Ärztin war.

Während des Besuchs von Präsident Pompidou in Bonn im Sommer 1970 gaben wir ein Abendessen in Schloß Brühl zu Ehren des Präsidentenpaares. Als Mildred kam, um Madame Claude zu begrüßen, merkte ich gleich, daß die beiden nicht miteinander konnten. Ich hatte mit Madame Pompidou über alles mögliche gesprochen. Mildred kam hinterher zu mir und sagte: »Wie hast du dich mit ihr verständigt? Du kannst doch nicht Französisch.« »Sie spricht schlecht Englisch, und ich spreche schlecht Englisch, und wir hatten eine herrliche Unterhaltung«, sagte ich. »Ich sage dir«, meinte Mildred wütend, »das zahle ich ihr heim. Ich ging zu ihr, und sie fragte gleich: ›Was für eine Sprache sprechen Sie?‹ ›Englisch!‹ ›Ich spreche nur Französisch!‹ sagte sie zu mir und drehte sich um.«

Gleich vor der Bundespräsidentenwahl saßen wir bei Ria und sprachen über Mildreds neue Rolle: alles, was sie jetzt machen müßte, und alles, was sie nicht mehr machen dürfte.

»Mildred«, sagte ich, »ich freue mich darauf, dich im

Fernsehen zu sehen bei den Appellen für das Müttergenesungswerk.«

»Nie im Leben«, antwortete Mildred. »Ich mache in Krebs.«

Mildred gründete die Deutsche Krebshilfe und setzte sich voll und ganz dafür ein. Sie, die uns stets ermahnte, mit dem Rauchen aufzuhören, und die uns immer aufforderte, regelmäßig zu Kontrolluntersuchungen zu gehen, starb selbst an Krebs, nur 54 Jahre alt.

Natürlich gab es auch einige Veränderungen für mich, nachdem Willy Kanzler geworden war. Aber ich machte von vornherein ganz klar, daß ich mich nicht in einen Käfig sperren lassen würde.

Viele meinten, ich sollte manche Dinge nicht mehr tun, wie auf den Markt zu gehen und einzukaufen. Ich tat das weiterhin, aber immer mit einem Sicherheitsbeamten einige Schritte hinter mir. Die Journalisten wollten wissen, welche roten Läufer ich abschaffen wollte. Warum mußte sich alles ändern? Bonn war dieselbe Stadt, und ich war doch kein anderer Mensch, nur weil Willy Kanzler geworden war.

Ich hatte nicht die Absicht, mich stärker und anders zu engagieren, als ich das vorher getan hatte. Ich strebte nicht danach, meinen Namen mit einer Stiftung zu verbinden oder nach mir benannte Rosen zu taufen. Ich hatte meine kleinen Vorhaben, die ich mit Freude machte und an denen einige andere vielleicht auch ihre Freude hatten. Willy sagte es so in einem Interview: »Ich muß mich um die großen Zusammenhänge kümmern, Rut kümmert sich um einzelne Menschen.«

Wir machten etwas Neues und mehr aus dem Bungalow. Wir gaben dort Abendessen, und wir luden andere Menschen ein, als es bislang in Bonn üblich gewesen war: Maler, Theaterleute, Wissenschaftler, Schriftsteller und Journalisten kamen aus Hamburg und Berlin, aus München, Stuttgart und Frankfurt. Es waren lange Abende mit guten Gesprächen und interessanten Diskussionen. Die Briefe, die ich erhielt, bewiesen, daß diese Zusammenkünfte sehr geschätzt wurden.

Schon in der Außenministerzeit hatten wir zu Konzerten eingeladen, jetzt wurden im Park des Kanzleramts auch die ersten Sommerfeste veranstaltet. Nicht nur Leute aus Politik und Diplomatie, Künstler und Journalisten wurden eingeladen – wir machten es zu einem Fest für jedermann. Es kamen auch Bauarbeiter und Postboten, Gemüsehändler und Krankenschwestern. Im Park und im Bungalow wurde die Nacht hindurch getanzt, wie es nie vorher am deutschen Regierungssitz geschehen war.

Mir war immer zuwider, Gefühle in der Politik zu offen und demonstrativ zu zeigen. Es lag mir auch nicht, mich in den Wahlkämpfen als Willy Brandts glückliche und bewundernde Ehefrau hinzustellen. Auch als Außenminister- und Kanzlerfrau habe ich nicht so viel gemacht, wie man es vielleicht gern gesehen hätte.

Nicht aus Mangel an politischem Interesse. Im Gegenteil: es gab Gelegenheiten, wo ich gern dabei gewesen wäre. Aber da paßte ich dann nicht in die Landschaft.

Willys Fahrt nach Erfurt, als er im März 1970 als erster westdeutscher Kanzler mit dem DDR-Ministerpräsidenten Willi Stoph verhandelte, sah ich wie alle anderen im Fernsehen. Der Empfang, den die Menschen ihm auf dem Platz vor dem Erfurter Hof bereiteten, bewegte mich sehr. Es war früh am Morgen, aber trotzdem waren viele Menschen dort. Sie riefen: »Willy, Willy« und dann »Willy Brandt, Willy Brandt«, damit Stoph das Willi nicht mißverstand. Mein Mann zog sich ins Hotel zurück, aber die Leute blieben dabei, jetzt mit dem Ruf: »Willy Brandt ans Fenster! Willy Brandt ans Fenster!« Und dann kam er ans Fenster, schaute hinaus, lächelte und winkte ein wenig, er war unsicher, wußte nicht richtig, was er tun sollte. Mit mahnenden Handbewegungen versuchte er, die Sprechchöre zu dämpfen, und verschwand dann aus dem Blick, ging zurück ins Zimmer. Das war eine unerwartete Situation und eine echte Reaktion, die mich tief beeindruckte.

Willy Brandt auf Knien vor dem Denkmal im Warschauer Ghetto, ein Bild, das um die Welt ging und immer wieder erscheint. Ich saß versteinert vor dem Fernseher und litt mit ihm; ich wußte, daß ich niemals eine so ernsthafte Geste zustandegebracht hätte, eine so persönliche, tief bewegende Handlung vor den Augen von Hunderten von Journalisten und Kameralinsen, die für die ganze Welt zuschauten. Es war mir wichtig zu wissen, ob es eine spontane Geste gewesen war, ob er nicht anders *gekonnt* hatte an diesem Ort.

Das war die erste Frage, die ich ihm stellte, als er zurückkam: »Hattest du dir das vorher überlegt?«

Er zuckte die Schultern und sagte: »Irgend etwas mußte man tun.«

Er hatte es in Warschau erklärt: »Ich habe im Namen

unseres Volkes Abbitte leisten wollen für ein millionenfaches Verbrechen, das im mißbrauchten deutschen Namen verübt wurde.«

Im Sommer 1977 war ich mit auf einer Reise nach Polen, während der wir auch das Konzentrationslager Stutthof besuchten. Eine junge, elegante Frau nahm uns in Empfang und führte uns zu einer Häftlingsbaracke. Schon auf dem Weg dorthin klang ihre Stimme wie eine Schallplatte. Sie rechnete die mannigfachen Grausamkeiten so eiskalt und statistisch korrekt vor, ohne das geringste Anzeichen von Entsetzen oder Mitgefühl.

Ich konnte ihr nicht zuhören, blieb zurück. Ich hörte den Fußboden knarren, als die anderen weitergingen. Auf beiden Seiten standen Bettengalerien. Ich strich über einen Bettpfosten und fühlte, daß er glatt war. Wie viele Hände hatten sich daran festgeklammert?

Ich sah, daß die anderen weiter vorne an einem Verbrennungsofen angehalten hatten. Die Ofentür stand offen, und die Frau redete und redete. Ich wandte mich ab und lief davon, hinaus in die Sonne: Ich setzte mich auf einen Stein. Ich sah die kleinen Blumen auf der Wiese und weinte.

Ich machte gerade meinen Mittagsschlaf, als das Telefon mich weckte. Es war Eri aus Hamburg. »Gratuliere«, rief sie ins Telefon.

»Aber wozu?« fragte ich.

»Weißt du es noch nicht? Willy hat den Nobelpreis bekommen!«

»Woher weißt *du* das?«

»Sie haben es eben im Radio gebracht . . .«

Es war der 20. Oktober 1971.

Ich sprang aus dem Bett und schrie es durch das ganze Haus: »Der Nobelpreis! Der Nobelpreis!« Für mich war es das Größte, das einem Menschen widerfahren konnte. Überströmend gratulierte ich Willy, doch er nahm es wesentlich gefaßter auf als ich. Schon am Nachmittag begannen Blumen und Telegramme einzulaufen, und aus Norwegen, Schweden und Dänemark, von überall, wo wir Verwandte und gute Freunde hatten, kamen Telefonanrufe.

Im Bundestag unterbrach von Hassel die Debatte und gab bekannt: »Ich erhalte soeben die Nachricht, daß die Nobelpreiskommission des norwegischen Parlaments heute dem Herrn Bundeskanzler der Bundesrepublik den Friedensnobelpreis verliehen hat.«

Die Bundestagsabgeordneten erhoben sich und klatschten, das heißt, alle außer den Mitgliedern der CDU/CSU-Fraktion, die sitzen blieb, »bis auf wenige Aufrechte«, wie der Spiegel schrieb. Unter den wenigen war Hermann Höcherl von der CSU, früher Innen- und dann Landwirtschaftsminister in der Großen Koalition. Er winkte den anderen, daß sie aufstehen sollten, einige machten Anstalten, aber blieben auf der Stuhlkante sitzen.

Am Abend füllte sich unser Haus. Es kamen viel mehr, als wir gedacht hatten. Die Suppe, die wir uns in aller Eile aus dem Hotel Steigenberger hatten schicken lassen, mußte in der Küche bleiben.

Später am Abend kamen die Jungsozialisten im Fakkelzug, und noch später kam Höcherl. Wir stießen auf Höcherl an, der als einziger Oppositionspolitiker gewagt hatte zu kommen. Und als er einmal da war – da blieb er. Um halb drei morgens halfen wir ihm ins Auto.

Die Überreichung des Preises fand am 10. Dezember in Oslo statt. Am Tag davor flogen wir nach Fornebu. Wir kamen mit Freunden, und wir kamen zu Freunden. Ja, im Grunde mehr als das – wir kamen nach Hause. Die Vorsitzende des Nobelkomitees, Åse Liones, hieß uns willkommen. Åse kannten wir seit Jahrzehnten aus der Arbeiterbewegung. Unser Lars war mit, und Willy, aber auch meine Ninja kam ebenfalls nach Oslo, und meine Schwestern mit ihren Ehemännern. Ich hatte alle um mich, die Familie und die Freunde.

Und wir konnten Trygve und Randi Bratteli umarmen. Trygve und Willy hatten beide in den schwierigen Jahren ihre Erfahrungen gemacht – Willy hatte in Norwegen Zuflucht gefunden, Trygve hatte in deutschen Konzentrationslagern gelitten. Natürlich hatten wir die ganze Zeit nach dem Krieg miteinander Verbindung gehalten; Randi und ich waren Kollegen gewesen bei »Aktuell«. Jetzt standen wir uns plötzlich als norwegisches Staatsministerpaar und deutsches Kanzlerpaar gegenüber, aber wir waren dieselben, die wir gewesen waren.

Es gab ein Mittagessen auf dem Schloß. Kronprinz Harald war der Gastgeber, weil der König krank war. Beide waren gleich umgänglich und geradeaus. Harald fand, daß es entsetzlich sein müßte mit den ganzen Sicherheitsleuten, die uns umschwärmten. Ich sagte, man gewöhne sich daran. »Ich klettere nur über den Zaun, wenn ich in den Wald will, und niemand sieht es«, sagte er.

Der Preis wurde am nächsten Tag in der Aula der

Universität von Åse Liones überreicht, in einem großen Festakt, und der Tag verging mit Empfängen und weiteren Festlichkeiten. In der Dämmerung kam die konservative Jugend in einem Fackelzug zum Hotel, und das war doch etwas ganz Ungewohntes.

Der schwedische König, der alte König Gustav Adolf, versammelte alle Preisträger zum Abendessen tags darauf auf dem Schloß in Stockholm, wo die anderen Nobelpreise überreicht worden waren. Ich hatte den jungen Kronprinzen, inzwischen König Carl Gustaf, als Tischnachbarn, und uns gegenüber saß Pablo Neruda, der den Literaturpreis erhalten hatte. Niemand in der Nähe kam umhin, seinen reißenden Appetit zu sehen und zu hören. Der alte König, den ich früher schon in Bonn getroffen hatte, war ein vielseitig begabter Mensch. In Bonn erzählte er mir von den Hunderten von Rhododendronarten, die er in seinem Garten hätte, und an diesem Abend machte er mir und sich die Freude, mir seine große Sammlung von Silberkrügen zu zeigen.

Der letzte Tag war höchst kirchlich. Es gab ein Mittagessen beim Dompropst der Storkyrkan. Es gab einen Fackelzug von Christen und Pazifisten. Im Dom hielt der Bischof eine Rede zu Ehren Willys. Sie enthielt viele schöne Worte, und Willy konnte seine Rede im rechten Geist und auf derselben Höhe damit beenden, daß er sagte: »Der Bischof von Berlin-Brandenburg hat mich in seiner Freundlichkeit auf folgendes hingewiesen: Der Tag, an dem mir das Norwegische Nobelkomitee den Friedenspreis zusprach, stand unter der biblischen Losung: Ich will dir Ruhe geben von allen deinen Feinden (2. Samuelis 7, 11).«

Aus Protest gegen die Ostpolitik der Regierung waren mehrere FDP-Bundestagsabgeordnete zur CDU übergetreten, und im April 1972 hatte die sozial-liberale Koalition nur eine Mehrheit von zwei (unsicheren) Stimmen. Die Landtagswahlen in Baden-Württemberg hatten der CDU einen großen Sieg gebracht, und am 24. April beschloß die Opposition, den Kanzler durch ein Mißtrauensvotum zu stürzen und Rainer Barzel zu seinem Nachfolger zu wählen.

Jetzt kam es überall im Land zu Demonstrationen und Proteststreiks gegen die CDU. In Essen wurden für einen Tag die Schulen geschlossen. Am Morgen, als die Abstimmung stattfinden sollte – es war der 27. April – stand der Verkehr einen Moment still, viele legten die Arbeit nieder. In den Schulen und in den Betrieben standen die Menschen vor den Radioapparaten; die Geschäfte stellten Fernseher auf.

Mildred, Heilwig und ich hatten uns auf die Zuschauertribüne des Bundestags gesetzt, wo wir den Saal gut überblicken konnten. Ein paar Reihen vor uns saß Frau Strauß; Frau Barzel sahen wir nicht. Reinhard Wilke, Willys Persönlicher Referent, kam und setzte sich neben mich. Die Stimmung war angespannt, als Scheel zum Rednerpult ging und eine eindringliche, bewegende und auch bittere Rede hielt; es war eine Abschiedsrede. Wilke sagte zu mir: »Ich gehe rüber ins Kanzleramt und packe.«

Während die Stimmen ausgezählt wurden, tranken wir mit Scheel eine Tasse Kaffee im Restaurant. Wir waren niedergeschlagen, gingen aber trotzdem hoch, um das Resultat zu hören. Die Abgeordneten kamen langsam herein. Unten im Saal sahen wir Walther Leisler-Kiep, den Schatzmeister der CDU, der uns zunickte und dabei zwei Finger zum V-Zeichen in die Luft hielt. Das konnte nichts anderes bedeuten, als daß die CDU gewonnen hatte. Doch dann kam Bewegung auf. Das Ergebnis war noch nicht mitgeteilt worden, aber um Willy sammelte sich eine Gruppe und frohes Lächeln wuchs schnell zu ansteckender Begeisterung. Das Unglaubliche war geschehen. Das Mißtrauensvotum war fehlgeschlagen. Barzel und der CDU fehlten zwei Stimmen zur absoluten Mehrheit. Offenbar war Leisler-Kieps V-Zeichen doch anders gemeint gewesen.

Es wurde nicht nur gemunkelt, daß Korruption im Spiel war: Schon lange gingen Gerüchte um, daß sowohl Oppositions- als auch Koalitionsabgeordnete mit barem Geld oder politischen Vorteilen gekauft worden seien, um die jeweilige Mehrheit zu sichern. Ich fragte Willy, ob es wahr sei, daß die SPD jemandem 50 000 Mark angeboten habe. »Woher soll ich das wissen?« bekam ich zur Antwort und blieb mit meinen Zweifeln zurück.

Die Koalition hatte wieder eine Mehrheit, aber am nächsten Tag war sie wieder weg. Es war Haushaltsdebatte, und es zeigte sich bei der Abstimmung, daß weder die Regierung noch die Opposition über eine Mehrheit verfügte. Es gab ein Patt im Bundestag; Neuwahlen waren der einzige Ausweg.

1972 war der am meisten optimistische Wahlkampf, den ich erlebt habe, und sogar ich glaubte an den Sieg.

Künstler, Schriftsteller und Journalisten beteiligten sich wie niemals zuvor mit Begeisterung am Wahlkampf.

»Bürger für Brandt« war ihr Markenzeichen, das die Wiederwahl zu einer Volksbewegung machen sollte. Tag für Tag merkte man, wie die Stimmung um sich griff, »Bürger für Brandt« überall, auf Autos, auf Plakaten, in Zeitungsanzeigen.

Am Wahltag im November waren wir alle so zuversichtlich, daß wir am Nachmittag mit Scheels und Ahlers zum Schultheater gingen, zur Premiere von »Dornröschen« mit Cornelia (Scheel), Sybille (Ahlers) und Matthias (Brandt) in den Hauptrollen.

Als wir am Abend in den Bungalow gingen, um den Ausgang der Wahl mit den Freunden zu verfolgen, wußten wir schon, daß das fast Undenkbare geschehen war. Die SPD würde zum ersten Mal die stärkste Partei im Bundestag mit 45,8 Prozent der Stimmen. Die FDP war der große kleine Gewinner der Wahl – die Liberalen wuchsen von 5,8 auf 8,4 Prozent. Alle waren zur Wahl gegangen – mit 91,2 Prozent fast alle jedenfalls.

Das mußte gefeiert werden, und so geschah es. Ständig strömten neue Gratulanten hinzu, und es gab Umarmungen und Küsse zur Linken und zur Rechten. Spät am Abend kamen auch Joan und Ted Kennedy, die in anderer Sache in Bonn waren; auch sie wurden herzlich umarmt. Als sie gingen, sagten sie, niemals zuvor hätten sie eine solche »Kußparty« erlebt.

Im Parteihaus nahm der Jubel enorme Ausmaße an. Wir mußten aber zurück zum Venusberg, denn dort wurde ein Fackelzug erwartet. Es wurde Tag, bevor ich ins Bett kam.

Die SPD hatte Stimmen gewonnen, aber Willy hatte die Stimme verloren.

Slawa

Der Cellist, Pianist und Dirigent Mstislaw Rostropowitsch, der vielen als der bedeutendste lebende Musiker gilt, wurde für mich im Laufe unserer langjährigen Freundschaft der Inbegriff dessen, was man »russische Seele« und »russisches Herz« nennt. Überströmende Herzlichkeit, grenzenlose Hilfsbereitschaft und feinen Humor breitete er über seine Freunde wie eine warme Decke. Fremde Sprachen benutzte er in einer beneidenswerten Unbefangenheit, aber jeder konnte ihn verstehen.

Nach dem Mißtrauensvotum der CDU schickte er ein Telegramm aus Gorki: »Frohlocke zusammen mit allen ehrlichen Leute. Glücklichen Tage ihres Erfolges. Herzlich – Rostropowitsch.«

Seine offene Sprache und sein Einsatz für Alexander Solschenizyn, der in seinem Heim einen Zufluchtsort gefunden hatte, irritierte die Moskauer Machthaber. Im Herbst 1970 wurde er von einer Tournee aus Deutschland zurückbeordert. Wir konnten nicht wissen, was ihm bevorstand, ob er nach Sibirien verbannt oder in eine Psychiatrische Klinik eingewiesen werden sollte.

Irgend etwas mußten wir tun, und wir beschlossen, einen großen Abend für ihn im Bungalow zu veranstalten.

Die Gästeliste stellten wir mit Umsicht zusammen. Es sollten die richtigen Journalisten und einige wichtige Botschafter kommen. Selbstverständlich luden wir auch den sowjetischen Botschafter ein, Semjon Zarapkin war der Mann der Russen in Bonn zu diesem Zeitpunkt. Er hatte mir einmal erzählt, daß er »Grie-EEG« liebte. Unter großem Gelächter hatten wir uns darüber verständigt, daß er für mich ein Konzert mit Rostropowitsch »geben« sollte; ich würde zum Ausgleich für ihn ein Grieg-Konzert mit dem norwegischen Pianisten Kjell Bekkelund »geben«, einem alten Freund. Jetzt konnte ich *ihm* ein Konzert mit Rostropowitsch geben. Doch an diesem Abend kam Zarapkin nicht; nur seine reizende und liebenswürdige Frau Nathalie traf mit vier Begleitern ein.

Die Einladung war in meinem Namen herausgegangen. Um Störungen seiner Ostpolitik zu vermeiden, wollte Willy erst am späteren Abend »vorbeischauen«.

Slawa spielte. Aber was er an diesem Abend spielte, weiß ich nicht mehr. Ich weiß nur, daß wir alle eine Dreiviertelstunde wie verzaubert dasaßen. Es war schwer, sich davon loszureißen, und ich sah, daß viele Tränen in den Augen hatten.

Ich hatte ein norwegisches Buffet aufgestellt mit verschiedenen Heringssorten, geräuchertem Lachs, einem ganzen Schinken, Würste, Käse, warmen Gerichten und Desserts. Und natürlich Wodka. Einige lernten an diesem Abend, Wodka aus Wassergläsern zu trinken. Danach wurde es lustig. Slawa sah sich um und fragte laut, ob »seine« Spione noch da seien.

Um zwei Uhr nachts nahmen Sven und Kristina Backlund Slawa unter den Arm und brachten ihn zu ihnen nach Hause in Urfeld am Rhein. Erst Jahre später sahen wir uns wieder.

Wir wußten, er war in Moskau. Im August 1971 sahen wir ein Porträt über ihn im Fernsehen, und das brachte mich dazu, ihm einen Brief zu schreiben, den ich frankierte und mit der normalen Post an seine Adresse in Moskau sandte.

Einige Zeit später bekam ich eine Antwort. »Liebe Solveig«, schreibt er, »ich habe Dir lange nicht geschrieben, weil ich immer Dich bald wiederzusehen hoffte. Leider verblaßten meine Hoffnungen, weil alles bleibt, so wie es war: es bleibt meine einzige Schuld, in meinem Haus immer noch lebt mein Freund, der Schriftsteller. Es ärgert jemanden und dafür übt man Rache an mir … Was mich am meisten kränkt, ist sogar nicht das Verbot der ausländischen Gastspiele, aber die Tatsache, daß nach einem sehr erfolgreichen Beginn meiner Tätigkeit als Dirigent im Bolschoi man verjagte mich davon … Auf alle Einladungen aus Wien, New York, San Francisco und der anderen Operntruppen mein Ministerium antwortet mit einer Absage …«

Er bestätigte auch, daß mein Brief angekommen ist, und schrieb, er könne nicht ausdrücken, was er ihm bedeute. Er sei aber weiterhin optimistisch. Er sei sicher, daß die schwierige Zeit für ihn einmal zu Ende gehe und er eines Tages keinen Druck und keine Beschränkungen mehr zu fühlen brauche.

Auf die Rückseite schrieb er ein P. S.: »Meine katastrophale Deutsch bestimmt nicht genug für Grosse Brieff. Darum mein Freund übersetzen (ich hofe gut übersetzen) dieses Brieff, aber für Konspiration ich komponiere für Dich andere Nahme. Ich hofe Du ist nicht zu böse. Solveig ist liebe und schöne Name.«

Eine Reihe Moskau-Besucher legten ein gutes Wort für ihn ein, Leute mit sehr viel größerem Einfluß, als ich ihn haben könnte. Und tatsächlich bekam er später die Erlaubnis, nach New York und Wien zu reisen. Sein Impresario hatte uns informiert, daß er im November auch auf Tournee nach Deutschland gehen würde. Doch aus Wien schrieb er mir, daß das Kulturministerium diese Tournee jetzt auf unbestimmte Zeit ausgesetzt habe. Er war tief enttäuscht. Aber wie stets in seinen Briefen meinte er zum Schluß, daß alles sich zum Besseren wenden würde.

Das sollte noch eine Zeit dauern.

Gromyko kam nach Bonn im Frühsommer 1972. Ich hatte mir fest vorgenommen, ihn beim Essen im Palais Schaumburg auf Slawas Schwierigkeiten anzusprechen. Er saß rechts von mir, aber das ganze Essen hindurch sah ich nur seinen schiefen Mundwinkel. Er hatte überhaupt kein Interesse an einem Wortwechsel mit mir, so daß ich es statt dessen bei Valentin Falin versuchte, der links von mir saß. Er war russischer Botschafter nach Zarapkin, und die Male, die ich ihn getroffen hatte, hatte ich das Gefühl gehabt, er wäre ein Mensch, mit dem man sprechen könnte.

Er wußte über unsere Freundschaft mit Slawa Bescheid und sagte, er sei selbst ein alter Freund von ihm.

Doch in diesem Jahr würde er wohl nicht nach Deutschland kommen, erst im nächsten Jahr, dann aber bestimmt. Ich schrieb an Slawa und gab das Gespräch ziemlich genau wieder. Erneut schickte ich den Brief mit normaler Post. Falin sagte, zuerst würden andere bedeutende Künstler aus der UdSSR nach Bonn kommen; er erwähnte den Pianisten Svjatoslaw Richter, David Oistrach, den großen Geiger, und Emil Gilels, den Pianisten.

»Das Vergnügen, Gilels zu erleben, habe ich bisher noch nicht gehabt«, sagte ich zu Falin.

Darum wollte er sich kümmern, und Ende November wurde ein Konzert im Bungalow arrangiert, wo Emil Gilels spielte. Ich hatte mich darauf gefreut, ihn zu treffen, und vor allem ihn zu hören, mußte aber wegen einer Grippe das Bett hüten, und der Abend fand ohne mich statt.

Doch Falin schickte tags darauf Blumen und einen Dankesbrief – zusammen mit einer Gilels-Platte. Er schrieb: »Ich bedauere es besonders, daß Ihnen höhere Gewalt den Weg zur Musik diesmal verbaute, um so mehr, daß die Begegnung mit Emil Gilels vor allem für Sie persönlich gedacht war.«

Auch Gilels schrieb und schickte Platten, und später bekam ich auch Gelegenheit, ihn zu hören.

Nach der Bundestagswahl von 1972, die die sozial-liberale Koalition so klar gewann, kam mit Tausenden anderer Glückwunsch-Telegramme eines, das von Riga via Moskau über Hamburg nach Bonn gelangte und sechs Tage unterwegs gewesen war: »Mein Herz ist überfüllt mit Ihrem Triumph. Es war das glücklichste Erlebnis der letzten Jahren meines Lebens. Für immer Ihr echter Freund Slawa Rostropowitsch.«

Alle diese Jahre hindurch hielten wir auf die eine oder andere Weise Kontakt. In einem Brief an »Solveig« schrieb er im Sommer 1972: »Du kannst nicht vorstellen, was für eine Freude und Unterstützung Deine Briefe für mich sind! Galina und ich sind endlos berührt durch Deine Geschenke.« (Ich hatte eine Flasche Parfum für Galina und ein Zigarettenetui mit Willys Monogramm für Slawa geschickt, ohne zu wissen, daß er Nichtraucher war.) Mit typischem Humor erzählte er, daß er einen schwierigen Sommer vor sich habe, weil er die Renovierung seiner Moskauer Wohnung »leiten« müsse. »Es ist schrecklich schwieriger als Musik! Feierabende jedes Arbeitstages vollenden immer ähnlich – ich muß mit Arbeiter Wodka trinken. Die sind aber viele und wechseln sich oft dazu und ich ... allein. So weiß ich heute nicht, was früher zu Ende kommt – meine Gesundheit oder Reparierung.«

Trotzdem war er glücklich. Er sollte »Die Fledermaus« im Moskauer Operettenhaus dirigieren und wollte alle seine Kräfte darein setzen, es gut zu machen. Die Premiere sollte Anfang Februar 1973 stattfinden.

Auch das sollte eine große Enttäuschung für ihn werden. Ende Februar erhielt ich wieder Post aus Moskau, diesmal von dem deutschen Botschafter Ulrich Sahm, der erzählte, Galina und Slawa seien bei ihm gewesen, zu einem Hauskonzert mit dem Stuttgarter Kammerorchester. Es war ihm aufgefallen, daß Slawa die Kulturministerin Frau Furzewa mied, ebenso ihren Stellvertreter

Popow. Anscheinend hatte Popow Rostropowitsch damit gedroht, daß er nicht mehr ins Ausland käme, wenn er seine Freundschaft mit Solschenizyn nicht beende. Slawa hatte geantwortet, daß Auslandsreisen ihm gleichgültig seien, die Freundschaft mit Solschenizyn werde er nicht aufgeben. Er hatte Sahm einen Brief an mich übergeben. Darin berichtete er tief bedrückt, daß »Die Fledermaus« vierzehn Tage vor der Premiere aus dem Programm genommen worden sei.

Alles schien hoffnungslos zu sein.

Anderthalb Jahre später, am 7. November 1974, erhalten wir ein Telegramm: »Als erster Schritt in Ihrem Land sende ich meine besten Wünsche. Es ist mein größter Wunsch, Euch zu treffen.«

Eine Woche danach, an einem späten Abend, fahren Willy und ich hinaus zu Backlunds, wo er wie in alten Zeiten vor vier Jahren wohnte. Nach echter Slawa-Manier gab es Küsse und Umarmungen und Küsse und Umarmungen. Er hatte die Erlaubnis erhalten, für zwei Jahre mit seiner Familie auszureisen.

Im nächsten Frühjahr erhielten wir eine Einladung von Bruno Kreisky, dem österreichischen Bundeskanzler, zu einem Opernabend in Wien. Es sollte »Die Fledermaus« aufgeführt werden; der Dirigent war Mstislaw Rostropowitsch. Wir fuhren mit Backlunds hin und erlebten nicht nur eine festliche Aufführung, sondern Slawa jetzt auch als Dirigent. Beinahe zwei Jahre nach der Enttäuschung in Moskau konnte er endlich »seine« Fledermaus dirigieren.

Hinterher beim Abendessen fragte ich ihn, ob er sich

vorstellen könne, bei einem Konzert zugunsten des Weltkindertages der UNICEF zu spielen. Ich hatte das selbst etwas leichtsinnig in Genf vorgeschlagen, als man mich gefragt hatte, ob ich etwas tun könnte.

Slawa sagte sofort: »Das kann ich am 21. September machen.«

»Wieso weißt du das jetzt?« fragte ich.

»Das ist der einzige Tag in diesem Jahr, an dem ich frei habe«, sagte Slawa.

Jetzt gab es viel zu tun. Wir *mußten* die Beethovenhalle haben, und wir bekamen die Beethovenhalle. Rüdiger Reitz, Pfarrer und Verbindungsmann zwischen SPD und der Evangelischen Kirche, war der beste Helfer, den ich bekommen konnte. Hunderte Briefe wurden an Industrie und Banken und geeignete Privatpersonen geschickt. Sie wurden gebeten, für 500 Mark Stückpreis Karten zu kaufen oder einen größeren Betrag auf ein Sonderkonto einzuzahlen. Gewöhnliche Karten kosteten zwischen 100 und 20 Mark. Die Zeitungen schrieben über »das teuerste Konzert des Jahres« und sagten voraus, daß in der Beethovenhalle viele Plätze leer bleiben würden. Es war das erste Mal, daß ein Benefizkonzert mit klassischer Musik in Bonn stattfinden sollte, und man glaubte nicht, daß es gut gehen würde. Das wäre mir peinlich gewesen – nicht nur Slawa gegenüber, sondern auch gegenüber dem Rheinischen Kammerorchester Köln, das auf Honorar verzichtet hatte.

Ich fühlte mich ziemlich klein, als ich Slawa vom Flugplatz abholte, Er kam mir entgegen mit seinem Cello auf der einen Seite und einem Polizisten auf der anderen und rief: »Rutotschka, Rutotschka, ich bin verhaftet!« Ich dachte, das sei ein Scherz, und wollte ihn mit ins Auto nehmen.

Der Polizist sagte, Slawa sei ohne Visum eingereist, und es bestand Visumspflicht für sowjetische Staatsbürger. Wir mußten also mit in sein Dienstzimmer kommen.

Ich erklärte ihm, daß Rostropowitsch am Abend auf einem Benefizkonzert für die UNICEF spielen sollte, daß er beim schwedischen Botschafter wohnen und am nächsten Morgen nach Los Angeles weiterreisen würde.

Doch der Beamte mußte seine Pflicht tun und nahm seine Papiere zur Hand.

»Name?«

Mit einigen Schwierigkeiten bekamen wir Rostropowitschs vollen Namen buchstabiert.

»Beruf?«

»Musiker.«

»Wohnort?«

»Kreml.«, sagte Slawa.

»Kreml?«

»Ja, Kreml.«

Der Beamte war offenbar verunsichert und verschwand, um einen Vorgesetzten zu fragen. Als er zurückkam, sagte er, wir dürften gehen.

Im Auto erzählte ich Slawa, daß die Zeitungen viele leere Reihen prophezeiten. Er sah mich nur lächelnd an und sagte: »Bist du da? Ich spiele ganz schön für dich.«

In den Sommerferien hatte ich von Norwegen aus Heinrich Böll angerufen und gefragt, ob er vor dem Konzert einige Worte sprechen würde. Böll sagte sofort zu.

Es war eine zitternde und bleiche Schirmherrin und

Organisatorin, die zusammen mit Bundespräsident Scheel und seiner Frau Mildred in den Saal kam. »Du kannst dich ruhig umsehen«, sagte Mildred. »Hier ist es packend voll.«

Regierungsmitglieder, Spitzendiplomaten, Kirchen- und Industriefürsten waren gekommen. Heinrich Böll sprach kurz, aber gut. Er wies darauf hin, daß jährlich 10 bis 15 Millionen Kinder verhungern, und sagte, daß eben diese fünf Millionen *mehr oder weniger* zeigten, wie herzlos diese Zahlen seien.

Das Konzert war ein Erfolg für Rostropowitsch. Der Saal war voll, und wir konnten 200 000 Mark an die UNICEF überweisen.

Ein Jahr später fragte mich Slawa, ob ich ein Benefizkonzert anläßlich seines 50jährigen Geburtstags arrangieren wollte. Ich dürfte selbst bestimmen, wohin das Geld gehen sollte, aber das Motto sollte sein: Kinder in Not. Auch diesmal unterstützte mich Rüdiger Reitz. Nach vielen Unterredungen mit der Psychiatrischen Abteilung des Rheinischen Landeskrankenhauses beschlossen wir auf deren Rat hin, das Geld der Caritas zukommen zu lassen, der katholischen Hilfsorganisation, zugunsten einer Modelltagesstätte für mehrfach behinderte Kinder in der Eifel.

Wir packten es an und schrieben Briefe wie das vorige Mal. Freunde telefonierten herum und verkauften Karten. Auf das Sonderkonto gingen große Beträge ein. Viele mußten viel bezahlen, einige wurden eingeladen; nicht die Prominenten, sondern Musikstudenten, Krankenschwestern und Behinderte im Rollstuhl.

Das Kölner Symphonie-Orchester spielte ohne Honorar. Das Konzert am 4. März sei ein erstrangiges Erlebnis gewesen, schrieben die Musikkritiker; man bezeichnete es als eines der bedeutendsten Musikereignisse der Saison. Wieder gab es Ovationen für Rostropowitsch und mehrere Zugaben.

Anschließend gaben wir einen Empfang für ihn im historischen Bahnhof Rolandseck bei Remagen. Willy nannte in seiner Rede Slawa einen begnadeten Künstler, einen russischen Patrioten und Weltbürger. Und Slawa antwortete auf alle Dankesreden mit dem Satz: »Ich habe bespielt mit ganze Herz für Kinder.«

230 000 Mark konnten an »seinen« Sonderkindergarten Sötenich überwiesen werden.

Fünf Jahre später bekam er endlich das Resultat seines Einsatzes zu sehen. Als ich ins Hotel kam, um ihn abzuholen, stand er schon da mit Cello und »Pooks« in einer Tragetasche. »Pooks« war ein winziger Mini-Hund, der Klavier spielen konnte. Auf seinen Reisen war er immer dabei.

In Sötenich zeigte man ihm das Heim, und er fand offenbar, daß das Geld gut und richtig verwendet worden war.

Die kleine Zusammenkunft, die nach dem Rundgang stattfand, war für mich vielleicht das Bewegendste an unserer ganzen Aktion für Sötenich. Rostropowitsch setzte sich mit seinem Cello auf eine Erhöhung, und die Kinder wurden um ihn im Kreis auf den Boden gesetzt. Und dann spielte er Bach für diese geistig und körperlich behinderten Kinder, vielleicht eine halbe Stunde, und die Kinder saßen still, ganz still und hörten zu.

Der Rücktritt

Im nachhinein sieht man Muster, die vielleicht gar nicht vorhanden waren. Man weiß nur, daß man – ohne daß man es wußte oder wissen durfte – in Vorgänge verwickelt war, die andere steuerten und verschwiegen.

Zwei kleine Bilder, eigentlich unbedeutend, aus dem letzten Winter, bevor die Enttarnung Günter Guillaumes unser Dasein völlig veränderte, haben sich in meinem Gedächtnis festgesetzt.

Weihnachten 1973 machten wir Ferien im Bayerischen Wald. Eines Tages, bei klarem Winterwetter, wollten wir mit dem Förster spazierengehen, der Willy im Wald etwas Interessantes zeigen wollte. Ich war es dann, die neben dem Förster ging, während Willy und sein Persönlicher Referent, Reinhard Wilke, bald zurückblieben, bis sie außer Hörweite waren. Einmal rief ich – des Försters wegen – nach Willy, doch vergebens. Sie hielten sich hinter uns und waren in ein nachhaltiges und ernsthaftes Gespräch vertieft. Ich war gewöhnt, nichts zu hören und auch nichts zu erfahren, wenn ich fragte. Doch in diesem Fall kam ich mit dem dumpfen Gefühl zurück, daß ich absichtlich aus etwas, das die beiden beschäftigte, herausgehalten werden sollte.

Einige Monate später aß ich eines Abends mit Mildred Scheel bei Ria. Wie so oft sprachen wir meist über andere und kaum über uns selbst. Plötzlich sagte Mildred: »Ach Rut, du gehst schwierigen Zeiten entgegen.« Warum, sagte sie nicht, und ich fragte auch nicht. Aber Mildred wußte mehr, als sie sagte. Später kam es mir vor, als ob sie mich vor etwas warnen wollte, das sie wußte, aber nicht sagen durfte. Im Moment nahm ich es nicht so schwer. Es war kurz vor Ostern, und Matthias und ich hatten längere Skiferien auf der Hütte in Norwegen vor uns.

Guillaume war seit Herbst 1972 Willys Persönlicher Referent für Parteiangelegenheiten gewesen. Schon 1956 war er als DDR-Flüchtling nach Berlin übergesiedelt, nach Frankfurt gegangen und hatte dort verschiedene Ämter in der SPD. 1969 zog er nach Bonn, und im Januar 1970 wurde er im Kanzleramt als Hilfsreferent eingestellt.

Den ganzen Wahlkampf 1972 hatte er Willy auf Reisen begleitet und war dabei durch Eifer und Arbeitseinsatz aufgefallen. Er war unter Kollegen und Journalisten beliebt und galt als Sozialdemokrat des rechten Flügels, als »Jusofresser«.

Ich hatte ihn nicht oft getroffen, bevor er im Sommer 1973 auf Arbeitsferien nach Vangsåsen kam. Ich war schon zwei Wochen auf der Hütte, um die Sommerferien vorzubereiten. Aber alles für Willys Aufenthalt war von anderen organisiert worden: Die Jugendherberge auf Ormseter, 200 Meter weiter oben, war als Hauptquartier der Sicherheitsbeamten und des Kommunikationsdienstes eingerichtet worden; ein grünes Holzhaus, 200 Meter unten, war für die Familie Guillaume gemietet.

Willy hatte mich angerufen und mich gebeten, sie nett zu empfangen, wenn sie kämen. Seine Frau Christel und den Sohn Pierre traf ich zum ersten Mal. Wir setzten uns bei den letzten Sonnenstrahlen mit einem Drink nach draußen. Sie sprachen begeistert von Südfrankreich; Frau Guillaume konnte sich keinen schöneren Platz vorstellen. Ich hob die Vorteile von Ferien in Norwegen hervor: die Natur, die hellen Abende, die Einsamkeit und die Stille, die mir so viel bedeuteten. So ging es hin und her.

Guillaume sprach nicht sehr viel; sie führte das Wort. Sie hatte ein energisches Gesicht, wirkte vielleicht ein wenig hart. Er war rund und ruhig. Mit seinem kurzgeschnittenen Haar sah er jünger aus als sie. Pierre war ein blonder, langhaariger Junge von sechzehn Jahren mit einem offenen und freundlichen Gesicht. Er kam oft zu uns hinauf, spielte mit Matthias und den Sicherheitsbeamten Fußball oder holte Matthias ab, bevor er mit seinen Eltern zum Baden fuhr.

Eines Tages kam Matthias nach Hause und sagte voller Bewunderung: »Mutti, du solltest alle die Geräte sehen, die Guillaume im Auto hat.« Damals habe ich mir nichts dabei gedacht, aber nach Guillaumes Festnahme kam die Kriminalpolizei und fragte Matthias darüber aus.

Inge, unsere deutsche Hausangestellte, war in diesem

Sommer dabei, aber da wir in unserem Haus keinen Platz hatten, sollte sie bei Guillaume wohnen. Inge erzählte mir, daß Guillaumes sie deutlich hätten spüren lassen, daß sie nicht begeistert waren, sie im Haus zu haben; sie meinte auch, daß er zuviel für das Zimmer verlangte. Das fand ich auch, aber ich wollte keine Affäre daraus machen.

Guillaume ging bei uns aus und ein, fotografierte, wenn Pressefotografen und Journalisten zu Besuch waren, holte Papiere, die Willy unten im Wohnzimmer auf den Tisch gelegt hatte, und brachte andere Papiere. Daran war nichts Merkwürdiges. Die Türen waren immer unverschlossen und oft weit geöffnet. Die Sicherheitsbeamten hatten unten am Tor einen Wohnwagen aufgestellt; kein Unbefugter konnte hineingelangen. Oben im Wald hatten die Norweger einen Polizisten postiert.

Ich habe später oft überlegt, warum ich nie versuchte, eine Art Kontakt mit Guillaumes herzustellen, sondern sie im Gegenteil mied, soweit das möglich war. Einmal machten wir einen Ausflug ins Gebirge. Bei einem Lappen-Zelt hielten wir an, wir setzten uns Rentiergeweihe auf und lachten zusammen. Ich fragte Pierre: »Wie ist es, Pierre Guillaume zu heißen und nicht Französisch zu können?« Pierre lachte.

Ich mochte Pierre. Als sein Vater und seine Mutter verhaftet worden waren, bat ich das Büro, sich nach Pierre zu erkundigen und sich umzuhören, ob ich ihm irgendwie helfen könnte; ich bekam aber niemals eine Antwort.

Ich hatte Wibke Bruhns vom »Stern« bei Sjusjøen in

der Nähe von Lillehammer eine Hütte vermittelt; einmal lud sie uns ein. Mit Hermann Schreiber vom »Spiegel«, der Willy interviewt hatte, fuhren wir über die Gebirgsstraße. Guillaume war auch eingeladen. Als ich Wibke fragte, warum er mitkommen sollte, sagte sie: »Es ist immer nützlich, sich mit den Referenten gut zu stehen.«

Einige Tage später weigerte ich mich, zu einem Essen mitzukommen. Gerhard Ritzel, der Botschafter in Norwegen, kam aus Oslo, um mit Willy zu sprechen. Wir sollten unten in Hamar essen, aber als Willy erzählte, daß die Guillaumes dabei sein würden, blieb ich zuhause. Ich hatte nicht die geringste Ahnung über den Verdacht gegen sie, aber mein unhöfliches Benehmen muß auf sie beinahe verdächtig gewirkt haben.

Im nächsten Frühjahr, auf der Rückreise von den Osterferien, saßen Matthias und ich im Auto und sangen mit unserem Leibwächter, Fritz Sorg. Plötzlich wurden wir still. Im Radio wurde gemeldet, daß der Persönliche Referent Willy Brandts, Günter Guillaume, wegen Spionage für die DDR verhaftet worden war.

Guillaume ein Spion? Das war fast zum Lachen. Aber man würde doch nicht seinen Namen nennen, wenn man nicht sicher wäre? Wir grübelten lange darüber nach, ob das wirklich stimmen konnte. Erst später dachten wir an Kleinigkeiten aus den Sommerferien, die zu dem Verdacht passen konnten.

Willy kam am 24. April aus Nordafrika zurück und hörte erst auf dem Flugplatz von der Verhaftung Guillaumes. Den ganzen Tag über saß er in Sitzungen und ebenso an den folgenden Tagen, so daß er keine Zeit hatte, mit mir darüber zu sprechen. Auch nicht, als die Zeitungen begannen, in Verbindung mit der Guillaume-Affäre über Willys Privatsphäre zu schreiben, über Frauengeschichten im Wahlkampfzug und in den Hotels.

Willys Neigung in diese Richtung war mir nicht unbekannt, aber jetzt kam es trotzdem überraschend und schockierte mich. Ich hatte angenommen – vielleicht etwas naiv –, daß das wohl nicht so einfach wäre, wenn er als Kanzler ständig von Sicherheitsbeamten und vielen anderen Leuten umgeben wäre. Es war entsetzlich, wie diese Dinge in den Zeitungen ausgebreitet und hochgespielt wurden – nicht Guillaumes Spionage war mehr das Wichtigste, sondern alles andere drum herum.

Ich bat ihn, sich am Morgen die Zeitungen selber zu holen und mit aufs Zimmer zu nehmen. Ich wollte nichts mehr davon lesen, und ich wollte erst recht nicht, daß Matthias das las.

Sie kamen zu mir von der Partei und sagten, ich sollte es nicht so ernst nehmen. Das seien doch nur Bagatellen, und ich sollte Verständnis zeigen. Aber so leicht war das für mich nicht. Ich blieb zuhause, machte nur einige Spaziergänge mit Heilwig, die in dieser Zeit ein großer Trost für mich war.

Aber es ging ja nicht nur um mich; es ging um die Kinder, und es ging – trotz allem – auch um Willy. Er hatte es schwer und ging wie ein Fremder im Haus umher. Aber ich konnte ihm nicht helfen, solange er nicht den mindesten Versuch machte, mit mir zu sprechen. Er sagte, am Wochenende des 4. und 5. Mai würde er fortbleiben, um in Münstereifel an einer Besprechung teilzunehmen.

Am Montag, 6. Mai, kam er in mein Zimmer. Ich lag noch im Bett. Er stellte sich ans Fußende und sagte: »Ich werde heute zurücktreten.«

Ich war nicht erstaunt und sagte: »Das finde ich richtig. Einer muß die Verantwortung auf sich nehmen.« Mehr wurde nicht gesprochen.

Er kam spät nach Hause, vielleicht gegen 23 Uhr, aber ich war noch auf. Ich fragte, ob an diesen Frauengeschichten etwas wahr sei. Er ging schnell darüber hinweg und sagte, daß das alles unwichtig sei. Aber er erzählte, daß er ein ernstes Verhältnis gehabt habe, das über zwei Jahre gegangen, aber jetzt zu Ende sei. Ich schrie auf und sagte, jetzt sei es genug, ich würde gehen. Aber bald gewann die Vernunft wieder Oberhand über mich. Jetzt durfte ich nicht gehen und es für ihn noch schwerer machen. Und wir hatten Matthias, der erst zwölf Jahre alt war und Vater und Mutter brauchte.

Am 12. Mai sollte Willy bei der Gedenkveranstaltung für die Luftbrücke in Berlin eine Rede halten. 25 Jahre war es her, seit die Blockade aufgehoben worden war. Obwohl ich nicht gefragt worden war, rief ich Wilke an und sagte, daß ich mitkommen würde. »Das ist phantastisch, daß Sie das tun«, meinte Wilke.

Ich nahm einige Kleider mit, die geändert werden sollten. Uli Richter hatte seit Jahren meine Kleider gemacht. Er wußte, was ich besaß, was wir kombinieren, was verändern und modernisieren konnten. Es hatte mir immer Freude gemacht, gut angezogen zu sein; ich fand auch, daß das wichtig war, wenn ich Deutschland im Ausland repräsentierte. Bei Uli Richter hatte ich die Mode gefunden, die zu mir paßte. Gleich als er mich sah, sagte er: »Ich suche einen Mantel für Sie. Heute müssen Sie extra chic sein. Niemand soll sehen, daß Sie traurig sind.«

Eine seiner Schneiderinnen änderte am Samstagnachmittag die Ärmel des senfgelben Mantels, und das war keine Selbstverständlichkeit. Aber nicht nur das: Uli holte seinen Friseur vom Flugplatz, bevor er nach Frankfurt fliegen konnte, und brachte ihn in die Pücklerstraße in Dahlem, wo wir wohnten. Dort frisierte er mich unter dem kritischen Blick von Uli Richter und Egon Bahr.

Unten in der Halle hatte ich Rüdiger Reitz getroffen (zum ersten Mal) und einen anderen Mann der Kirche. Sie sollten ein Gespräch mit Willy haben. Ich ging hinüber, begrüßte sie und verschwand gleich wieder nach oben. Rüdiger erzählte mir später, es sei so gewesen, als ob sie ein eiskalter Wind berührt hätte.

Nach Tempelhof waren viele Menschen gekommen, natürlich auch die offiziellen Repräsentanten der Alliierten und des Senats. Willy wirkte gut aufgelegt. Er genoß augenscheinlich den Beifall der Berliner. Und so sagte er mit einer Anspielung auf die bösen Geschichten: »Hier in Berlin weiß man ja, daß ich kein Säulenheiliger bin!«

Das traf mich wie der Schlag, aber ich lächelte mit den anderen. Als ich nach Bonn zurückkam, rief ich die Schule an und meldete Matthias ab, solange die Zeitungen ihre Schreibereien in dem bisherigen Umfang fortsetzten. Dafür hatte man Verständnis.

Zusammen mit Fritz Sorg fuhren wir auf die Hütte; einige Tage später kam auch Willy. Er hatte mir immer noch nichts zu sagen. Aber die Sonne schien, es war ein Frühling wie nur im Mai in Norwegen, und eines Tages standen zwei große Elche auf unserem Rasen.

Auf einem Spaziergang im Wald fragte ich Willy, ob er mir nicht sagen wolle, was geschehen war. »Vielleicht können wir darüber lachen«, sagte ich.

»Nein«, antwortete er.

»Ich werde dich nie wieder fragen«, sagte ich, »und ich werde dir helfen, so gut ich kann.«

Das war der Anfang vom Ende, aber es sollte noch mehrere Jahre dauern.

Ich wollte so schnell wie möglich weg von der Dienstwohnung. Schon vor unserer Reise nach Norwegen nahm uns Alfred Nau, der langjährige Schatzmeister der Partei, mit zu einem schönen Haus auf dem Venusberg, das der Friedrich-Ebert-Stiftung gehörte. Das konnten wir mieten. Nau fragte mich, wie ich es haben, was ich verändert haben wollte. Ich freute mich, dorthin umziehen zu können, hatte aber keine Ahnung, was gemacht werden sollte. Alfred wollte alles zu unserem Besten richten. Er rief später in Norwegen an und berichtete, er habe ein anderes Haus auf dem Venusberg gefunden, das mir sicher noch besser gefallen würde. Ich sollte es besichtigen, sobald ich zurück sei. Es war ein großes Haus mit vielen Zimmern. Alfred sagte: »Wenn es dir gefällt, Rut, unterschreibe ich morgen den Vertrag!«

Das Haus wurde gestrichen und instandgesetzt. Eine Alarmanlage mit Fernsehüberwachung der Straße und des Gartens wurde eingebaut, und ab Juli 1974 war Am Paulshof 15–17 unser neues Zuhause.

Willy hatte sich einen Tag frei genommen, um beim Umzug zu helfen, aber das einzige, das er tat, war, seinen Wintermantel von dem einen Haus ins andere zu tragen. Wenigstens konnten wir darüber lachen.

Als die Möbel an ihrem Platz standen, ließ ich Haus Haus sein, stieg über Kisten und Kartons und fuhr mit Matthias auf die Hütte. Hier, in der Zufluchtsstätte am Waldrand, wo Elch, Fuchs und Eichhörnchen uns weit mehr interessierten als die Widerwärtigkeiten der Welt – hier verschwanden Gastritis und Magengeschwüre.

Die Hütte in Vangsåsen kaufte ich Anfang der sechziger Jahre. Mit einem kleinen Blockhaus auf der anderen Seite des Weges kostete das Ganze uns ca. 25 000 Mark. Das war billig, und das sollte es sein, aber natürlich mußte einiges gemacht werden. Schon im ersten Sommer bauten wir die offene Terrasse ins Wohnzimmer hinein, und in den siebziger Jahren wurden drei zusätzliche Zimmer angebaut. Das Grundstück hat 8 bis 9000 Quadratmeter und liegt 13 Kilometer von Hamar entfernt, der Stadt meiner Kindheit. Hier war ich zuhause, und hier hatte ich meine Schwestern. Wir vier hatten durch all die Jahre zusammengehalten, wir waren unser sicher und vertraulich miteinander, aber erst jetzt, im Juli 1974, erzählte ich ihnen über mein nicht immer leichtes Leben mit Willy Brandt.

Während die Jungen sich schnell mit der Hütte anfreundeten, weiß ich nicht, ob Willy das jemals tat. Er hätte am liebsten einen Platz gehabt, wo es immer warm wäre, im Winter und im Sommer. Sein Traum sei, sagte er aus Spaß, ein Haus in Afrika, wo er abends mit seinem Whisky draußen auf der Veranda sitzen und den Mond anschauen könnte. Und wenn das Whiskyglas leer und der Mond nicht mehr zu sehen sei, könnte ihm ein Boy ins Bett helfen. »Ja«, sagte ich, »und wir schikken dir eine Weihnachtskarte und erzählen, daß wir heute viele Kilometer Ski gelaufen sind – bei strahlendem Sonnenschein und Pulverschnee.«

Er machte sich nichts aus dem Skilaufen, er lernte es auch nie richtig. So kam es, daß wir Weihnachten meist in warmen Ländern zubrachten: in Tunesien, in Kenia, in Florida. Nein, das winterliche Norwegen gefiel ihm nicht, aber im Sommer pflückte er Pilze und unreife Multebeeren. Die mußte ich zum Reifen auf ein Tablett in die Sonne legen und hinter dem Haus verstecken, wenn Besuch kam. Diese begehrten Beeren, die in Åsen wachsen, schmecken so gut, wenn sie reif sind, und sind so selten und teuer, daß man das Pflücken der unreifen Beeren verbieten mußte.

Willy war vielleicht zunächst erleichtert, daß er zurückgetreten war, aber er verwand es nie.

Während der Sommerferien in Norwegen 1975 sagte er in einem Interview mit der Illustrierten »Bunte«: »Ich habe nichts gegen sie, die Regierung drüben hat es sicher nicht zu leicht. Nur mit mir, da ist nichts mehr zu machen. Der Kohl (gemeint ist der Ständige Vertreter der DDR in Bonn), der Kohl hat schon einige Male um einen Termin bei mir gebeten. Ich will ihn nicht sehen ... Wissen Sie, irgendwo hat alles seine Grenzen, da hört der Spaß auf, und zwar endgültig.«

Aber so endgültig sollte es nun auch nicht bleiben. Vor unserer Polen-Reise im Sommer 1977 lud uns der polnische Botschafter zu einem Abend mit Volkstanz und verschiedenen Darbietungen in die Beethovenhalle ein. Auf dem Rang waren Plätze für uns reserviert, und in derselben Reihe saßen außer dem polnischen Botschafter und seiner Frau auch die Vertreter der anderen Ostblock-Staaten. Am weitesten entfernt saß der, den wir »Rot-Kohl« nannten, mit seiner Frau. Willy ging in die Sitzreihe, begrüßte alle Botschafter – und ließ Kohl und seine Frau mit langer Nase sitzen. Ich fand, ich könnte auch nichts anderes tun, um Willy nicht zu brüskieren, aber als wir uns hingesetzt hatten, sagte ich ihm: »Das mache ich nicht mehr mit. In der Pause werde ich Kohl und seiner Frau Guten Tag sagen.« Das tat ich, und Willy tat es auch.

Auf dem Heimweg erzählte ich, daß Frau Kohl so freundlich gewesen war und gesagt hatte, daß sie oft Lust gehabt hätte, mich zu treffen. Worüber Willy mit Kohl sprach, bekam ich nicht zu wissen, aber vielleicht eine Woche später sah ich im Terminkalender, daß ein Gespräch mit Kohl verabredet war.

Ich wurde nie in das eingeweiht, was Anfang Mai 1974 in Münstereifel geschah. Ich habe einiges darüber gelesen und damals in Norwegen Bruchstücke von Gesprächen mitbekommen, in denen immer wieder einige Namen auftauchten – wie Wehner, Genscher, damals Innenminister, und Nollau, damals Präsident des Verfassungsschutzes. Auch über Wehners Rolle in Münstereifel habe ich nur gelesen und es so verstanden, daß er weder Willy zu dem einen riet, noch ihm von dem anderen abriet.

Willy sagte später einmal zu mir, daß Wehner *und ich* an seinem Rücktritt schuld seien. Meinen angeblichen Anteil daran wollte er nicht näher erklären, aber es ist wohl selbstverständlich, daß es eine starke Belastung für unser Zusammenleben sein mußte. Daß ich ihm nicht abgeraten hatte zurückzutreten, sondern mit seiner Entscheidung im Gegenteil einverstanden war, spielte dabei vielleicht eine Rolle.

Er hatte schon vorher erwogen zurückzutreten. Nach einem sehr schwierigen Jahr – Ölkrise, Fluglotsenstreik, Lohnforderungen der Gewerkschaften von 15 Prozent – war die Stimmung um ihn umgeschlagen. Früher hatten Presse und Freunde ihn auf einen Sockel gehoben, als Kanzler der Ostpolitik, als den Deutschen mit dem Friedenspreis, als den Sieger der Wahl von 1972. Jetzt fanden viele von ihnen es weder undenkbar noch unstatthaft, daß er gestürzt wurde. Es war wohl unter dem Eindruck dieser Entwicklung – und vielleicht dessen, was er über Guillaume wußte, aber für sich behielt –, als er mich im Januar oder Februar 1974 zu sich bat und seine Verzweiflung über die Lohnforderungen von Klunkers großer ÖTV ausdrückte.

»Ich habe darüber nachgedacht zurückzutreten«, sagte er. »Was meinst du?«

»Jetzt solltest du lieber kämpfen«, sagte ich.

Ende September 1973 war ich mit Line, einer Freundin aus Berlin, in Norwegen gewesen. Als wir in Oslo die

Fähre nach Kiel betreten hatten, kam Botschafter Ritzel an Bord und berichtete aufgebracht, daß Wehner bei seinem Moskau-Besuch vor Journalisten Willy in ungehöriger Weise kritisiert habe: »Der Kanzler badet gern lau – so in einem Schaumbad.«

Ich verstand nicht ganz, wie das gemeint war, fand es aber geschmacklos und weigerte mich zu glauben, daß Wehner das gesagt haben sollte. Aber in Bonn erfuhr ich von Journalisten, die dabei gewesen waren, daß er mehr als das gesagt hatte.

Am 21. Oktober, es war ein Sonntag, schrieb ich nieder:

»In den letzten Tagen war ich gefühlsmäßig hin- und hergerissen. Es wäre schrecklich, wenn es zu einem Bruch zwischen Herbert und Willy käme. In den ersten kritischen Tagen nach seinem ›Angriff‹ hielt ich mich denn auch mit Be- und Verurteilungen seines Auftretens zurück. Ich schlug Willy vor, eine Aussprache mit Wehner zu suchen – unter vier Augen. Er erwog, einen Brief zu schreiben. Später fragte ich, ob ich mit Herbert sprechen sollte – auf meine Art.

Tag für Tag habe ich mich gefragt, wo Willys Freunde geblieben sind. Was tun sie, um in dieser Situation zu helfen? Ich habe das Gefühl, daß sie sich verkriechen und ihre Hände in Unschuld waschen. Wenn er Erfolg hat, ist er ›der Größte‹. Sind die Zeiten schwierig, lassen sie sich von journalistischen Klischees vom schlappen Kanzler mitreißen.«

Und später am selben Tag: »Ich bin zu dem Ergebnis gekommen, nicht zu Wehner zu gehen. Es ist Wehner, der zu Willy kommen muß.«

Und Wehner kam. Eines Nachmittags saßen sie unten

mit mehreren Flaschen Wein, während ich oben wartete.

»Was hat Wehner gesagt?« fragte ich, als Willy endlich hinaufkam.

»Er hat mich gebeten, es noch einmal mit ihm zu versuchen«, antwortete Willy.

Ihr Verhältnis kam nie mehr in Ordnung.

Aber wir – und ich – hatten auch andere, gute Erlebnisse mit Wehner. Mein erstes richtiges Gespräch mit ihm hatte ich in Berlin Mitte der sechziger Jahre. In der Taubertstraße, wo wir wohnten, saßen Wehner und ich mehr als eine Stunde und warteten auf Willy, mit dem er verabredet war. Es kam zu einem offenherzigen und guten Gespräch zwischen uns; wir unterhielten uns auf schwedisch-norwegisch, und wenn Wehner Schwedisch sprach, war er mild und herzlich.

Wir sprachen über den Krieg und unsere damaligen, sehr verschiedenen Erlebnisse, Wehner, der wegen »kommunistischer Spionage« 1942 in Schweden ins Gefängnis mußte, saß zusammen mit einem Bekannten von mir aus der Jugendbewegung. Es war typisch für Wehner, daß er alle Jahre hindurch den Kontakt mit Kolbjørn – so hieß er – aufrechterhielt. Als uns Wehner einmal auf der Hütte besuchte, fuhren wir alle zusammen zum Kaffee zu Kolbjørn. Bevor Wehners uns verließen, brach ich einige kleine Zweige von einem Baum und gab sie Herbert. Sven Backlund erzählte mir später: Als er einmal Wehner in seinem Haus auf Öland besucht habe, habe er ihm diese Zweige gezeigt und gesagt: »Schau, die habe ich von Rut bekommen!«

Wehner war sentimental und vergaß nie eine Freundlichkeit, die man ihm erwiesen hatte. Wir waren auch bei ihm auf Öland und hatten dort zwei schöne Tage. Er führte uns auf der Insel herum, als ob es seine eigene wäre, und er sprach mit Wärme über die Nachbarn. Aus einer Schublade nahm er einige Servietten mit Weihnachtsmotiven, die er bei einem Weihnachtsbesuch bei den Nachbarn geschenkt bekommen hatte.

Ich habe mit Wehner über Pfeifentabak und Damenhüte gesprochen und darüber, wie man das rostfreie Spülbecken am besten blank bekommt, nämlich mit kaltem Wasser zum Schluß, meinte er. Später erhielt ich einen kleinen Einblick in seine Hilfsbereitschaft gegenüber Menschen, die Hilfe nötig hatten.

Nach Willys Rücktritt vergingen einige Jahre, bevor wir wieder miteinander sprachen. Nach meiner Scheidung traf ich Herbert Wehner und Greta bei Backlunds, und einige Zeit später, ich glaube, zu Weihnachten, erhielt ich einen Brief mit einem Gedicht »Für die Freunde« mit Grüßen von Greta und Herbert.

Das Ende einer Ehe

Als mich der Chauffeur gegen Mittag in der Stadt abholte, sagte er, Willy läge im Krankenhaus. Es sei etwas mit dem Herzen.

Ich rief sofort im Büro an, als ich nach Hause kam. Es war ein Herzinfarkt. Warum hatten sie mich nicht angerufen – sie wußten doch, wo ich war? Ich hätte doch ohnehin nichts machen können, hieß es. Ich fuhr sofort zum Krankenhaus, und nachdem ich mit dem Arzt gesprochen hatte – der meinte, daß die kritischste Phase überstanden sei – ging ich zu Willy. Er war bleich und sah mitgenommen aus. Er konnte nicht sehr viel sprechen, aber als ich seine Hand nahm, sagte er: »Ich bin froh, daß du als Erste kommst.« Ich dachte mir damals nichts Besonderes dabei. Das war doch selbstverständlich. Er wiederholte es später.

Am Abend davor waren wir zusammen mit einer Reihe geladener Gäste bei Ria gewesen. Ein Buch über Willy Brandt mit Text von Hermann Schreiber und Fotos von Konrad R. Müller wurde vom Verlag vorgestellt. Vorn im Buch war eine Widmung: »Für Rut Brandt« und ein Bild von mir.

Ich glaube, Konrad Müller hatte die meisten Bilder im Sommer 1977 auf der Hütte aufgenommen: Nahaufnahmen von Willy Brandt, die einen stark berührten.

Im Lauf des Abends kam Willy zu mir und sagte, er wolle nach Hause gehen zu einem Gespräch mit Horst Ehmke, aber das hieße nicht, daß ich nach Hause gehen sollte. Ich blieb auch den Rest des Abends. Nichts deutete darauf hin, daß er sich nicht wohl fühlte.

Ich besuchte ihn jeden Tag nach meinen Yoga-Übungen – ich hatte nervöse Atembeschwerden bekommen, und Willys Arzt hatte mir geraten, Yoga zu lernen. Das Krankenhaus hatte eine tüchtige Lehrerin, die mich nicht nur Atemtechnik, sondern auch Entspannung und Körperbeherrschung lehrte, und zum Schluß war ich zu etwas imstande, das ich niemals zuvor geschafft hatte: Ich konnte Kopfstand. Alles das sollte mir in der nächsten Zeit zugute kommen.

Ich saß in der Regel eine Viertelstunde bei Willy und erzählte von zuhause und von draußen. Vielleicht war es verständlich, daß das ihn nicht besonders interessierte, aber oftmals hatte ich das Gefühl, daß es ihn beinahe quälte. Trotzdem ging ich jeden Vormittag hin, auch wegen des Krankenhauspersonals.

Einmal rief ich ihn an und fragte, ob ich den Besuch auf den Nachmittag verschieben könne.

»Nein, das paßt nicht. Außerdem brauchst du nicht jeden Tag zu kommen.«

»Aber Lasse und Matthias könnten kommen, wenn sie in der Stadt sind«, sagte ich. Nein, sowohl die Jungen als auch ich sollten anrufen, bevor wir kämen. Das haben wir dann getan. Ich fragte im voraus, ob ich etwas mitbringen sollte, ob er etwas Besonderes essen mochte. Nein, er habe alles.

Das konnte ich auch sehen. Weintrauben, Rosen und verschiedene Kleinigkeiten standen auf dem Tisch.

Er lag mehrere Wochen im Krankenhaus und kam erst Heiligabend wieder nach Hause. Er blieb den Tag über in seinem Arbeitszimmer, aber aß mit uns, und wir hatten einen gemütlichen Abend. Er erzählte, daß er am 28. Dezember, also in vier Tagen, nach Hyères an der Côte d'Azur zur Kur fahren werde. Die Kur werde mehrere Wochen dauern.

Wir hörten nicht viel von ihm, aber er schrieb und gratulierte mir zum Geburtstag, »unabhängig von allen Problemen, die aufgetreten sind, und den Schwierigkeiten, mit denen man weiterhin rechnen muß«. Er berichtete, wie es ihm ging: »Ich stehe unter ziemlich strenger Kontrolle: tägliche Übungen, salzloses Essen, Medikamente über die hinaus, die ich aus Bonn mitgebracht habe, usw. Bis auf weiteres darf ich nicht aus dem Krankenhaus heraus, wenn der Arzt nicht dabei ist. Er ist übrigens davon überzeugt, daß der eigentliche Infarkt gekommen war, als ich Ende Oktober in Amerika war, und daß ich insofern Glück gehabt habe.«

Vier bis fünf Stunden am Tag durfte er arbeiten, aber »wie es mit der Beschränkung anderer Aktivitäten wird, muß entschieden werden, wenn ich im März ins Büro zurückkomme. Dann wird es auch erforderlich sein, andere praktische Fragen zu erörtern, die sich als Ergebnis der Veränderung stellen, wo es um politische Verantwortung und persönliche Ambitionen geht«.

Wir lasen die Briefe, sahen einander an und fanden

eine gewisse Komik in diesem Tanz um den heißen Brei.

Am 23. Januar schreibt er: »In einigen Tagen sind es vier Wochen, seit ich hierher kam. Der Arzt sagt, daß ich sehr große Fortschritte gemacht habe, und ich denke, daß er recht hat. Man darf davon ausgehen, daß ich gesünder werde, als ich es seit langem gewesen bin. Das Wetter ist nicht so gut, meist regnet es, aber da kann man nichts machen; es wird sich außerdem wohl bessern, bevor ich Mitte Februar wieder zurückfahre. Ich habe vor, mich in einem Hotel hier in der Nähe für einige Tage niederzulassen, bevor ich in die Schweiz fahre. Die Kommission trifft sich in der letzten Februar-Woche, und ich fahre einige Tage eher, um vorbereitende Gespräche zu führen.«

Am 3. Februar ging es ihm offenbar nicht so gut. Er schrieb, daß er sich zu den täglichen gymnastischen Übungen von beinahe zwei Stunden zwingen müsse: »Doch am meisten hilft die Sonne. Davon gab es nicht so viel, und ich war nicht frei von Depressionen.«

Ich wollte ihn besuchen, Egon Bahr war dort gewesen und Klaus Harpprecht mehrere Male. Er schreibt, es sei »nett«, daß ich daran gedacht hätte, aber es sei am vernünftigsten, das Programm abzuwickeln, wie es begonnen habe.

Ich schrieb ihm in einem Brief: »Es ist verständlich, daß man nach einer solchen Geschichte darüber nachdenkt, was ist und was werden soll, wie Du auch in Deinem Brief andeutest. Es ist mir natürlich nicht möglich, aus diesen Andeutungen klug zu werden, doch alles kann besprochen werden, wenn Du zurückkommst . . .«

Er wollte am 1. März wieder in Bonn sein: »Dann werden wohl, wie Du auch schreibst, eine Reihe Dinge besprochen werden müssen. Doch Du kannst sicher sein, daß ich als Teil meines ›zweiten Lebens‹ auch verstanden habe, daß es wichtig ist, das anzuhören, was der andere sagt.«

Der letzte Brief erreichte mich in Norwegen. Er kam aus einem Hotel in St. Jean, »einer Halbinsel bei Monaco. Es ist gut, wieder auf freiem Fuß zu sein, obgleich sich ein Gefühl von Müdigkeit und Trägheit meldet«.

Er gibt einen genauen Bericht über seinen Gesundheitszustand. Nachdem alle Untersuchungen abgeschlossen waren, waren die Ärzte zu einem sehr guten Ergebnis gekommen. Die Diät hatte zu keiner Gewichtsabnahme geführt, was sie mit der Muskelbildung aufgrund der täglichen Übungen erklärten:

»Aber ich gedenke nicht, wieder da anzufangen, wo ich aufgehört habe, sondern lieber selbst zu bestimmen, was ich tun will und was ich bleiben lasse. Das kann zu Konflikten führen (wie ich u. a. bemerkt habe, als Egon mich besuchte), da die Parteiführung und andere denken, ich sei ›nur‹ krank gewesen und jetzt wieder gesund. Ich habe den Eindruck, daß ich viel von dem, was mit der politischen Arbeit zu tun hat, ablehnen werde und daß ich selbst bestimmen werde, was wichtig und richtig ist . . .«

An dem Abend, als er zurückkam, waren Lasse und Matthias auch da. Wir saßen eine Weile zusammen und sprachen über dieses und jenes. Es war Lasse, der sagte: »Ich nehme an, ihr habt einiges zu besprechen.« Dann verschwanden sie.

Wir hatten ein gutes, offenes Gespräch. Er erzählte von seinem »neuen Leben« und war verblüfft, daß das Ganze für mich nicht so neu war. Mich wunderte es, daß er einen Beschluß, den er eindeutig vor langem gefaßt hatte, in den Briefen, die er schrieb, wochenlang in Watte packte.

Er schlug mir zwei Möglichkeiten vor: Wir könnten unter demselben Dach wohnen und jeder seiner eigenen Wege gehen, oder wir könnten uns jeder eine Wohnung nehmen. Ich meinte, es sei besser, sich scheiden zu lassen. Es schien, als habe er das nicht erwartet – er stand auf und ging.

Am nächsten Tag zeigte mir Willy eine feierliche Erklärung, die an die Presse gehen sollte: »Willy Brandt und seine Frau sind übereingekommen, die rechtlichen Schritte für eine Auflösung ihrer Ehe einvernehmlich einzuleiten.«

Ich verstand nicht, warum dies notwendig sei, aber ihm war es wichtig, und mir war es gleichgültig. Ich hatte eine Art Ruhe gefunden, und es kümmerte mich im Augenblick nicht, was die Leute und die Presse daraus machen würden. Das war für mich etwas Neues und eine gute Erkenntnis. Ich war in meiner Ehe gewiß keine Gefangene gewesen – es gab wohl wenige, die so viel Freiheit hatten wie ich. Aber ich fühlte mich eingesperrt in der Stellung, der Position und der Rolle, die mir zugeteilt war, durch Rücksichten, die man nehmen sollte, und Worte, die man abwägen mußte.

Am nächsten Morgen klingelte es an der Tür. Dort stand Mildred Scheel und sah mich streng an. Sie ging an mir vorbei, setzte sich aufs Sofa, trommelte auf den Tisch und sagte: »Rut, ich werde dir nie verzeihen, wenn du dich scheiden läßt.« Dann lächelte sie: »Aber ich werde immer zu dir halten.« Später schickte sie Blumen und einen Brief: »Liebe Rut – ich denke an Dich – halte durch. Deine Mildred.«

Die Mitteilung löste eine Woge der Teilnahme aus. Blumen und Briefe kamen aus allen Ecken des Landes und auch aus dem Ausland, aus Skandinavien und Amerika. Das kam für mich vollständig überraschend und tat mir unendlich gut. Briefe voll Freundlichkeit und Hilfsbereitschaft. Damit ich nicht übermütig werden sollte, gab es auch einige, die mich aufforderten, endlich dorthin zu verschwinden, wo ich »hingehöre«.

Aber Werner Höfer meinte in einem liebenswürdigen Brief, ich sei »eine willkommene Gastarbeiterin aus dem Reich Peer Gynts«.

Und Rudolf Augstein schrieb: »Es hatte sogar eine politische Bedeutung, daß ›die Norwegerin‹ den Deutschen so nahegerückt werden konnte. Zusammen habt ihr die schwierigen Zeiten, man darf wohl sagen glorios überstanden.«

Helmut Schmidt: ». . . aber ich hoffe auch, daß Du in diesen Tagen spürst, wie gleichzeitig Du selbst Dir innerhalb der deutschen Sozialdemokratie und im deutschen Volke ungezählte Freunde erworben hast. Ich gehöre dazu.«

Auch Fritz Sänger ging in seinem Brief darauf ein: »In den Jahren, in denen Willy seine entscheidende, politische Arbeit leistete, standen Sie bei ihm. Ihre Kameradschaft war eine große Hilfe für ihn und damit für uns, nicht nur für Sozialdemokraten, nicht nur für Deutsche.«

Wie glücklich ich auch über eine solche Art Anerkennung war – beinahe 25 Jahre hatte ich mit Willy im politischen Rampenlicht gestanden –, so waren es trotzdem zwei unpolitische Briefe, von äußerst menschlicher Art, die mich am meisten bewegten.

Eine katholische Ordensschwester, die ich während der Arbeit für das Heim in der Eifel kennengelernt hatte: »Darf ich Ihnen schreiben, daß ich Sie schon immer, insbesondere in den letzten Tagen, in mein Gebet einschließe? Verstehen Sie alles richtig, ich wollte Ihnen eine Freude machen und sagen, daß Sie nie vergißt Ihre dankbare . . . Bernadette.«

Und eine Pfarrfrau aus Berlin schrieb: »Es treibt mich, Ihnen ein herzliches Gedenken zu senden. Es traf uns wie ins eigene Fleisch mit all dem Trubble, der da gemacht wird. Möchten Sie doch bewahrt und beschützt sein und viele Freundschaftsbeweise Sie mit Wärme einhüllen. Ich wünsche Ihnen so von Herzen, daß Ihre Entschlüsse dem Leben dienen, Ihnen neue Wege eröffnen, freie Entfaltung und Genesung von allen möglichen Zwängen, daß neue Freundschaft und neuer Beistand in neuer Weise möglich wird, auch zwischen Ihnen beiden, denn die Geschichte und die Kinder – das ist nicht zu trennen. – Ihre Herta Jänicke.«

Ich unterrichtete Peter und Lasse über das Resultat des Gesprächs. Es kam für sie nicht überraschend – sie fanden, es sei an der Zeit gewesen. Lasse kam zu mir am Nachmittag, und gemeinsam erzählten wir es Matthias. Es zeigte sich, daß er alt genug war, das zu verkraften. Willy mied uns und machte es damit nicht leichter, weder für sich selbst, noch für uns.

Schon im April wollte er nach Unkel umziehen. Matthias und ich mußten auch eine Wohnung finden. Es war aber nicht so leicht, das Richtige zu finden: Die Wohnung sollte nicht zu groß sein, aber geräumig genug für uns beide.

Wie immer in schwierigen Situationen setzte ich mich hin und schrieb es mir von der Seele. Ich lese: »Heute« – es war der 20. März – »bin ich richtig deprimiert. Ich fragte Willy, ob er sich für uns nach einem Haus erkundigen könne, aber er antwortete, ich hätte ja so viele andere, die mir helfen könnten. Das hatte ich nicht erwartet.

Dann aber rief Heilwig an und lud mich zum Kaffee ein – es ist so gut, Heilwig zu haben –, und dann wurde es besser. Nachmittags rief Hans-Peter Riese an und fragte, ob ich mit nach Wien wollte. Pavel Kohout hat im Burgtheater ein Stück inszeniert, und Jelena und Pavel wollten, daß ich mitkomme. Ich glaube, ich mache es.«

Am Sonnabend, 24. März: » – und dann am Nachmittag: das Haus war leer und still, Matthias war weg, Willy war den ganzen Tag weg gewesen. Und dann kamen die Gedanken und ich spürte, daß ich am Abend nicht allein bleiben dürfte. Ich rief Lasse und Renate an; sie kamen, und wir aßen zusammen. Um halb elf kam

Willy. Zuerst schaute er nur durch die Tür und verschwand wieder. Später ging Lasse zu ihm und fragte, ob er ein Glas Wein mit uns trinken wolle. Er wirkte irgendwie aufgeräumt (ob es wohl echt ist?). Wir kamen auf die Wohnung für mich, und es sieht jetzt so aus, daß er gewillt ist, mir zu helfen. Er wollte Egon bitten, Börner anzurufen ... Immer sollen andere es tun.«

Am 29. März: »Gerda Landerer kam mit Papieren am Nachmittag und sagte, daß sie mir in Zukunft mit den finanziellen und anderen praktischen Dingen, die geregelt werden müßten, helfen wolle. Ich war erleichtert und dankbar. Willy kam mit seinem Glas herein, nachdem Landerer gegangen war, und wir saßen eine Weile zusammen. Er sagte, er wolle die Scheidung so schnell wie möglich. Als ich fragte, warum es so eile, sagte er, daß er in seinem Leben so viel habe treiben lassen. Da ich mich dafür entschieden hätte, gebe es für ihn keinen Grund, die Sache zu verzögern. Insofern könnte er ja recht haben.«

Willy war die letzte Zeit nicht viel zuhause gewesen, und an dem Tag, da er uns verlassen sollte, blieb er in seinem Arbeitszimmer und kam nicht herein, um sich zu verabschieden. Wir warteten und warteten, und schließlich ging ich zu ihm. Ich wünschte ihm alles Gute und meinte, daß wir auch viele gute Jahre zusammen gehabt hätten. Ich hoffte, wir könnten Freunde sein. Er umarmte mich, und ich ging.

Mir wurde eine Wohnung unten in der Stadt angeboten – als Reaktion auf einen Stoßseufzer in einem Interview! Ich besichtigte sie zusammen mit Heilwig. Wir fanden beide, daß die das Richtige sei. Am 6. April schreibe ich, daß ich zugesagt hätte: »Ich freue mich einzuziehen. Matthias und ich spinnen aus, wie wir uns einrichten wollen.«

Die Wohnung lag im Erdgeschoß eines Jugendstil-Hauses. Sie hatte zwei große Zimmer und einen Wintergarten, außerdem für Matthias zwei kleinere Räume auf der anderen Seite des Entrées. Wir hatten zwei Balkone und eine große Eßküche.

Am 1. Juni wurden die Möbel hineingetragen und ich ebenso. Mit Gallenschmerzen wurde ich auf eine Matratze im Wintergarten gelegt. Ich mußte an Hildegard Knef denken; sie hatte bei einem Abendessen im Bungalow gesehen, daß ich »wegen der Galle« Haferschleim aß. Sie gab mir einen Rat, den sie selbst von einem englischen Arzt bekommen hatte: »Trinken Sie ein Wasserglas mit purem Gin, und alles ist vorbei.« Mein Arzt gab mir eine Spritze.

Aber die Möbel kamen an ihren Platz, und die Bilder wurden aufgehängt. Eines Tages kamen Michael Bertram und Henning von Borstell als Handwerker verkleidet und legten Leitungen und kleine Lampen in den Kleiderschrank. Wenn ich die Türen öffnete, brannte Licht.

So war die Wohnung fertig, und ich sagte zum Vermieter, Herrn Gerhards: »Hier bleibe ich die nächsten dreißig Jahre.«

Es sollte sich zeigen, daß das etwas übertrieben war.

Bo Järborg, schwedischer Korrespondent in London und ein Freund aus der ersten Zeit in Berlin, sagte, als er von der Scheidung las: »Jetzt geht Rut und kauft sich einen neuen Hut!«

Nein, keinen Hut, aber ich fuhr nach Berlin und bestellte bei Uli Richter ein schönes Kleid für das Abendessen des schwedischen Königspaars anläßlich ihres Besuchs in Bonn.

Es war mein erstes Zusammentreffen mit dem offiziellen Bonn, seit ich allein war, und ich war lächerlich nervös und hektisch. Bastian, das liebe Tier, wurde auch nervös und lief um mich herum – die Treppen hoch und runter, und dann geschah es: Er trat auf das Kleid und machte einen tiefen Riß hinten in den Rock. Ich setzte mich auf die Treppe, war verzweifelt und überlegte, was das wohl bedeuten sollte. Es mußte einen Sinn haben. Durch alle Jahre hindurch hatten die Jungen großes Vergnügen an meinen Vorgefühlen und pflegten zu sagen: »Jetzt hat Mutti wieder eine ihrer Ahnungen.«

Elsa Wagner, die große alte Charakterschauspielerin am Schiller-Theater in Berlin, sagte mir mit baltischem Akzent, nachdem sie die Mutter Åse in Peer Gynt gespielt hatte: »Wirr beide, Frau Brandt, wirr glauben an Troll!«

Aber hier half offensichtlich nur Vernunft, und so nahm ich ein Stück Klebeband und klebte den Riß, und konnte nur hoffen, daß niemand es sehen würde. Ich fuhr im Taxi vor der Redoute vor und vergaß beinahe zu bezahlen. Als ich vor dem schwedischen Königspaar stand, und Königin Silvia sagte: »Ich freue mich besonders, daß *Sie* heute gekommen sind«, war es, als ob sie wußte, daß nicht alles so glatt gegangen war. Es wurde ein besonders schöner Abend.

Die erste Zeit ging ich fast überallhin, wo ich aus Freundlichkeit oder Mitleid eingeladen worden war, auch wenn ich deutlich gemacht hatte, daß so etwas nicht nötig sei. Ich ging zum Tanz in Botschaften, ich ging zu Abendessen, und ich ging zum Damenlunch. Zu einem solchen Arrangement für Loki Schmidt war ich – wie es sich gehört – mit den anderen Damen vor dem Ehrengast gekommen. Wir standen beim smalltalk, als plötzlich Bewegung aufkam und ich hörte: »Sie kommt, sie kommt.« Die Gläser wurden beiseite gestellt, und das Gespräch verstummte. Wir stellten uns artig auf, und Loki trat ein, aber natürlich war es auch »Frau Bundeskanzler«.

Ich mußte lachen und fragte hinterher Heilwig:

»War es auch so, als ich Frau Bundeskanzler war?«

»*Aber natürlich*«, sagte Heilwig.

»Hm«, sagte ich und dachte mir meinen Teil.

Am 16. Dezember 1980 wurden wir geschieden, zwei Tage, bevor Willy 67 Jahre alt wurde.

Es war verabredet, daß wir mit unseren Anwälten hinterher bei Lasse ein Glas Wein trinken sollten. Jeder von uns erzählte eine lustige Episode, als ob wir uns vorbereitet hätten. Wir lachten und waren freundlich.

Aber wir erwähnten nicht die 33 Jahre, die wir zusammen gelebt hatten. Es waren die wichtigsten Jahre unseres Lebens, voll von Gutem und weniger Gutem. Wir hatten zusammen drei Kinder und eine Karriere erlebt, die für Willy wie für mich etwas Großartiges gewesen war. Und das mußte doch, trotz allem eine Grundlage für eine Freundschaft bilden.

Aber es sollte meine letzte Begegnung mit Willy Brandt sein.

Doppelte Heimat

Mehr als vierzig Jahre habe ich außerhalb Norwegens gelebt, aber Hedmark mit seinen ebenen Dörfern und Anhöhen und unendlichen Wäldern ist meine Heimat und hat mich nie losgelassen. Alle Jahre mußte ich zurück und den Frühling riechen, sehen, wie die Sonne die Tage heller und länger macht, hören, wie der Bach unter dem Schnee gluckert. Wo man aufgewachsen ist, sind die kleinsten Dinge wie selbstverständlich vertraut. Hier wohnen meine Schwestern, und hier liegt meine Mutter begraben. Hier habe ich Freunde von Kindesbeinen an, hier war ich immer nur Rut.

Deutschland ist die Heimat meiner Söhne. Alle drei wurden in Berlin geboren. Wir sind zerstreut worden zwischen Bonn, wo Lars malt und ich lebe, Hamburg und Bremen, wo Matthias als Schauspieler arbeitet, und Berlin. Dort hat Peter seine Tochter Karoline. Und die Geschichte ganz Deutschlands.

Ich fühle mich nicht zwischen Norwegen und Deutschland gespalten. Ich bin hier wie dort zuhause, und ich lebe in beiden Sprachen.

Kenne ich Norwegen mit der Vertrautheit der Kindheit, habe ich mit Deutschland gelebt und gestritten und gelitten alle meine erwachsenen Jahre.

Während meiner ersten Zeit in Deutschland sah ich oft den Leuten ins Gesicht, wenn ich auf die Straße ging. Hatte diese Frau vor Begeisterung geweint, wenn Hitler mit seinen Reden die Hysterie entfesselte? Hatte dieser Mann mit erhobenem Arm gestanden zusammen mit den Zehntausenden, die sich auf dem Bürgersteig drängten, wenn Hitler vorbeifuhr?

Und als ich später fragte: Hatten sie nicht am Anfang von den Konzentrationslagern gehört, in denen Sozialdemokraten und Kommunisten verschwanden? Und die »Kristallnacht« im November 1938, als jüdische Geschäfte zerstört und geplündert wurden, erlebten sie das nicht als etwas Bedrohliches? Sahen sie nicht die Judensterne auf den Kleidern, die Parkbänke, auf denen Juden nicht sitzen durften? Wunderten sie sich nicht darüber, daß es verboten war, in jüdischen Geschäften zu kaufen? Oder als ihre jüdischen Nachbarn verschleppt wurden, haben sie es da endlich begriffen?

Nein, bekam ich zur Antwort, sie hatten nichts gewußt. Nicht richtig, nicht genau, einige geflüsterte Gerüchte, aber es war zu gefährlich, darüber zu sprechen. Ja, sagten sie, es sei sicher schwer für mich zu verstehen, wie es unter Hitler gewesen sei.

Meinen ersten deutschen Nazi fand ich in Berlin am 28. September 1952. Bis dahin hatte ich vergeblich gesucht.

Wir hatten den Geburtstag meiner jüngsten Schwester Olaug zusammen mit einer Reihe lauter skandinavischer Journalisten gefeiert und landeten spät am Abend in einer Kneipe am Hagenplatz im Grunewald. Ein Mann in den Vierzigern saß allein an einem Tisch beim Bier und schien sich über uns zu amüsieren. Ich kam mit ihm ins Gespräch. Er sei während des Krieges in Norwegen gewesen, sagte er. Er hatte es schön gehabt und viele nette Menschen kennengelernt. (Es war nicht das erste Mal, daß ich das hörte.) In Dänemark war er auch gewesen und schließlich in Rußland.

Plötzlich fing er an, über das »Dritte Reich« zu sprechen, über seine Verbindung mit dem Nazismus von Anfang bis zum Ende und seine Bewunderung für Hitler. Es war, als ob ein Gespenst auftauchte. Ich traute meinen Ohren nicht, aber gleichzeitig war ich irgendwie fasziniert, einen Menschen gefunden zu haben, der kein Hehl aus seiner Vergangenheit machte. Nein, er verteidigte alles: die Kriegsverbrechen, die Konzentrationslager, die Deportationen von Zwangsarbeitern aus den besetzten Ländern, die Vernichtung von sechs Millionen Juden – »übertrieben, ich kenne selbst Juden, die den Krieg über in Deutschland gelebt haben«. Er war ein ganz normaler, nett aussehender Mann. Bis dahin hatte ich die merkwürdige Vorstellung gehabt, daß man einem Menschen »ansehen« konnte, ob er Nazi war. Gott weiß, wie viele von der Sorte es im Verborgenen gab!

Durch Willy kam ich früh in Kontakt mit deutschen Sozialdemokraten. Anfangs fühlte ich mich fremd und außerhalb – das war natürlich, denn ich kannte ihre

Probleme nicht genug, und das hatte viel mit der Sprache zu tun – sowohl für sie als auch für mich.

Es war auch nicht wie in der skandinavischen Arbeiterbewegung, wo wir alle »Du« zueinander sagten und so eine Art Familie wurden. Es dauerte seine Zeit, bevor ich für einige von ihnen Rut wurde. Aber die meisten waren Sozialdemokraten seit der Vorkriegszeit, und über ihre Vergangenheit brauchte ich nicht zu grübeln. Da waren Menschen, die im Konzentrationslager oder Zuchthaus gesessen hatten, Menschen, die zum Tode verurteilt gewesen und davongekommen waren, Angehörige der Männer des 20. Juli und viele frühere Emigranten.

Das war das »andere Deutschland«, und davon erzählte ich in den Briefen nach Hause.

Die Freunde bei »Aktuell« – der norwegischen Illustrierten – erzählten, daß sie sich in der Teepause zusammensetzten und die Briefe laut vorlasen. Anna schrieb mir das und machte mich froh. Sie war über meine Entscheidung, nach Deutschland zu ziehen, bestürzt gewesen. Anna war ein hübsches, schwarzhaariges Mädchen mit blauen Augen. Ihren Bruder hatten sie »gefaßt«, sagte sie, und ihre Schwester war nach Palästina ausgewandert. Warum nach Palästina, fragte ich. Nach dem Krieg gab es viele, die nach Kanada und Australien auswanderten. – »Aber weißt du denn nicht, daß ich Jüdin bin?« Nein, Anna, daran habe ich nicht gedacht.

Auch in Stockholm während des Krieges dachte ich nie daran, ob meine Bekannten Juden waren. Sie waren norwegische Flüchtlinge wie wir anderen. Aber es erschütterte mich, als Stefi mit 50 Kindern aus dem jüdischen Kinderheim im Herbst 1942 über die Grenze kam, als die Jagd auf die Juden in Norwegen begann. Stefi, eine deutsche Jüdin, war als Flüchtling nach Norwegen gekommen und hatte einen Norweger geheiratet. Sie zog in Stockholm zu mir, und wir wohnten ein Jahr zusammen. Sie war Psychologin und hatte ihre »Praxis« in dem kleinen Zimmer in der Wohnung.

Mit einem Lächeln muß ich an Vogel zurückdenken.

J.N.J. Vogel. Was diese drei großen Buchstaben bedeuteten, weiß ich bis heute nicht. Er war nur Vogel. Nein, wir nannten ihn ja ab und zu Kurt, das muß seinerzeit sein Deckname gewesen sein. Soviel ich weiß, war er Mitte der dreißiger Jahre als politischer Flüchtling nach Norwegen gekommen. Er war einmal Redakteur bei einer deutschen kommunistischen Zeitung gewesen, aber längst mit dem Kommunismus fertig. Ich traf ihn das erste Mal auf der Straße in Oslo gleich nach Kriegsende. In großem Tempo humpelte er Pilestredet hinauf – er hatte ein steifes Bein aus dem Ersten Weltkrieg; der blaue Mantel flatterte um seine zu kurzen Hosenbeine. Er winkte und rief: »Willy, Willy!«

Wir wohnten in der Pension Themis gleich bei der Karl Johans gaten in einem Sammelsurium aller möglicher Menschen, die aus England und Schweden zurückgekehrt waren: neue Parlamentsabgeordnete aus Nord-, Süd-, Ost- und Westnorwegen, Ministerialbeamte, Journalisten, Künstler und auch andere. Hier traf ich Inge wieder, der bei mir in Stockholm gewohnt hatte. Und hier wohnte Vogel. Es war eine gute, beinahe familiäre Atmosphäre; meistens setzten wir uns nach dem Abendessen alle zum Kaffee in den Salon. Vogel saß im Lehnstuhl und dozierte, sein steifes Bein in die Luft gestreckt. Ab und zu strich er mit großen Armbewegungen das schwarze Haar aus der Stirn, und seine Augen glühten, wenn er auf die Kommunisten schimpfte. Bei Themis war er jedermanns Freund, und alle waren wir ein bißchen um ihn besorgt – eingefleischter Junggeselle, der er war.

Die Freundschaft ging weiter, als wir nach Berlin gegangen waren, und wir waren keinen Sommer in Norwegen, ohne »unseren« Vogel zu sehen. Auf seine eigene wirre Art organisierte er für uns alles, was man überhaupt organisieren konnte, und nicht selten wurde ein kleines Chaos daraus.

In einem Sommer, als Lasse und Peter elf und dreizehn Jahre alt waren, organisierte Vogel einen Ausflug nach Valdres, ins dortige Freilichtmuseum. Zwischen alten norwegischen Bauernhöfen liefen grasende Ziegen, große würdige Böcke und kleine lebhafte Zicklein. Lasse und Peter waren begeistert. Plötzlich war Vogel verschwunden. Ich ahnte schon etwas, sagte aber nichts, denn es mußte ja nicht das sein, was ich befürchtete. Doch als Vogel zurückkam, waren die Jungen Eigentümer eines kleinen Ziegenbocks. *Wir* konnten ihn nicht mitnehmen, wir hatten zu diesem Zeitpunkt noch keine Hütte. Aber Vogel nahm ihn im Auto mit in seine kleine Wohnung in Oslo. Der Ziegenbock wurde die Treppe hochgetragen und auf den Balkon gesetzt. Die Nachbarn beschwerten sich über den Geruch und verlangten, daß er weggeschafft würde. Daraufhin nahm Vogels

Chauffeur den Ziegenbock zu sich mit nach Hause, solange seine Frau im Urlaub war.

Die Schwierigkeiten wurden auf Vogelsche Art gelöst: Er beschloß, dem Zoologischen Garten in Berlin einen norwegischen Ziegenbock zu überreichen. Er wurde mit einer kleinen Zeremonie in Empfang genommen, wurde groß und schön und sorgte lange für Nachkommen. Er stand draußen auf der Wiese und hieß Willy.

In Berlin konnten wir Vogel von Oslo hören in der »Europäischen Stunde« des RIAS; er schickte mir regelmäßig seine Beiträge. Als Willy Brandt Außenminister war, wurde er Presseattaché an der deutschen Botschaft in Oslo. Er kannte Norwegen in- und auswendig; alle wichtigen Politiker waren seine persönlichen Bekannten, und alle profitierten davon. Aber er hatte gewisse Probleme in der Botschaft, mit der Frau des Botschafters. Sie beschwerte sich darüber, daß er zum Abendessen kommen konnte mit schmutzigem Hemd unter dem Smoking und Löchern in den Strümpfen. »Ich mußte ihn darauf aufmerksam machen«, sagte sie zu mir.

Vogel erzählte mir später, wie er sich an ihr gerächt hatte. Nach einem Empfang hatte er Hut und Mantel der Frau angezogen und war damit verschwunden.

Sein Leben ging auf tragische Weise zuende. Bei einem Ferienaufenthalt in Deutschland wurde er von einem Stier auf die Hörner genommen und starb an seinen Verletzungen. Vogel war Willys Freund, und er wurde auch mein Freund. Er nahm sich der Kinder an, als sie klein waren und als sie erwachsen wurden. Wir erinnern uns an Vogel – nicht in Trauer, sondern mit Freude und Lachen.

Der Maler Rolf Nesch war 1933 von Deutschland nach Norwegen emigriert. Seine Kunst war für »entartet« erklärt worden, und es war ihm nicht möglich zu arbeiten. Während des Krieges hatten Gunnar und Eva Wiik ihn oft versteckt, in einer kleinen Wohnung über ihrem Geschäft in Hamar, und in einer Hütte. Ich traf ihn zuerst bei der großen Ausstellung in der »Akademie der Künste« in Berlin, die er Mitte der sechziger Jahre hatte. Eva und Gunnar waren mit, und seine Frau Ragnhild Hald, eine bekannte Schauspielerin. In späteren Jahren hatte er mehrere große Ausstellungen in Deutschland, auch in Hamburg und München.

Er hatte sich einen kleinen Bauernhof in Ål im Hallingdal gekauft; dort hatte er auch sein Atelier. Einen Herbsttag – das Gebirge war in seinen Farben am schönsten, beinahe wie ein Materialbild von Rolf Nesch – fuhren Eva, Gunnar und ich hoch, um die beiden zu besuchen. Wir wollten bei ihnen übernachten. Von der Landstraße führte ein kleinerer Weg hinunter zum Hof. Dort stand Rolf und nahm uns in Empfang. Er hatte sich irgenwie der Landschaft angepaßt und sah aus wie ein norwegischer Bauer in Strickjacke und Lodenhosen. Er nahm mich zur Seite und sagte: »Wie findest du meinen Weg hierher?« – »Er ist schön!« – »Weißt du, was die Unterlage ist?« Er lächelte mich an. »Es sind leere Weinflaschen!«

Wir hatten volle Weinflaschen mit, und Ragnhild hatte Lammkeule gebraten; wir saßen auf Holzbänken am langen Tisch in der alten Küche. Ragnhild wollte keinerlei modernen Kram in der Küche haben, kein rostfreies Spülbecken und erst recht nicht diese Maschinen, von denen so viel Aufhebens gemacht wurde. Es stand eine Wanne mit warmem Wasser auf dem Herd, und unter dem Wasserhahn stand ein Eimer.

Ragnhild hielt unsere Lachmuskeln in Bewegung bis spät in die Nacht mit Geschichten in Riksmål und Landsmål und Samnorsk und Nynorsk und einer Unzahl von Dialekten. Rolf sah sie verliebt an und sagte voller Bewunderung: »Die Ragnhild ist so *scharf*!«

Er zeigte uns ein Zimmer, das er in der ursprünglichen Farbe gestrichen hatte: die breiten, unebenen Wände aus Baumstämmen hatten eine blaßrosa Farbe bekommen, und an den Wänden hingen seine schönen, grauen Stahlplatten. Ein Schreiner im Dorf hatte die Betten gemacht, in die wir am frühen Morgen mit einiger Mühe kletterten.

Rolf war wirklich ganz und gar Norweger geworden.

Ich denke oft daran, daß meine Kinder Deutsche sind und auch Norweger.

Vor einigen Jahren kam mir die flüchtige Idee, die Hütte in Norwegen zu verkaufen, aber Matthias sagte: »Das darfst du nicht tun! Das ist eigentlich mein Zuhause. Hier kenne ich alles besser als irgendwo anders, wo wir gewohnt haben. Die Möbel haben die ganzen Jahre hindurch an demselben Platz gestanden, die Bilder haben an derselben Stelle gehangen. Ich erinnere mich, wie ich hier das erste Mal über die Kommode schauen konnte, und draußen steht die Birke, die Skinnhaugen für mich pflanzte.«

Und damit hat er ja recht: In Berlin wohnten wir in drei verschiedenen Häusern, und in Bonn haben Matthias und ich an vier Stellen gewohnt. Die Hütte ist das Bleibende gewesen.

Als Kinder sprachen alle drei ein reines und gutes Norwegisch, und sie haben es immer noch in sich, auch wenn sie es nicht gebrauchen. Sie sprechen und denken ausschließlich auf deutsch. Als Künstler und Schriftsteller benutzen sie jeder auf seine Weise die deutsche Sprache als ihr Werkzeug, und die deutsche Kultur ist ihre Triebkraft. Aber sie können Norwegisch, und eine andere Sprache setzt andere Spuren. Auch wenn sie nichts anderes auf ihren Lebensweg mitbekommen hätten, so wenigstens das, daß man Menschen nicht nach Nationalität, Einkommen oder Rang beurteilen soll.

Vor einigen Tagen fand ich in dem Verschlag hinter der Garage Matthias' Fußball, und ich dachte plötzlich an Fritz Sorg, unsere »Leibwache« aus der Zeit. Er kam immer mit Matthias und mit mir zur Hütte. Im Sommer spielte er mit ihm Fußball, und Ostern machten wir lange Skitouren in Vangsåsen. Er war fast selbstverständlich bei familiären Abendessen und Kaffeebesuchen dabei. Hier, wo alle »du« sagen, hieß er natürlich Fritz und nichts weiter.

Als wir nach Ostern 1974 nach Bonn zurückkamen und wir wußten, daß die Sache mit Guillaume wahr war, sagte er, als wollte er mich trösten: »Ich bleibe bei Ihnen.«

Er blieb bei Willy eine Weile, aber ließ sich dann versetzen. Während seines letzten Krankenhausaufenthalts – viele Jahre später – schrieb ich ihm einen Brief und erinnerte ihn an alles, was wir im Laufe der Jahre zusammen erlebt hatten, an Vertrauen und Zutrauen, wie man sie nur unter Freunden findet. Sorg antwortete, er habe so viele Blumen mit Visitenkarten bekommen und auch Briefe, »so wie Sie wissen«, aber daß ihn nichts so gefreut habe wie der Brief von mir. »Das war nämlich echt.« Ja, das war echt.

Einmal, als ich die Frau des Bundeskanzlers war, fragte mich ein deutscher Journalist: »Stimmt es wirklich, daß dein Vater Chauffeur war?«

»Ja, und was ist dabei?«

»Phantastisch«, sagte er.

Er war bekannt, ein absolut liberaler Mensch, der sich selbst seine starke Position geschaffen hatte. Aber er hatte den Maßstab seiner deutschen Generation in sich.

In meinem deutschen Leben ist die Jugend vielleicht die schönste Erfahrung gewesen, nicht nur meine eigenen Kinder, sondern auch ihre Freunde, ihre Mitwelt, ihre Generation. Sie hatten manches, was den Eltern fehlte, der Generation, die aus dem Krieg kam und zwanzig Jahre lang fast nur daran dachte, sich am besten und am meisten zu sichern. Die Kinder, die Jungen, die nach ihnen kamen, waren kritisch und selbständig, skeptisch gegenüber dem Staat, viel vorurteilsloser und viel offener für andere Werte. Sie hatten auch das Bedürfnis, die Lücken im Lebenslauf der Eltern zu schließen. Die Deutschen der letzten zwanzig Jahre haben viel getan, um das gemeinsame Gedächtnis aufzufrischen, nach den Verdrängungen und Verzerrungen der Erinnerung während der ersten zwanzig Jahre nach dem Krieg. Das war bestimmt gut.

Ich beende mein Buch in der Hütte in Norwegen mit einem merkwürdigen, etwas befremdeten Gefühl. Ich denke daran, daß ich – »die Norwegerin« – das Werden des neuen Deutschlands erlebt habe.

Ich bekam meinen ersten Jungen während der Berlin-Blockade, als Deutschland geteilt wurde, und meinen letzten, als die Mauer errichtet wurde. Ich habe den Weg der Bundesrepublik von der ersten Stunde an verfolgt und mich all dem nahe gefühlt, was geschah und Form annahm. Ich sah die Mauer fallen und schämte mich nicht meiner Tränen. Jetzt wird die Teilung Geschichte, und ich sehe den Kreis sich schließen – nicht ohne Skepsis.

Deutschland ist das Land meiner Söhne und meiner Freunde. Norwegen ist das Land meiner Kindheit und meiner Schwestern.

Ich kann zwischen Deutschland und Norwegen nicht wählen, aber ich muß auch nicht. Ich kann hier wie dort auf meinen »verwachsenen Pfaden« gehen. Tulla und ich suchten nach der Lichtung im Wald, wo wir als Kinder Erdbeeren pflückten, die wir eine nach der anderen auf Grashalme zogen. Die Lichtung fanden wir schließlich, aber sie war viel kleiner als in unserer Erinnerung. Doch überall wuchsen Erdbeeren, und ich werde einmal mit Karoline dorthin gehen und Beeren auf Grashalme fädeln.

Wir sahen die ersten Leberblümchen des Frühjahrs – es ist Ende März, sie waren niemals zuvor so zeitig da. Wir pflückten sie nicht. Aber ich habe Birkenzweige mitgenommen und sie in Schneewasser gestellt. Ich habe sie jeden Tag angesehen, und jetzt sehe ich die ersten grünen »Mäuseohren«. Es liegt immer noch Schnee auf der Wiese.

Auf der Terrasse in Bonn blüht schon der Flieder, und Niels und ich werden bald den ersten frischen Spargel von den Feldern in Roisdorf bekommen.